MARKUS MILLER

GEOPOLITISCHE VERMÖGENSSTEUERUNG

Markus Miller

Geopolitische Vermögenssteuerung

Vermögensanlage rund um den Globus, von Andorra über Panama und Singapur bis Zypern

Bibliografische Information der Deutschen Bibliothek:
Die Deutsche Bibliothek verzeichnet diese Publikation in der Deutschen Nationalbibliografie; detaillierte bibliografische Daten sind im Internet über http://dnb.ddb.de abrufbar.

Gesamtbearbeitung: UnderConstruction, München
Umschlaggestaltung: Judith Wittmann
Lektorat: Evelyn Boos, www.boosforbooks.de
Druck: Grafik + Druck, München

1. Auflage 2006

Frundsbergstraße 23
80634 München
Tel. 089 651285-0
Fax 089 652096
info@finanzbuchverlag.de

Den Autor erreichen Sie unter:
miller@finanzbuchverlag.de
ISBN 3-89879-149-1

Einführung

Geopolitische Vermögenssteuerung

Die Welt ist in allen Gesellschaftsbereichen „kleiner", weil vernetzter geworden. Auch die westliche, zivilisierte und technisch hoch entwickelte Welt ist vor den damit verbundenen Gefahren nicht gefeit. Dies wird uns spätestens mit der globalen Bedrohung durch den internationalen Terrorismus bewusst. Auch Staatsbankrotte, demografische Veränderungen, Naturkatastrophen, Erfolge radikaler Parteien und instabile politische Innenverhältnisse oder Unternehmensschieflagen durch Missmanagement führen zu neuen Betrachtungsweisen für ein internationales ganzheitliches Portfoliomanagement.

Für unsere Finanz- und Vermögensdispositionen ist der Begriff der Globalisierung somit in vielen Situationen bereits direkt spürbar geworden. Aber bei Entscheidungen wird die Tragweite geopolitischer Einflüsse oftmals nur unzureichend berücksichtigt.

Dies liegt in erster Linie daran, dass Vermögensmanagement zum einen oftmals nur eindimensional – sprich rein von der quantitativen oder mathematischen Seite – betrachtet wird, zum anderen Investoren und Kapitalanleger diese weiterführenden Risiken (strategische und operationale Risiken) nur unzureichend beachten und in ihre Überlegungen einbeziehen. Dies führt zu einem einseitigen und unausgewogenen Anlage- und Risikomanagement.

Der Autor beschreibt die Anforderungen und Umsetzungsmöglichkeiten eines mehrdimensionalen Anlage- und Risikomanagements als Erweiterung zur klassischen, quantitativen Vermögensstreuung nach Anlageklassen.

Bewährte Vorgehensweisen institutioneller Investoren und Asset-Manager werden als Handlungsalternativen auf den privaten Investor übertragen.

Die Erkenntnisse der modernen Portfoliotheorie (quantitative Asset Allocation), in den 50er und 60er Jahren geschaffen und seither stetig weiterentwickelt, werden in dieser Publikation erweitert um die Segmente der geometrischen Vermögenssteuerung (Produktstrukturen/ Strategien), der rechtlichen Vermögensstrukturierung (Rechtsnaturen), der distributiven Diversifikation (Vermögensmanager/Banken) sowie der geografischen Verteilung (Jurisdiktionen/Länder) von Vermögenswerten für ein umfassendes, optimiertes und mehrdimensionales Anlage- und Risikomanagement.

- *Lokal agieren*
- *Global diversifizieren*
- *Mehrdimensional strukturieren*

Geleitwort

Die Grenzen fallen. Güter, Dienstleistungen, Kapital und Menschen sind so mobil wie noch nie in der Geschichte. Aber von der Freiheit kann nur Gebrauch machen, wer Bescheid weiß. Bescheid weiß über die noch immer bestehenden großen Unterschiede der nationalen rechtlichen, aber auch kulturellen Rahmenbedingungen – insbesondere natürlich auch über die einkommen-, vermögen- und erbschaftsteuerlichen Regelungen.

Alles Wissen nützt indes nichts, wenn es nicht Grundlage eines Risikokalküls ist. Politische Verwerfungen können eine Rechnung genauso unbrauchbar machen wie die Ergebnisse des rasanten technischen Fortschritts.

Markus Miller gebührt das Verdienst, alle relevanten Aspekte überblicksartig zusammengefasst zu haben. Sein Buch bietet einen exzellenten Einstieg in die nicht einfache Materie und dürfte sich schnell zur Basislektüre für alle entwickeln, die sich seriös mit den Möglichkeiten der internationalen Anlage ihres Kapitals beschäftigen wollen.

Frank-B. Werner
Herausgeber Euro, Euro am Sonntag

Globalisierung – eine Begründung für fast alle Probleme unserer Zeit?

Der internationale Welthandel nimmt seit Jahren stetig zu und führt unterschiedliche Nationen, Volkswirtschaften und Gesellschaften immer enger zusammen. Rund um den Globus entstehen neue und eigene Produktions- und Vertriebsnetze, die grenzübergreifend operieren. Neue Technologien stellen eine große Herausforderung dar für „alte" und etablierte Wirtschaftsstrukturen. Menschen können schneller und besser über Ländergrenzen hinweg kommunizieren und vieles muss sich anpassen oder wird überflüssig in einer völlig veränderten, vernetzten, technisierten und rationalisierten Welt.

Ende der 80er Jahre war die Globalisierung nur ein Synonym für das Entstehen weltweiter Finanzmärkte und erfuhr in wenigen Jahren eine signifikante Bedeutungserweiterung.

Gerade in Politik und Wirtschaft scheint sich das Schlagwort der Globalisierung als gängige Antwort auf fast alle Problemstellungen zu bewähren:

„Aufgrund der zunehmenden Globalisierung der Weltwirtschaft sind wir gezwungen weitere Kosteneinsparungen vorzunehmen..."

„Aufgrund der Globalisierung können wir unsere derzeitigen sozialen Sicherungssysteme nur schwer aufrechterhalten..."

„Aufgrund eines schärfer werdenden Wettbewerbs und der damit verbundenen Globalisierung der Weltwirtschaft sind wir gezwungen Arbeitsplätze ins Ausland zu verlagern..."

„Die Globalisierung unseres Lebensraums ist dafür verantwortlich, dass die Kluft zwischen Arm und Reich immer größer wird..."

„Aufgrund der Globalisierung stehen einige Länder und Regionen vor weit reichenden demographischen Veränderungen..."

Kommen Ihnen diese Thesen und Begründungen bekannt vor? Lesen wir nicht tagtäglich von Unternehmenslenkern, Politikern, Globalisierungsgegnern und -befürwortern, Umweltschützern oder Wirtschaftsweisen, die sich Gedanken machen über die Folgen einer zunehmenden

Globalisierung und somit Vernetzung unserer Lebens- und Gesellschaftsbereiche?

Es gibt wohl kaum eine Wirtschaftszeitung oder grundlegende politische Debatte, in der der Begriff der Globalisierung nicht regelmäßig vorkommt. Gerade Unternehmensvorstände oder Politiker verfälschen und missbrauchen oftmals den weit gefassten Begriff für Eigeninteressen oder zur Rechtfertigung für unpopuläre Maßnahmen, die aber oftmals in keinerlei oder nur sehr phantasiereichen Zusammenhang zu bringen sind mit den eigentlichen Folgen der Globalisierung. Vielmehr lenken diese von grundlegenden strukturellen und operativen Problemen ab.

Gerade Stellenstreichungen, die Verlagerung von Arbeit ins Ausland durch Unternehmensvorstände, die ihre Schritte mit dem zunehmenden Druck seitens der Kapitalgeber (Aktionäre) begründen, aber auch gravierende Einschnitte in unseren Lebensstandard und unsere Sozialsysteme seitens der Politik werden oftmals begründet mit dem Schlagwort Globalisierung und der damit verbundenen Vernetzung der Wirtschaftssysteme.

Wie kommt nun ein Wort zu einer derartigen „Popularität", obwohl es noch in den 80er Jahren in kaum einem Wörterbuch verzeichnet war?

Globalisierung – eine Entwicklung unserer Zeit?

Der eigentliche und ursprüngliche Begriff der Globalisierung steht für eine starke Beschleunigung der Internationalisierung und weltumspannenden Verflechtung des Wirtschaftslebens seit dem Ende des Kalten Krieges Anfang der 90er Jahre.

„Global" ist die Wirtschaft jedoch schon weitaus länger. Gerade das Kapital war aufgrund der Suche nach rentabler Arbeit und profitablen Investitionen schon lange mobil und förderte somit die Verschmelzung von Märkten und Unternehmen, von Wissen und Kulturen auf dem Wege des Handels. Die Auswirkungen dieser Mobilität des Kapitals erreichten bereits am Beginn des 20. Jahrhunderts große Teile der Menschheit. Begleitend hierzu überschlugen sich auch die technologischen Neuerungen wie das Automobil, elektrisches Licht, Telefon sowie grundlegende und revolutionäre Entwicklungen in der Elektro-, Chemie- und Medizintechnik. Diese waren dic Wcgbereiter der Entwicklungen der damaligen Zeit, wie heute beispielsweise das Internet oder die Gentechnologie.

»Globalisierung ist für unsere Wirtschaft das, was für die Physik die Schwerkraft ist. Man kann nicht für oder gegen das Gesetz der Schwerkraft sein – man muss damit leben.«

Alain Minc, französischer Ökonom

Um die Jahrhundertwende produzierte Siemens beispielsweise bereits an über 30 Standorten weltweit (geografische Diversifikation) und kontrollierte eine Vielzahl von Firmen über Schweizer Finanzholding-Gesellschaften (rechtliche Strukturierung).

Der Ausbau des Eisenbahnnetzes, die Konstruktion immer größerer und modernerer Handels- und Verkehrsschiffe, der bevorstehende Beginn der kommerziellen Luftfahrt (zunächst mit dem Zeppelin) sowie die Verbindung und Vernetzung der Weltmärkte durch Telegrafen- und Telefonleitungen sorgten auch damals schon für einen zunehmenden globalen Handel.

Durch diese Entwicklungen wurde beispielsweise aus einer wenig bekannten und „fernen" Region am Rande der Wildnis binnen kürzester Zeit die Weltmetropole Chicago, die mit ihrer Terminbörse für die unterschiedlichsten Handelswaren noch heute die Weltmarktpreise für Rohstoffe bestimmt.

Das Eisenbahnnetz, das in Chicago zusammenlief, war dabei größtenteils von europäischen Investitionen gefördert und profitierte von einem schon damals grenzenlosen Finanzsystem, welches sich mit dem britischen Empire in weiten Teilen der Welt durchgesetzt hatte.

Zur damaligen Zeit verwalteten englische Banker große Teile des Vermögens der Reichen Europas und investierten dies in tausende von Fonds für Minen, Eisenbahnen oder aufstrebende Industrieunternehmen in den unterschiedlichsten Branchen und Regionen weltweit.

Vergleichbar mit dem Neuen Markt am Ende des 20. Jahrhunderts produzierten auch die Vermögensverwalter zu Beginn des 20. Jahrhunderts mit diesen „Risikokapital-Investments" enorm hohe Renditen, aber auch eine Vielzahl von Pleiten.

Ebenso wie für heutige Unternehmensschieflagen war auch damals der Hauptgrund für Kapitalverluste ein oftmals nur mangelhaftes Risikomanagement.

Gebremste Globalisierung während des 20. Jahrhunderts

Die Zeit zwischen dem Beginn des Ersten Weltkrieges (1914) und dem Ende des Kalten Krieges (ab 1990) war eine Epoche der regionalen und lokalen Vernetzung von Märkten und Volkswirtschaften. Diese waren hauptsächlich ideologisch geprägt durch unterschiedliche Weltanschauungen und politische Systeme.

Dadurch war es möglich, dass ein Land wie Kuba, das nur wenige Kilometer vor der Ostküste der Vereinigten Staaten liegt, keinerlei Handelsbeziehungen mit den USA unterhielt, sondern ausschließlich in ein geografisch weit entferntes Wirtschaftssystem (Sowjetunion) eingebettet war. Der freie Welthandel war in dieser fast ein ganzes Jahrhundert dauernden Epoche somit unterbrochen und in unterschiedliche Blöcke aufgeteilt.

Davor, also bis zum Ausbruch des Ersten Weltkrieges, begann das 20. Jahrhundert so wie es auch endete, mit einer weltweiten und intensiven Verflechtung der Märkte und Volkswirtschaften mit einer gleich bleibenden Erkenntnis:

Dem Trend der Globalisierung unserer Wirtschafts- und Gesellschaftsbereiche sollte man sich anpassen – in erster Linie durch intelligentes Vermögens- und Risikomanagement – und nicht widersetzen.

Vermögenswerte sind dabei nicht nur rein finanzielle, monetäre oder kapitalisierte Komponenten, sondern auch Werte wie beispielsweise Lebensumstände und -qualität, Bildung und Ausbildung oder Gesundheit.

Erst mit dem Ende des Kalten Krieges und der weit reichenden Beseitigung von Reglementierungen und Hemmnissen ist somit der Weg für eine real vernetzte Weltwirtschaft gewährleistet.

Globalisierung = Multinationalisierung + Internationalisierung + Geopolitik

Der Globalisierungsbegriff muss nun weiter gefasst werden und beinhaltet im Wesentlichen die Begriffe der Multinationalisierung, der Internationalisierung und der Verschiebung der Machtverhältnisse von Politik und Wirtschaft, die damit einhergehen (**Geopolitik**).

Die **Multinationalisierung** oder **Migration** ist der Transfer von Kapital und Arbeit von einer Volkswirtschaft in eine andere. Die Initiative geht hierbei von Unternehmen oder Privatpersonen aus, die Produktions- und Vertriebsstandorte ins Ausland verlagern oder aber ihren Wohnsitz verlegen. Die Motive der Wirtschaft beziehungsweise der Privatpersonen für eine Migration/Verlagerung von Kapital, Arbeit oder Wohnsitz sind zum einen in der Erschließung neuer Marktanteile, zum anderen in der Wahrnehmung von Standortvorteilen sowie der Gewinnmaximierung durch Kosten- oder Steuervorteile zu sehen.

In dieser Publikation ist das Motiv für die Verlagerung von Kapital und Vermögenswerten immer in erster Linie ein ganzheitliches und umfassendes Anlage- und Risikomanagement. Kosten- oder Steuervorteile sind immer dem Risikomanagement nachgelagerte und ableitbare Effekte. Die sinnvolle und strukturierte Steuerung des Vermögens ist beispielsweise immer wichtiger nur die reine Steueroptimierung.

Internationalisierung ist der zunehmende Austausch von Rohstoffen, Produkten, Dienstleistungen, Arbeit und Kapital zwischen zwei oder mehr Staaten. Die Initiative hierzu geht von Nationalstaaten aus, die Austauschströme hierbei politisch beeinflussen und lenken.

Diese Auswirkungen der Geopolitik sind somit die Wechselwirkungen geographischer und politischer Gegebenheiten. So wie am Beispiel Kuba veranschaulicht, sollten derartige Einflüsse politischer Natur auch heute bei den aufstrebenden Volkswirtschaften wie China, Russland, Indien oder Brasilien und zunehmend wohl auch Afrika – bei allen

Liberalisierungs- und Demokratisierungsbemühungen – berücksichtigt werden.

Grenzen haben also ihre „Schutzwirkung“ spätestens seit Ende des Kalten Krieges verloren. Internationales Kapital vergleicht somit alle Länder der Erde als Alternativen und lässt sich dort nieder, wo die Leistungen und Rahmenbedingungen des jeweiligen Standortes optimal sind.

Befürworter dieser Entwicklung sehen dabei eine Welt mit mehr Wohlstand und Sicherheit. Auf der anderen Seite wachsen dadurch soziale Spannungen und die Schere zwischen Arm und Reich wird weiter auseinander gehen. Ebenso wird der Graben zwischen Gewinnern und Verlierer zunehmend größer werden.

Auch Veränderungen der **Demografie** tragen ihren Teil zu dieser Entwicklung bei. Bis zum Jahr 2050 wird die Weltbevölkerung nach Schätzung der Vereinten Nationen auf circa 9,3 Milliarden steigen. Während die Bevölkerungszahlen in den Industrienationen abnehmen, klettern sie in den Entwicklungs- und Schwellenländern deutlich nach oben. Von dem prognostizierten Anstieg der Bevölkerung entfallen 34 % auf Indien, 11 % auf China und sechs Prozent beispielsweise auf Indonesien. Nach diesen Hochrechnungen wird Indien im Jahre 2025 China überholen und 25 Jahre später mit mehr als 1,5 Milliarden Menschen der bevölkerungsreichste Staat der Erde sein. Dies liegt in erster Linie an der chinesischen Ein-Kind-Politik. In China werden sich dabei die Auswirkungen der sich verschlechternden Altersstruktur (Vergreisung) durch kräftige Wanderbewegungen von Arbeitskräften aus ländlichen in städtische Regionen auffangen. Die Altersstrukturen in vielen asiatischen und lateinamerikanischen Ländern sollten auf mittlere Sicht noch günstig bleiben. Gerade viele westliche Industriestaaten (insbesondere auch Deutschland) drohen jedoch zu vergreisen. Diese Risiken der verstärkten Alterung der Gesellschaften in den Industrienationen können beispielsweise im Zuge einer internationalen Portfoliodiversifikation ausgesteuert werden. Außerdem sollten demografische Unterschiede zwischen einzelnen Ländern aktiv ausgenutzt und in Vermögensstrukturierungsentscheidungen einbezogen werden.

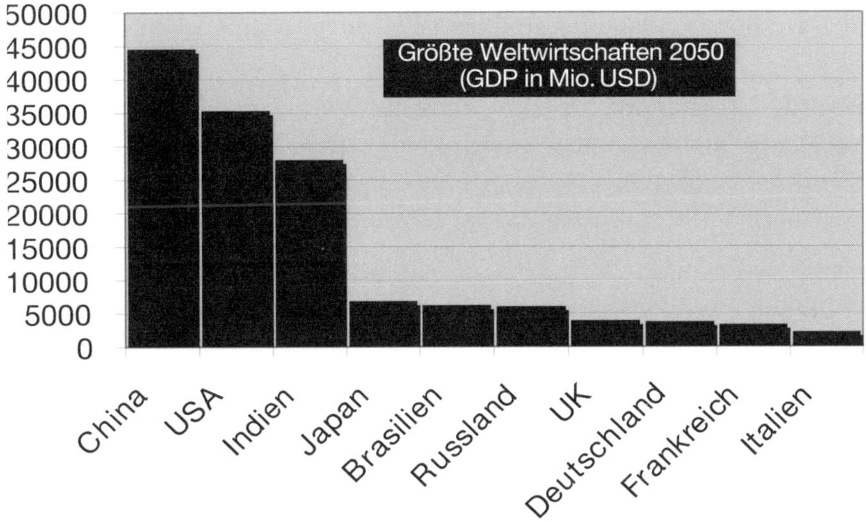

Globalisierung – neue Chancen, neue Risiken!

Den internationalen Wirtschaftsunternehmen, den global tätigen Unternehmen, wird die zunehmende Entstehung und Vernetzung weltumfassender Märkte, die Multinationalisierung und Internationalisierung des Handels, der Kapitalmärkte, der Produkt- und Dienstleistungsmärkte, vorangetrieben durch neue Kommunikations- und Informationstechnologien, hochwillkommen sein. Allerdings birgt diese Entwicklung neben den Chancen auch große Gefahren nicht nur für diese „Global Player", sondern für jeden Einzelnen von uns. Diese Risiken werden vor allem in Beschäftigungs-, Sozial- und Vermögensstrukturen erhebliche Auswirkungen auf uns haben.

Hierbei müssen wir unsere bisherigen Strukturen diesen veränderten Rahmenbedingungen anpassen. Jeder Einzelne von uns muss gerade seine „Vermögenswerte" (Kapital, Wissen, Gesundheit, Lebenssituation, Partnerschaften) neu analysieren und strukturieren. Der altbewährte

Leitsatz „Lege niemals alle Eier in einen Korb“ bekommt also eine neue und erweiterte Bedeutung. Es gilt nicht nur, mehrere Körbe zu wählen und die Eier zu verteilen, sondern auch unterschiedliche Transportmittel und Transportzeiten für die Körbe auszuwählen. Diese mehrdimensionale Betrachtungs- und Vorgehensweise ist dic Antwort auf eine Welt mit veränderten und neuen Chancen und Risiken.

Eine Modernisierung, Strukturierung und Vernetzung der individuellen Anforderungen muss über ein effizientes Risikomanagement somit in allen Lebensbereichen (Kapitalanlage, Arbeitsplatz, Bildung, Gesundheit, Familie usw.) vorgenommen werden.

Hierbei ist kompetentes Management der individuellen Vermögenswerte ein unabdingbarer Bestandteil des Ganzen, weil auch beispielsweise Gesundheit oder Bildung – wenn auch nur zum Teil – käuflich sind und private Vorsorge und privater Vermögensschutz immer wichtiger werden.

Das heißt, an Stelle staatlicher Absicherung (Rente, Sozialleistungen, Gesundheitsvorsorge oder Haftungsschutz) muss zunehmend eine private, individuelle Vorsorge (Anlagemanagement) und Absicherung (Risikomanagement) erfolgen. Dies darf sich nicht auf die reine Wertpapierebene beschränken, sondern muss über mehrere Dimensionen verteilt stattfinden.

Der private Investor sollte hierbei Erkenntnisse und Vorgehensweisen der modernen Unternehmensführung und des betrieblichen Risikomanagements auf seine Vermögensanlage übertragen. Dafür ist eine maßgeschneiderte Anlage-, Finanz- und Risikopolitik für die eigene Lebensgestaltung zu definieren, diese sinnvoll auf die Lebensumstände und Bedürfnisse abzustimmen und den gegebenen Rahmenbedingungen einer globalisierten Welt anzupassen. So wie Wechselwirkungen (**Korrelationen**) zwischen den unterschiedlichsten Anlageklassen im Portfoliomanagement mathematisch berücksichtigt werden, sollten auch die Korrelationen zwischen geografischen und wirtschaftlichen

Gegebenheiten (Geopolitik) Beachtung in unserem persönlichen Risikomanagement finden. Diese weit vernetzte, strukturierte und mehrdimensionale Vorgehensweise definiere und beschreibe ich als „geopolitische Vermögenssteuerung“.

Doch was bedeutet Risikomanagement eigentlich und wie kann dies ein Privatinvestor umsetzen?

Professionelles Risikomanagement

Risikomanagement – Management von Komplexität

Maßgeblich verantwortlich für den Wandel in der Risikolandschaft zeichnet wie so oft die Globalisierung, die wie keine andere Größe die Märkte des ausgelaufenen 20. und des begonnenen 21. Jahrhunderts beeinflusst hat und zukünftig weiter beeinflussen wird. In ihrem Schlepptau sind nicht nur technologischer Fortschritt, sondern auch neue Industrien und Risiken entstanden. So standen Unternehmen plötzlich vor dem Problem, bisher unbekannte Risikophänomene – wie Imageschäden, Garantieverpflichtungen, Misserfolg bei Produkteinführungen, Abgang von Managern in Schlüsselpositionen etc. abzusichern. Denn längst nicht für alle diese neuen Risiken hielt der traditionelle Versicherungsmarkt beispielsweise adäquate Lösungen parat. Unternehmen wie Versicherer standen vor der Aufgabe, im Rahmen eines noch neuartigen Risikomanagements diese neuen Unsicherheitsfaktoren zu qualifizieren, ihre Eintrittswahrscheinlichkeit zu bestimmen und ihre Auswirkungen auf den Unternehmenswert zu ermitteln.

Unternehmen müssen also neben althergebrachten und bewährten Risikomanagementansätzen und neuen innovativen Methoden auch weitere alternative Lösungen suchen, um ihre Risiken zu managen und zu transformieren. Ein Beispiel hierfür sind so genannte **Captives,** welche auch vermögenden Privatinvestoren zur Verfügung stehen. Unternehmen aus der Öl-Branche versichern sich über derartige Strukturen beispielsweise gegen die Folgen einer Ölpest. Fluggesellschaften versichern sich über Captives, da diese einen zusätzlichen Versicherungsschutz bieten und dennoch die Kosten stabil halten aufgrund liberaler und somit attraktiver Rahmenbedingungen. Viele Ärzte in den USA haben beispielsweise Captives gegründet, die bei Kunstfehlern in Anspruch genommen werden, und Hersteller greifen auf sie zurück, um sich gegen die finanziellen Risiken der Produkthaftung abzusichern.

Diese Möglichkeiten stehen auch Privatanlegern zur Verfügung. Sie können sich über eigene Captives als Premiumlösung oder einfachere gesellschaftsrechtliche Modelle, die im Kapitel „Rechtliche Vermögensstrukturierung" beschrieben werden, zusätzlich vor Schadens- oder Haftungsansprüchen schützen.

Es gilt also für die unterschiedlichen Ebenen ein übergreifendes Risikomanagement anzuwenden, vom Depot-Risikomanagement (**Portfolio Insurance**) über die Koordination der Lagerstellen und Anbieter, hin zu den Ländern und den rechtlichen Gestaltungsmöglichkeiten mittels des internationalen Gesellschaftsrechts. Diese einzelnen Schritte werden abstrakt dargestellt, um Ihnen Möglichkeiten und Handlungsalternativen aufzuzeigen, die Sie dann mit den jeweiligen Spezialisten (Vermögensmanagern, Rechtsanwälten, Treuhändern usw.) individuell auf Ihre Situation abstimmen und zuschneiden lassen.

Risikomanagement für Privatkunden – Lernen von Profis

International tätige Firmen haben also auf diese durch die Globalisierung bedingten Rahmenbedingungen reagiert und setzen altbewährte, aber auch neue und innovative Risikomanagementansätze ein. Diese Ansätze sollten Privatpersonen ebenfalls beherzigen und ihre Finanz- und Lebensbereiche, die Risiken enthalten (dies ist bei jedem von uns der Fall, egal, was er beruflich oder privat macht), intelligent und mit den modernen Möglichkeiten managen. Das „Japanische Prinzip" (Kopieren bewährter Methoden von anderen und erfolgreiches Integrieren und Verbessern) kann hierbei äußerst hilfreich sein.

Unsicherheit ist nicht gleich Angst!

Nach den gravierenden Kursverlusten der weltweiten Aktienmärkte zur Jahrtausendwende sind das Risikobewusstsein und die Risikoaversion gerade privater Investoren deutlich gestiegen. Auch der darauf folgende Börsenaufschwung konnte dies nicht ändern und für viele Anleger ist nach wie vor Sicherheit Trumpf. Die Angst vor Verlusten lässt sogar viele Anleger ineffizient agieren. Banken haben auf diese Entwicklung reagiert mit einer Vielzahl von Kapitalschutz und **Absolute-** beziehungsweise **Total-Return-Produkten.** Auch sichere Anleihen, wie Bundesobligationen oder **Pfandbriefe** wurden zur Vermeidung von Risiken trotz niedrigster Zinsniveaus wieder vermehrt nachgefragt. Oftmals entsteht hier jedoch für den Privatanleger eine Scheinsicherheit, denn ein Portfolio mit einer Gesamtrendite, die gerade einmal den Ausgleich der **Inflation** deckt, beinhaltet das Risiko einer zu geringen Performance, die die eigentlichen Anlageziele eines Investors nie erreichen kann. Gerade auch im Hinblick auf die zunehmende Notwendigkeit einer privaten Altersvorsorge – nach dem Motto „Rendite statt Rente" – kommt aber der Performance eine grundlegende Bedeutung zu.

Eine alternative und nachhaltige Strategie stellt hierbei ein ganzheitliches und umfassendes Risikomanagement für Privatkunden dar.

Veränderte Kundenbedürfnisse als Herausforderung für Banken und Vermögensmanager

In der Vergangenheit haben persönliche Beziehungen, die Servicequalität und das Image der Bank beziehungsweise des Vermögensverwalters die Kundenzufriedenheit entscheidend beeinflusst. Zukünftig ist zu erwarten, dass es nicht mehr genügt, sich durch Servicequalitäten, beispielsweise eine reichhaltige Getränkeauswahl beim Beratungsgespräch, Greenfeegutscheine für eine Runde Golf oder die Organisation von Eintrittskarten für hochwertige Veranstaltungen Wettbewerbsvorteile zu erarbeiten und sich von anderen Instituten zu differenzieren. Kunden legen heute vermehrt den größten Wert auf die **Performance** ihrer Anlage. Diese sollte aber risikoadjustiert sein, d. h. Ertragschancen sollten im Einklang mit dem eingegangenen Risiko stehen. Anbieter, die dies strukturiert und konsequent umsetzen, schaffen zu dem einen Mehrwert für die Bank. Diese kann sich mit der Anwendung von modernen Risikomanagementmethoden gegenüber ihrer Konkurrenz glaubwürdig differenzieren und profitiert von zufriedenen und bestens betreuten Kunden.

Bei Kunden mit Vermögensverwaltungsmandaten (VV-Kunden) sind diese Risikomanagement-Prozesse relativ einfach darzustellen, um die Qualität des Vermögensverwaltungsprozesses zu optimieren. Durch das Abbilden weniger Musterdepots (in der Regel sind dies drei Varianten: konservativ, ausgewogen und wachstumsorientiert) wird die Komplexität, die aus der Vielzahl der Kunden-Portfolios resultiert, massiv reduziert. Die Kunden-Portfolios können dadurch standardisiert unter allen Aspekten des Risikomanagements und der modernen Portfoliotheorie optimal verwaltet werden.

Auf der anderen Seite stehen diejenigen Kunden, die direkt von ihrem Anlageberater betreut werden und deren Depots abgestimmt auf ihre individuellen Anforderungen, Bedürfnisse und Ziele gemanagt werden. Dieses Kundengeschäftsfeld bezeichnet man im **Private Banking** als „Advisory“ (Beratungsgeschäft). Das professionelle Beratungsgeschäft im Private Banking ist daher aus Sicht des Anlegers genauestens zu analysieren. Die Advisory-Kunden befinden sich gegenüber den reinen Vermögensverwaltungskunden in der Überzahl. Um die angestrebt hohe Beratungsqualität halten zu können, ist ein hoher Koordinations- und Administrationsaufwand bei den Banken nötig. Anlageberater sind hierbei mit der Situation konfrontiert, dass kaum eines ihrer betreuten Portfolios identisch ist. Aufgrund der damit verbundenen Produktvielfalt ist die Gesamtheit der Portfolios schwer zu überblicken. Erschwerend kommt hinzu, dass viele der Advisory-Kunden ohne konkrete

Anlagestrategie operieren, da der einzelne Vermögensberater keinen Überblick über das Gesamtvermögen des Kunden hat und somit vorhandene Asset-Klassen (**Asset Allocation**) in seine Anlageempfehlungen nicht einbezieht, was zu erhöhten und unnötigen Risiken führt. Die Zeitspanne, auf Veränderungen zu reagieren, ist auf Grund schneller und volatiler werdender Märkte obendrein kürzer geworden. Deshalb ist die umfassende und individuelle Anlageberatung in vielen Fällen ineffizient und unprofessionell und Kunden gehen Risiken ein, die ihnen gar nicht bewusst sind.

Risikomanagement bei individuellen Einzeldepots

Um diese Herausforderungen zu meistern, empfiehlt es sich auch bei individuellen Depots vermehrt Risikomanagement-Methoden einzusetzen. Auch bei Advisory-Portfolios sind IT-gestützte Methoden der Risikominimierung anzuwenden, wie dies bei institutionellen Kunden seit langem üblich ist. Auf der Ebene des Depotmanagements bedeutet dies beispielsweise, dass ein Vermögensmanager seinen Kunden folgende Leistungen bietet:

- Marktrisiko-optimierte Anlage- und Umschichtungsvorschläge unter Beachtung der Asset Allocation und der Anlagerestriktionen
- **Value at Risk**-Analysen
- Visualisierte (grafisch dargestellte) Szenariodarstellungen (mögliche Portfolioentwicklungen) unter verschiedenen Annahmen und Rahmenbedingungen
- Generierung von Absicherungsstrategien (**Portfolio Insurance**) und Unterbreitung von Absicherungsvorschlägen

Individuelle Portfolios sind zudem fortlaufend systematisiert (IT/EDV) zu überwachen. Im Falle einer Verletzung von Anlagerestriktionen oder anderem Handlungsbedarf wird der Kunde kontaktiert und die möglichen Handlungsalternativen und Maßnahmen werden mit ihm besprochen. Der eigentliche Anlageprozess, der oftmals sehr passiv ausgerichtet ist, erhält dadurch eine wesentliche Änderung. Er wird proaktiver, somit weitaus effizienter und ist aus Sicht des Risikomanagements optimiert. Der Vermögensberater entscheidet nicht mehr subjektiv nach Bauchgefühl oder Fachzeitschriften, sondern auf Grund finanztheoretischer Grundlagen und der Resultate, die ihm ein professionelles Markt- und Produktresearch zur Verfügung stellt. Die Umsetzung dieses professionellen Vorgehens hängt hauptsächlich von vier kritischen Erfolgsfaktoren ab:

1. Der Anleger/Kunde: Versteht und akzeptiert dieser die Vorgehensweise der Prozesse und der Betreuung?

2. Der Kundenberater: Ist er in der Lage die Prozesse und Produkte darzustellen, d. h. hat er die fachlichen Qualifikationen, die Systematik zu nutzen und die Ideen dem Kunden zu kommunizieren. Besitzt er den Willen vorgegebene Strategien umzusetzen?

3. Qualität des **Research**: Verfügt die Bank beziehungsweise die Vermögensverwaltung über die Kompetenz und die Möglichkeiten, dem Kundenberater erfolgreiche Strategien und Produkte zur Verfügung zu stellen?

4. Technologie: Sind IT- und EDV-Unterstützungen für die notwendigen Berechnungen und Auswertungen vorhanden und professionell in die Prozesse eingebettet?

Sind diese Voraussetzungen erfüllt, entstehen durch diese Risikomanagement-Methoden bei Privatkunden wie bei den betreuenden Banken und Vermögensverwaltern erhebliche Vorteile.

Vorteile für die Anbieter:

Steigerung der Provisionserlöse: Durch die regelmäßige Generierung von professionellen und begründeten Anlagevorschlägen, wie die Portfolios des Kunden optimiert werden können – sei es durch Umschichtung (aktives Trading), durch Absicherungsstrategien oder durch den Einsatz von innovativen Produktstrukturen – können die Transaktionsumsätze deutlich gesteigert werden.

Erhöhung der anvertrauten Kundengelder (Assets under Management): Durch die Kompetenz, Kunden auch aus Risikomanagement-Sicht optimal zu beraten, kann sich eine Bank gut von anderen Instituten und Anbietern abheben und erhält ein starkes und überzeugendes Argument für die Akquisition von neuen Kunden und somit „frischem“ Geld.

Steigerung der Management-Fee-Einnahmen: Sieht der Beratungskunde den Mehrwert des pro-aktiven und risikointegrierten Beratungsansatzes, ist er auch bereit dafür eine so genannte „Active Advisory Fee“ zu bezahlen, also ein Honorar für die Beratung.

Kosteneinsparungen bei Beratungsprozessen: Die Herausforderung der Berater von Advisory-Kunden besteht darin, in geeigneter Zeit auf Marktveränderungen beziehungsweise veränderte Rahmenbedingungen zu reagieren und einen Überblick über die am stärksten betroffenen Wertpapierdepots zu erhalten, um darauf notwendige Maßnahmen abzustimmen. Werden die Kundenberater hierbei optimal systemtechnisch unterstützt, sind sie fähig, eine höhere Anzahl von Portfolios effizient und professionell zu betreuen.

Vorteile für die Anleger:

Anleger profitieren von einem professionellen Risikomanagement ihres Wertpapierdepots in vielerlei Hinsicht. Neben der qualitativen Erhöhung der Anlageberatung durch die Bank stellen das verbesserte Timing der Anlagevorschläge und die regelmäßige Überwachung der Risiken den zweiten Mehrwert dar, den der Kunde erhält. Ohne die Märkte und sein Portfolio laufend verfolgen zu müssen, kann der Kunde sicher sein, dass er beispielsweise bei Gewinnwarnungen, erwarteten oder unerwarteten Marktschwankungen, bei Verletzung der Anlagerestriktionen wie auch bei Risiken frühzeitig informiert wird, sodass er rechtzeitig und im Optimalfall sogar pro-aktiv agieren kann. Der Anleger erhält vom Kundenberater zudem mehrere Vorschläge, welche Maßnahmen und Handlungsalternativen ihm offen stehen und damit auch die volle Entscheidungsfreiheit.

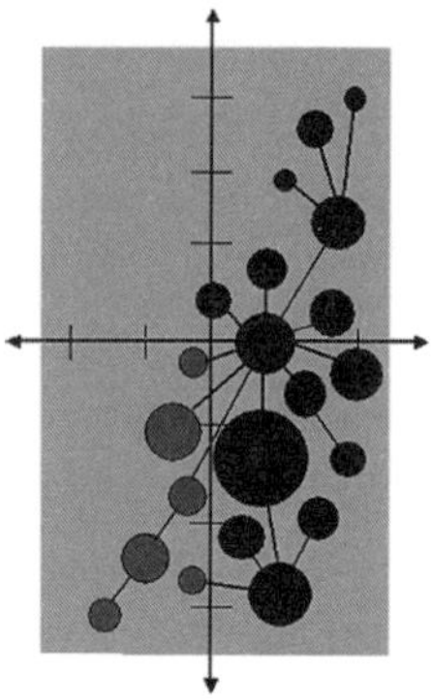

PROFESSIONELLES RISIKOMANAGEMENT IST DIE GRUNDLAGE FÜR EIN EFFIZIENTES PRIVATES VERMÖGENSMANAGEMENT. HIERAUS LÄSST SICH ALLES WEITERE ABLEITEN UND UMSETZEN!

Mit Risiken umgehen oder Risiken umgehen?

Gerade aus dem Bereich des professionellen betrieblichen Risikomanagements lassen sich Teilbereiche adaptieren auf den privaten Investor. Wie für Unternehmen im operativen Geschäft sollte auch für private Vermögensanleger Risikomanagement nicht größtenteils den finanziellen/monetären Bereich betreffen. Wenn man das Vermögensmanagement von privaten Investoren betrachtet, fällt auf, dass viele ihren Hauptfokus auf das Management dieses monetären Risikos legen. Das heißt, die Anleger beschäftigen sich mit Fragen wie: „Ist mein Depot gut strukturiert, habe ich die richtigen Aktien beziehungsweise Anlageformen, habe ich genügend Liquidität zur Verfügung, verwalte ich mein Kapital kostengünstig und ist mein Depot gut gestreut?". Strategische Risiken wie beispielsweise Rechtssprechung, Steuergesetze, Anbieterauswahl oder operative Risiken wie beispielsweise der Zugang zum Vermögensverwalter oder technische Probleme in Extremsituationen (11. September, Irak-Krieg) bleiben oftmals außen vor, können aber erhebliche Auswirkungen auf die finanziellen Risiken haben und deren gutes Management unter Umständen komplett ad absurdum führen.

Das Management der finanziellen Risiken wird in dieser Publikation beschrieben in den Kapiteln über quantitative und geometrische Vermögenssteuerung. Strategische und operationale Risiken im Sinne eines privaten Risikomanagements werden in den folgenden Kapiteln erläutert.

Risiko-Arten

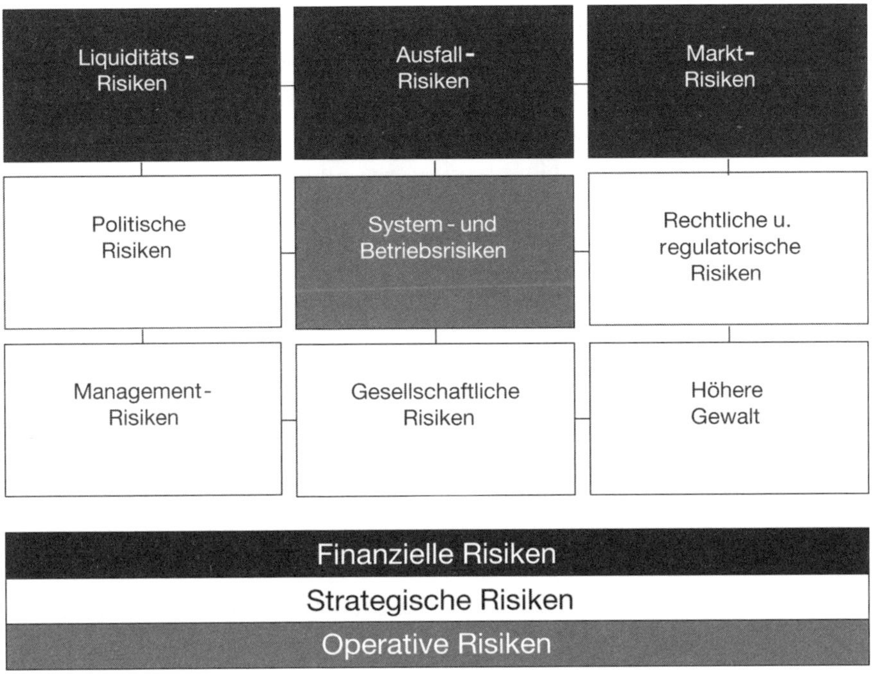

Vermögensmanagement = Finanz- und Lebensplanung

So wie das unternehmerische Risikomanagement der Führung des Unternehmens nützt, dient das private Risikomanagement der Strukturierung und Steuerung der Vermögenswerte für eine optimale Lebensgestaltung. Unter dieser Planung ist nicht eine isolierte Finanzplanung, sondern die Lebensplanung eines jeden Einzelnen von uns aus gesamtheitlicher finanzieller Perspektive zu verstehen, die viel allgemeines Wissen, spezifisches Fach-Know-how sowie nicht messbares Fingerspitzengefühl erfordert. Hierbei sollten die Ziele eines ausgewogenen Risikomanagements die Grundlage sein wie beispielsweise:

- die Verknüpfung von Wachstum, Risikoarten und Gewinn
- die Identifikation von Chancen und Zuordnung jeweiliger Risikoarten und -faktoren
- die Verknüpfung von Risikobereitschaft und Anlegerstrategie
- die Verbesserung/Vernetzung der Kommunikation sowie des Umgangs mit Risiken und Chancen
- die Verhinderung von Überraschungen und die Minimierung von Verlusten
- die Identifikation und das Management von globalen und individuellen Risiken und Chancen
- die ganzheitliche Betrachtung voneinander abhängiger Risikofaktoren
- die Strukturierung und Steuerung des Kapitaleinsatzes auf unterschiedliche Anbieter, Länder und Rechtsformen

Risikomanagement muss sicherstellen, dass sowohl bestehende als auch zukünftige Risiken erkennbar und kontrollierbar sind. So einleuchtend und notwendig diese Zielsetzungen auch im privaten Vermögensmanagement sind, so uneinheitlich und unklar sind die Terminologie, die Ausgestaltung und die Umsetzung eines angemessenen Risikomanagement-Systems.

Hierzu folgt eine Einführung in die Begriffswelt des Risikos, Erfahrungen aus dem betrieblichen Risk Management und Adaptierungsmöglichkeiten für den privaten Investor.

Was bedeutet Risiko?

Als Risiken kann man alle Unwägbarkeiten und Unsicherheiten verstehen, welche die Erreichung von Zielen des Privatanlegers gefährden. Definiert wird dies durch Risikopotenziale, die positive wie negative Effekte und Überraschungen bieten.

Risiko-Potenziale

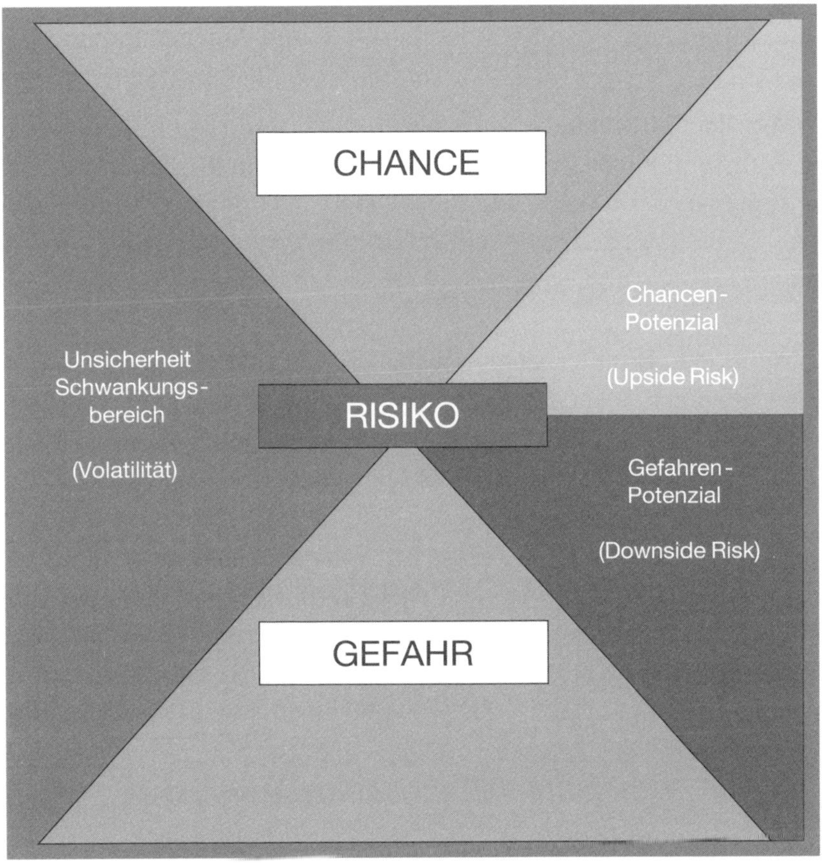

Diese Risikopotenziale kann man nun so weit wie möglich mit Eintrittswahrscheinlichkeiten verbinden. Auf der Portfolioebene beziehungsweise der quantitiativen Vermögenssteuerung kann man hierzu moderne historische Simulationsprogramme anwenden wie beispielsweise **Value-at-Risk**-Konzepte. Dies fällt auf der reinen Depotebene, also im Bereich der finanziellen Risiken, noch relativ leicht. Im Bereich der strategischen und operationalen Risiken dagegen fällt es weitaus schwerer, diese Risiken darzustellen, da sie in der Regel nicht mit rein rationalen Messmethoden darstellbar sind.

Risiko = Sicherheit + Unsicherheit

Risiko kann man somit unterteilen in die Bereiche Sicherheit (quantitativ messbar) und Unsicherheit (keine objektive Messung des Risikos möglich).

Auf der Portfolioebene können beispielsweise diese objektiv messbaren Wahrscheinlichkeiten berechnet werden. Im Modell der mehrdimensionalen Vermögenssteuerung kann man für die Ebene 1 und 2 (quantitative und geometrische Vermögenssteuerung) somit vom Risikobegriff im engeren Sinne sprechen.

Für die anderen drei Ebenen (rechtlich, distributiv und geografisch) fehlen hingegen Wahrscheinlichkeiten gänzlich oder sind nicht objektiv messbar. Hierbei bewegen wir uns also im Bereich einer Ungewissheit, welche es jedoch ebenfalls zu managen gilt.

Das wirtschaftliche Ziel des privaten Anlegers ist dabei in allen Bereichen identisch: die Streuung der Ergebnisse von Entscheidungen um erwartete oder angestrebte Werte. Diese angestrebten Werte muss jeder Investor am Beginn seiner Investitionsentscheidungen individuell festlegen. Es können beispielsweise folgende sein:

Ebene 1 und 2 (quantitative und geometrische Vermögenssteuerung)

Anlagepräferenzen und Restriktionen wie beispielsweise:

- Erwartete Rendite
- Maximal hinnehmbarer Verlust (Risikotragfähigkeit)
- Anlagehorizont
- Produktauswahl
- Währungen
- Bonitäten
- Branchen und Märkte
- Quoten der jeweiligen Anlageklassen

Ebene 3, 4 und 5 (rechtliche, distributive und geografische Vermögenssteuerung)

Anbieter-, Standort- und strukturelle Kompetenzen (Rechtsformen) und Präferenzen wie beispielsweise:

- Kostenstrukturen
- Rechtliche/steuerliche Normen (Rechtsordnung)
- Infrastruktur des Anbieters (Kompetenz der Bank beziehungsweise des Vermögensverwalters oder Treuhänders)
- Infrastruktur des Landes (Erreichbarkeit, Verkehrs- und Kommunikationsmöglichkeiten sowie Lage und Struktur der Region, in der sich der Anbieter befindet)
- Bankgeheimnis, Währungs- und Devisenkontrollen, behördliche Überwachung
- Haftungsrechtliche Präferenzen
- Bürokratische und regulatorische Rahmenbedingungen (zum Beispiel **Geldwäscherichtlinien, Know Your Customer Rules, Qualified Intermediary, Basel II, Corporate-Governance-Kodex, EU--Zinssteuer** usw.)
- Erben und Vererben
- Unternehmensübergabe
- Migration/**Ausflaggen** (Wohnsitz- und Firmensitzverlagerung)
- Internationales Gesellschaftsrecht
- Netzwerkquantität und -qualität (spezialisierte Partner wie Anwälte, Wirtschaftsprüfer, Steuerberater, Treuhänder usw.)

Privates Risikomanagement = gezielte Streuung und Strukturierung

Wie kann man dies nun weiter umsetzen? Hierbei ist es auch wieder hilfreich, sich unternehmerische Risikomanagementsysteme anzuschauen und zu analysieren. Vereinfacht kann man im betrieblichen Risk Management zwei Prozesse unterscheiden:

Herkömmliches Risikomanagement

- Abdeckung finanzieller Risiken, zum Beispiel bei Geld- und Wertpapiergeschäften oder zum Ausgleich von Markt- und Währungsschwankungen
- Abdeckung allgemeiner Risiken, zum Beispiel durch Versicherungen oder Streuung von Vermögenswerten auf unterschiedliche Anbieter, Produkte oder Märkte

Diese Art von Risikomanagement ist zu eindimensional und somit den Anforderungen der modernen Marktentwicklung, Technisierung und Globalisierung nicht mehr gewachsen.

Modernes Risikomanagement

Neues, modernes Risikomanagement muss integrierter Bestandteil der Lebens- und Finanzplanung des Investors sein. Es muss sowohl strategisch als auch operational ausgerichtet sein, um den Anforderungen einer stetig wachsenden Technologisierung und Globalisierung zu genügen. Ziel eines derartigen Risikomanagement-Systems im Vermögensmanagementbereich ist es, zusätzliche Diversifikationseffekte sowohl auf der strategischen als auch auf der operationalen Risikoebene zu erzielen.

Risikomanagement heute statt Krisenmanagement morgen

Modern geführte Unternehmen nehmen für ihr betriebliches Risk Management eine Unterteilung in unterschiedliche Risikobereiche und -faktoren vor. Der private Investor kann seine Vermögenswerte grundsätzlich auf zwei Arten anlegen. Auf der einen Seite durch **Direktinvestitionen** (beispielsweise Beteiligungen), auf der anderen Seite durch so genannte **Portfolioinvestitionen**. Diese haben durch die neuen Möglichkeiten der **Securisation** (Verbriefung von Asset-Klassen) in den letzten Jahren einen unglaublichen Zulauf gefunden und bieten somit ein erweitertes Anlagespektrum, das früher nur über Direktinvestitionen möglich war. Bestimmte Märkte wie einzelne Rohstoffe, Immobilien oder auch Kredite (**ABS**-Strukturen) sind mittlerweile für Privatanleger frei und fungibel handelbar. Ein Investor muss eine Immobilie, einen bestimmten Rohstoff oder eine Firmenbeteiligung nicht mehr direkt erwerben, sondern kann beispielsweise über **strukturierte Produkte** in diese **Asset-Klassen** indirekt investieren.

Bei Portfolioinvestitionen muss nun auf der einen Seite ein Anlage- und Risikomanagement des eigentlichen Depots vorgenommen werden nach den Regeln der **modernen Portfoliotheorie** (s. Kapitel „Quantitative Vermögenssteuerung"). Auf der anderen Seite muss eine Kontrolle der Lagerstelle/n und des „Depotmantels" (rechtliche Strukturierung) vorgenommen werden. In der Regel wird das Depot von einer Bank oder einem Vermögensverwalter betreut und verwaltet oder auch nur „gelagert", wie beispielsweise bei einem Discountbroker oder einer **Direktbank**. Auch dieser jeweilige Anbieter und sein Standort ist wiederum in einen ganzheitlichen Risikomanagementprozess einzubeziehen ebenso wie die **Rechtsnatur** der Depotführung (Personendepot oder Depotführung auf eine juristische Person), da auch auf den Vermögensverwalter und die Rechtsform der Depotführung Risikofaktoren einwirken. Diese sind jedoch nicht quantitativ messbar, sondern hier muss eine Risikoauswahl nach den Anbieterkompetenzen, den Rechtsstrukturen und den einzelnen Ländern erfolgen. Hier gilt, je größer und komplexer das Vermögen (Erbfolgemodelle, Haftungsmodelle, Anlageprodukte, Diskretionsbedarf, steuerliche Optimierungen usw.) ist, desto mehr Vermögensverwalter in unterschiedlichen Rechtsräumen und Regionen sollten hinzugezogen werden, um auch strategische und operationale Risikofaktoren gezielt zu streuen. Folgende Einflussfaktoren können hierbei eine Rolle spielen:

RISIKOFAKTOREN

(Einflussfaktoren auf
Bank/Vermögensverwalter bzw.
hinterlegte/investierte Vermögenswerte)

Technologie
Ökonomie/
Wirtschaft
Gesellschaft/Staat

EXTERN	INTERN
Gesetzgebung	Management
Meinungsbildner	Mitarbeiter
Kapitalgeber	Finanzen
Konkurrenz	Produkte
Lieferanten	Prozesse
Kunden	Organisation

Diese beschriebenen Risikofaktoren können im Einzelnen beispielsweise folgende Auswirkungen haben:

Interne Einflüsse:

Mitarbeiter = Mensch

Irrtum, Fahrlässigkeit, vorsätzlicher Verstoß gegen externe und interne Vorschriften, Betrug, Inkompetenz usw.

Technologie / Systeme

Wachsende IT-Abhängigkeit, Daten und Systemsicherheit, Anfälligkeit für Computerviren, Haustechnik, Infrastruktur/kommunikative Zugangswege (Telefonsicherheit, Verschlüsselungssysteme)

Interne Verfahren (Arbeitsprozesse, Projektmanagement)

Funktionsfähigkeit von Arbeitsprozessen, Angemessenheit und Wirksamkeit des internen Kontrollsystems, Überwachung von Arbeitsprozessen durch interne Instanzen, Projektmanagementverfahren u. ä.

Externe Einflüsse:

Rechtsrisiken

Änderung der rechtlichen Rahmenbedingungen mit Auswirkungen auf den Vermögensverwalter, den Rechtsraum oder die Rechtsnatur der Anlage

Strategische und operationale Risiken

Störungen von Arbeitsprozessen durch externe Faktoren wie beispielsweise Kriminalität, Geschäftspartner; Störungen bei ausgelagerten Arbeitsprozessen mit Rückwirkungen auf den Vermögensverwalter, Infrastrukturstörungen wie zum Beispiel Stromausfall, Telefonnetz, Naturkatastrophen, Terroranschläge, politische Ereignisse oder höhere Gewalt im Allgemeinen.

Wie sind nun diese nicht direkt messbaren Risiken zu managen?

Die grundlegenden Aufgaben im Management operationaler und strategischer Risiken sind identisch mit denen des klassischen quantitativen Risikomanagements, nämlich diese Risiken zu überwachen, zu erkennen, zu analysieren und zu bewerten. Auch hierbei muss der Anleger entscheiden, ob das jeweilige Risiko ignoriert, eingegangen, reduziert oder komplett vermieden werden soll.

Bei der quantitativen Risikomessung ist die Definition einer finanziellen Risikotragfähigkeitsgrenze hilfreich, die über den **Value-at-Risk**-Ansatz ermittelt werden kann. Dieser besagt, welchen Verlust der Anleger maximal erleiden kann und will (finanziell und emotional). Der Bereich der emotionalen Risikotragfähigkeit ist dabei weniger mit Mathematik zu analysieren als vielmehr mit Erkenntnissen aus der **Behavioral Finance**. Dies vor einer Investitionsentscheidung auf beiden Ebenen (finanziell wie emotional/mental) zu analysieren ist wichtig, um Enttäuschungen und Überraschungen auf beiden Ebenen zu vermeiden. Oftmals haben Anleger unterschiedliche finanzielle und emotionale/mentale Risikotragfähigkeiten.

Risikotragfähigkeits-Matrix

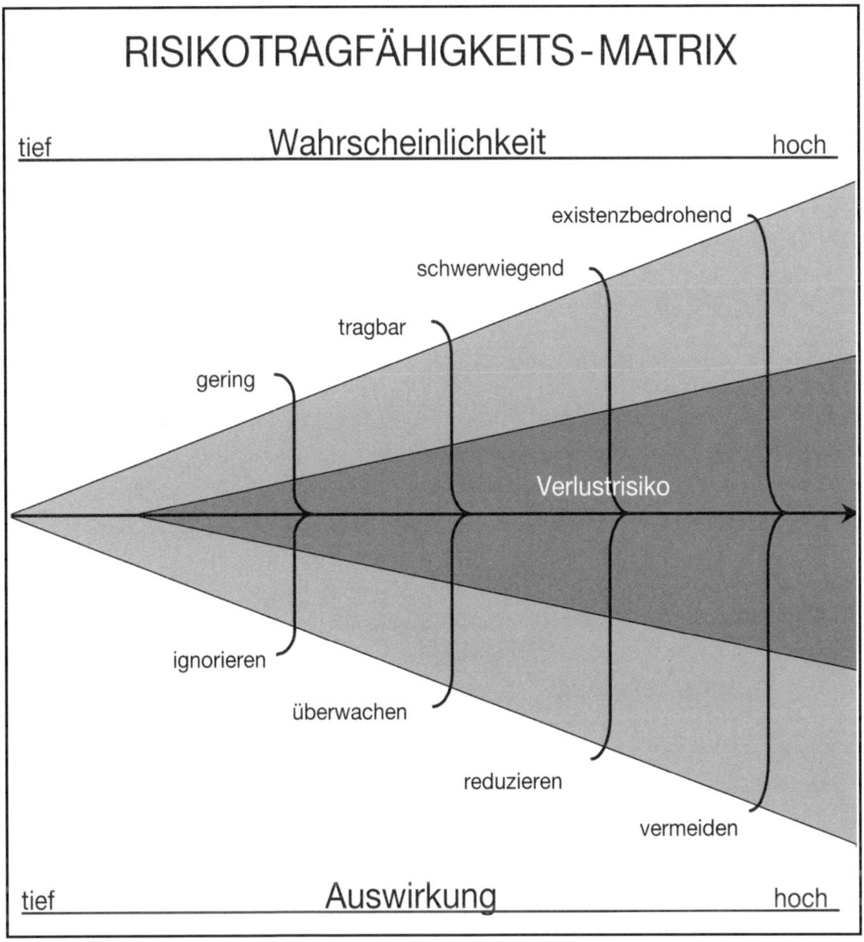

Risikomanagement - Entscheidungsprozesse

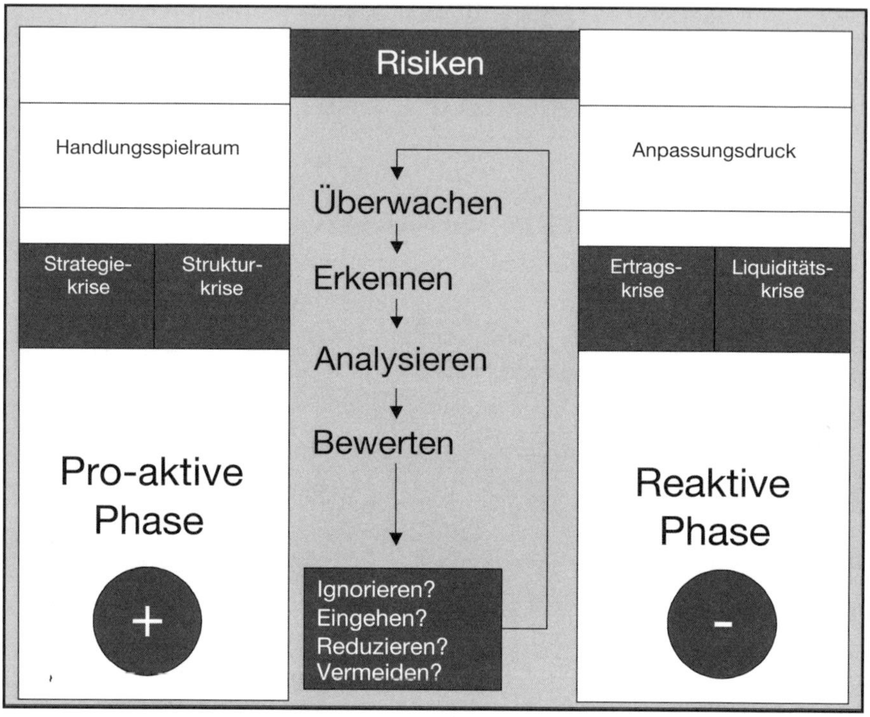

Welche Hauptrisiken drohen nach vielen Expertenmeinungen nun in der Zukunft?

Internationaler Terrorismus

Die Gefahr terroristischer Anschläge ist in der heutigen Gesellschaft erheblich gestiegen. Attentätern bereitet es keine Probleme mehr, sich die erforderlichen Materialien und Technologien zum Bau von Massenvernichtungswaffen zu besorgen. Selbst vor dem Einsatz biologischer Kampfstoffe (zum Beispiel Anthrax und Pesterreger) schrecken diese Gruppen nicht zurück.

Klimaveränderungen

Die Wahrscheinlichkeit, dass sich die Erde als Folge des Treibhauseffekts in den nächsten 70 Jahren um mehr als zwei Grad Celsius erwärmt, ist sehr hoch. Diese Erwärmung bedeutet eine komplette Veränderung der Klimazonen mit Auswirkungen auf die Nahrungsmittelerzeugung.

Virulente Epidemien

Neben Infektionen durch HIV und SARS erscheinen Seuchen wie die Vogelgrippe am bedrohlichsten. Diese flammt nicht nur in Südostasien immer wieder auf. Lernt dieses Virus – oder ähnliche Seuchen – die Ansteckung von Mensch zu Mensch, sind Folgen wie die der Influenzaepedemie von 1918 mit circa 20 Millionen Toten durchaus denkbar.

Meteoriten und Supervulkane – Naturkatastrophen

Die Wahrscheinlichkeit, dass ein Meteorit die Zivilisation der Erde zerstört, steht im Verhältnis eins zu einer Million. Dennoch, der Einschlag eines Objekts mit einem Mindestdurchmesser von 1,5 Kilometern zöge eine Staubentwicklung nach sich, die zur Verdunklung der Atmosphäre führen würde und mit einer dramatischen Klimaveränderung verbunden wäre. Ähnlich verhielte es sich beim Ausbruch eines Supervulkans. Hier beträgt die Wahrscheinlichkeit eins zu 50.000. Weitere Naturkatastrophen wie Erdbeben, Tsunamis oder Orkane sind ebenfalls eine latente Bedrohung für unsere Umwelt.

Künstliche Intelligenz (Artificial Intelligence)

Laut Hans Moravec, Professor am Robotic Institute der Carnegie-Mellon-Universität von Pittsburgh, verdoppelt sich alle ein bis zwei Jahre die Komplexität der Prozessoren von Robotern. Bereits 2050 werden diese möglicherweise die mentale Kraft eines menschlichen Wesens besitzen. Sie könnten uns in allen Lebenslagen betreuen, was uns von ihnen abhängig machen würde.

Computerviren

Der weltweite Datenverkehr über Internet und vernetzte Systeme nimmt ständig zu. Die Komplexität und Abhängigkeit der Datenautobahnen untereinander nimmt dabei ebenfalls zu. Computerviren können inzwischen ganze Geschäftsprozesse angreifen und lahm legen und Firmen oder Privatpersonen gefährden, für deren Geschäftstätigkeit oder Lebensplanung diese Systeme eine entscheidende Rolle spielen.

Vorteile eines umfassenden und mehrdimensionalen Risikomanagements:

- Risiken können aggressiv, aber kontrolliert eingegangen werden
- Risikomanagement verhindert, blind gegenüber Risiken zu werden
- Umfassendes Risikomanagement grenzt Unsicherheiten ein
- Risikomanagement minimiert die Kosten für Schutzmaßnahmen
- Risikomanagement verhindert eine unbemerkte Verlagerung von Verantwortung
- Risikomanagement lenkt die Aufmerksamkeit dorthin, wo sie gebraucht wird

Mehrdimensionales Vermögensmanagement

Niemals alle Eier in einen Korb legen!

Diese alte Weisheit kann wirklich als „Bauernregel“ für ein modernes privates Risikomanagement herangezogen werden und hat speziell an den Kapitalmärkten Relevanz. Wer hier nur auf wenige Titel oder Marktsegmente setzt, kann in schlechten Börsenzeiten gravierende, negative Überraschungen erleben.

Modernes Anlage- und Risikomanagement bedeutet nicht nur die alleinige und isolierte Betrachtung von mathematischen oder quantitativen Portfoliorisiken, sondern eine ganzheitliche und mehrdimensionale Steuerung der Vermögenswerte über verschiedene Ebenen.

Was bedeuten die einzelnen Dimensionen der mehrdimensionalen Vermögenssteuerung konkret?

Welche Möglichkeiten der praktischen Umsetzung – Strukturierung, Kombination und Vernetzung – der einzelnen Dimensionen bieten sich einem international agierenden Kapitalanleger?

Diese Fragen sollte sich jeder Anleger stellen. Eine einheitliche und allgemeingültige Antwort, die für jeden Anlegertyp passt, gibt es dabei allerdings nicht. Diese Publikation erläutert Handlungsalternativen und Möglichkeiten, die sich bieten. Die detaillierte Abstimmung und Zusammenstellung ist allerdings für jeden Investor eine andere und sollte gemeinsam mit Fachexperten individuell erarbeitet und umgesetzt werden.

MAN SOLLTE SEIN LEBEN SO STRUKTURIEREN, ALS OB MAN EWIG LEBE UND SO ORGANISIEREN, ALS OB MAN MORGEN STERBE!

Eindimensionale **Diversifikation** bedeutet Risikoreduzierung durch Streuung von Vermögenswerten über mehrere Anlageklassen. Die klassische, quantitative Diversifikation von Vermögenswerten ist mittlerweile auch aufgrund des technologischen Fortschritts weit verbreitet und sie ist sicherlich unerlässlich im modernen Portfoliomanagement. Jedoch ist ein aus quantitativer Sicht optimal diversifiziertes Vermögen noch lange nicht optimiert nach den Regeln einer geopolitischen und mehrdimensionalen Diversifikation.

Portfolio Balanced Scorecard

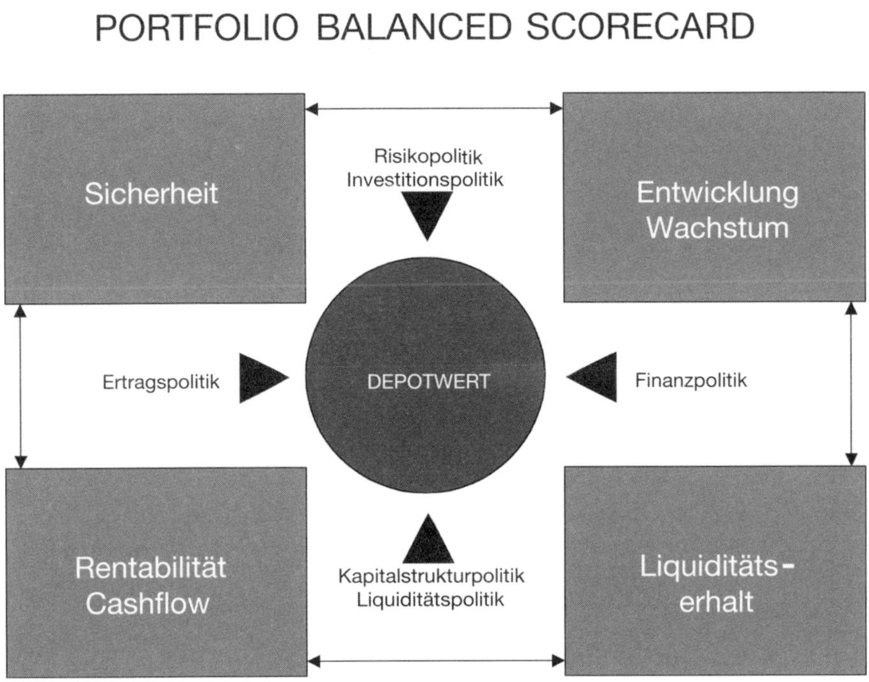

Chancen und Risiken sind im Vermögensmanagement zwei Begriffe, die es nicht nur in Balance zu bringen gilt, sondern die auch auszurichten sind auf die persönlichen Bedürfnisse und Wünsche des Investors über mehrere Ebenen. Bei einem ganzheitlichen Betrachtungsansatz kommen nun die weiterführenden Begriffe Vernetzung und Strukturierung hinzu, die ebenfalls individuell auf den Anleger abgestimmt sein müssen.

Je größer das Vermögen und je höher die Komplexität (allgemeine Lebensumstände, Mobilität, Erbschaftsmodelle, Unternehmensnachfolge, steuerliche Optimierungen, Diskretionsbedarf, Haftungsschutz, Anlagepräferenzen, Kosten, Gewinnerwartungen, Risikotragfähigkeit) der zu verwaltenden Vermögenswerte sind, desto interessanter und wichtiger wird eine Vernetzung und Strukturierung dieser Vermögenswerte.

Als Orientierungshilfe für die Praxis kann man den Prozess einer ganzheitlichen Diversifikation beziehungsweise eines umfassenden Risikomanagements unterteilen in fünf Dimensionen, die im Modell der geopolitischen oder mehrdimensionalen Vermögenssteuerung beschrieben werden.

Eine komplette und vernetzte Umsetzung dieses Modells setzt (aus Effizienz- und Kostengründen) ein Kapitalvermögen von ca. 1 Mio. Euro voraus. Teilbereiche sind aber durchaus praktikabel umsetzbar und kombinierbar für Vermögenswerte ab ca. 100.000 Euro.

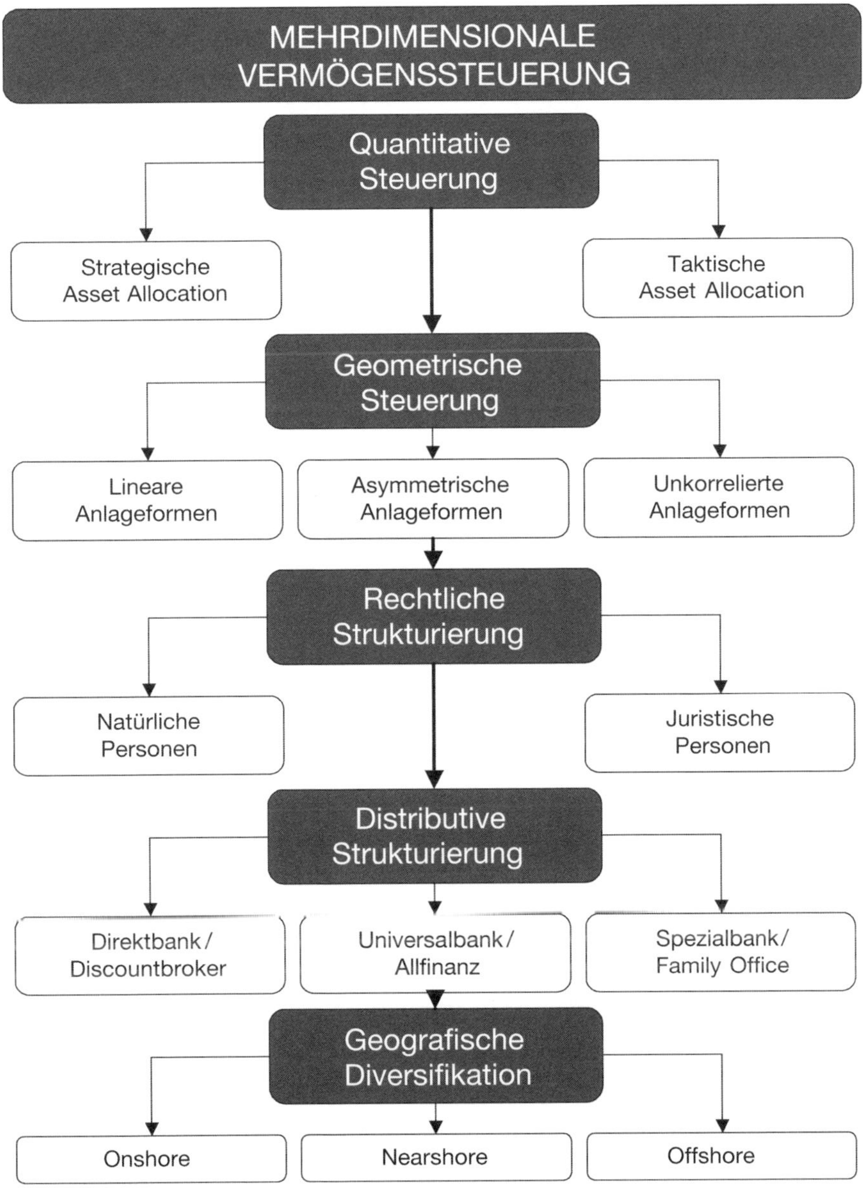
MEHRDIMENSIONALE VERMÖGENSSTEUERUNG
Quantitative Steuerung
Strategische Asset Allocation
Taktische Asset Allocation
Geometrische Steuerung
Lineare Anlageformen
Asymmetrische Anlageformen
Unkorrelierte Anlageformen
Rechtliche Strukturierung
Natürliche Personen
Juristische Personen
Distributive Strukturierung
Direktbank/ Discountbroker
Universalbank/ Allfinanz
Spezialbank/ Family Office
Geografische Diversifikation
Onshore
Nearshore
Offshore

Modell der mehrdimensionalen Vermögensstruktur

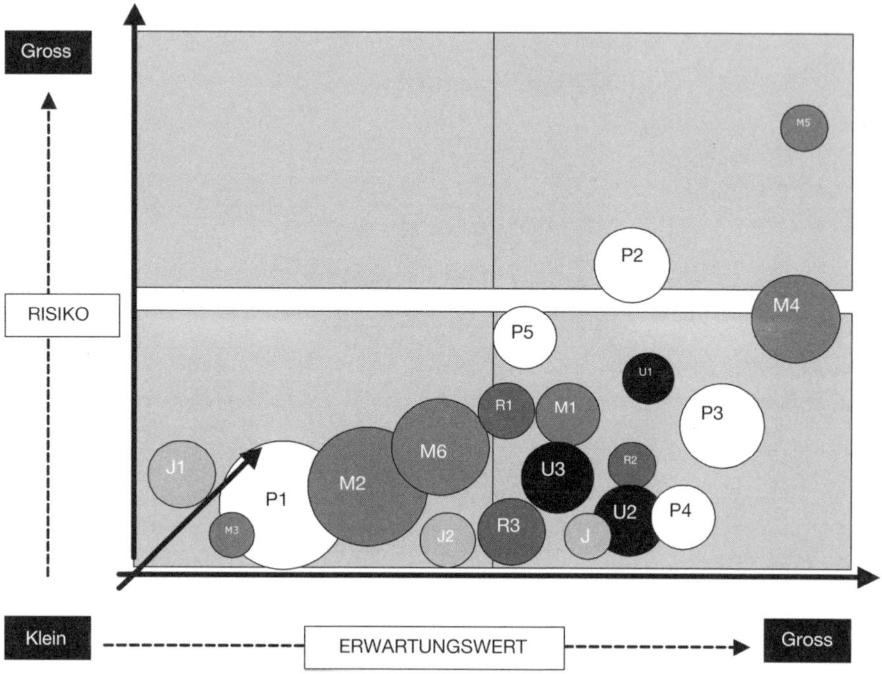

M = Märkte (Anlagemärkte)

J = Jurisdiktionen (Anlageländer)

R = Rechtsformen (Gesellschaftsformen)

U = Unternehmen (Vermögensverwalter/Banken)

P = Produkte (Anlageprodukte, Produktstrukturen)

Die Größe des Kreises ist ein Maßstab für die Höhe der finanziell eingebrachten Werte, beziehungsweise die Größe der finanziellen Auswirkungen.

▸ Quantitative Vermögenssteuerung

Die quantitative oder klassische Asset Allocation im modernen Portfoliomanagement ist zurückzuführen auf die moderne Portfoliotheorie von Harry M. Markowitz, konzipiert und entwickelt in den 50er Jahren. Auch wenn diese Theorie der **Portfolio Selection** bereits über 50 Jahre alt ist, sind ihre Grundaussagen auch heute noch Basiswerkzeug im modernen Portfoliomanagement. Die enorme praktische Bedeutung dieser Theorie kommt vor allem im Umgang mit institutionellen Anlegern und im professionellen Vermögensmanagement zum Ausdruck. Hierbei ist auch zu beachten, dass in der Praxis teilweise fließende Übergänge vorhanden sind und sich auch unterschiedliche Umsetzungs- und Anwendungsmodelle bei den Vermögensverwaltern finden.

Moderne Portfoliotheorie als Grundlage

Untrennbar mit dem Phänomen Diversifikation ist der Name Markowitz verbunden. Der Mathematiker bewies, dass ein optimales Portfolio dann zustande kommt, wenn der Investor verschiedene Wertpapiere gezielt mischt und somit sein Wertpapierdepot diversifiziert. Die auf Harry Markowitz zurückgehenden Erkenntnisse erweitern im Kern das Denken über die Zusammensetzung von Vermögen vom eindimensionalen Renditeaspekt zum zweidimensionalen Rendite-Risiko-Aspekt. Bereits vor den von Markowitz geschaffenen Modellen war man sich der so genannten naiven Diversifikation bewusst, d. h. nicht alles auf eine Karte zu setzen und sein Vermögen auf mehrere Anlagen zu streuen. Markowitz gelang es, den mathematischen Nachweis zu erbringen, dass es eine Möglichkeit gibt, Anlagen so zu kombinieren, dass durch die optimale Streuung auf mehrere Anlageformen wesentlich effizientere Wertpapierportfolios strukturiert werden können.

Der Begründer

Harry M. Markowitz wurde 1990 gemeinsam mit W. Sharpe und M. Miller (nicht verwandt oder verschwägert mit dem Autor dieses Buches) mit dem Nobelpreis für Wirtschaftswissenschaften ausgezeichnet. Durch seine Arbeiten konnte er beweisen, dass durch eine optimale Diversifikation (gezielte Streuung) verschiedener Anlagen in einem Portfolio, das Gesamtrisiko gesenkt und der Ertrag erhöht werden kann.

Markowitz wurde 1927 in Chicago geboren. 1952 wurde im Rahmen seiner Doktorarbeit die Grundlage der modernen Portfoliotheorie entwickelt. 1959 erschien seine Publikation „Portfolio Selection“, für die der Wirtschaftsmathematiker erst späten Ruhm ernten konnte.

Die Theorie

Rendite und Risiko sind die beiden Größen, die den Ausschlag dafür geben, in welcher Gewichtung Wertpapiere in ein Depot gehören. Eine breite Streuung des Vermögens auf die verschiedensten Wertpapiere bietet dabei die Möglichkeit, das Risiko zu reduzieren ohne dabei Renditeeinbußen hinnehmen zu müssen.

Zentrale Aussagen des Portfolio-Selection-Modells:

- Maßgeblich für die Portfoliobildung sind die Größen „erwartete Rendite“ und „Risiko“.

- Aus Gründen der Risikoreduktion ist die Bildung von Wertpapierportfolios sinnvoll.

- Als effizient werden Portfolios bezeichnet, zu denen es bei gleicher Rendite kein Portfolio mit einem geringeren Risiko gibt und zu denen es bei gleichem Risiko kein Portfolio mit einer höheren Rendite gibt.

- Zentrale Bedeutung für das Portfoliorisiko besitzt das Ausmaß des Gleichlaufs (Höhe der **Korrelation**) der Renditen der einzelnen Wertpapiere im Portfolio.

In der Praxis bieten sich einem Investor hierbei zwei grundsätzliche Möglichkeiten der Umsetzung:

→ Strategische Asset Allocation

1. Langfristige Zusammensetzung des Portfolios nach Anlageklassen:
   - Aktien
   - Anleihen
   - Rohstoffe
   - Immobilien
   - Geldmarkt
   - Alternative Investments

2. Langfristige Zusammensetzung des Portfolios nach anderen Kriterien:
   - nach Ländern
   - nach Branchen/Sektoren
   - nach Währungen

Unter Anwendung der modernen Portfoliotheorie !

→Taktische Asset Allocation

1. Aktiver Handel/Trading

2. Über- /Untergewichtung von Anlageklassen

Unter Anwendung von Research und Analyse !

Beispielhafte Analyseansätze von Vermögensmanagern:

→Fundamentalanalysen
- →Top Down
- →Bottom up

→Technische Analysen

Investoren, die ihre Vermögenswerte dabei in fremde Hände geben, sollten sich in diesem Segment (Dimension der quantitativen Vermögenssteuerung) also stets Anbieter/Vermögensverwalter suchen, die Systeme und interne Infrastrukturen haben, mit denen modernes Portfoliomanagement umsetzbar ist. Eine Analyse der Vermögensverwaltungsprozesse beziehungsweise der Abläufe und Rendite-/Risikoergebnisse ist hierbei sinnvoll. Wichtig ist auch, dass die Performance-Ergebnisse von Vermögensverwaltern über einen längeren Zeitraum mit unterschiedlichen Marktphasen konstant gut sind.

Eine moderne und automatisierte Depotoptimierung sollte dabei nach folgendem groben Ablaufschema erfolgen. Hierfür stehen Vermögensverwaltern technische Analysesysteme zur Verfügung, aber auch Privatanleger können mithilfe entsprechender Software diese Systematik anwenden. Teilweise verfügen sogar Direktbanken und Discountbroker beziehungsweise Finanzportale (zum Beispiel Onvista.de oder finanztreff.de) über Portfolio-Optimierungs-Tools, die auf diesem Grundmodell aufbauen.

Ablauf Depot-Optimierung

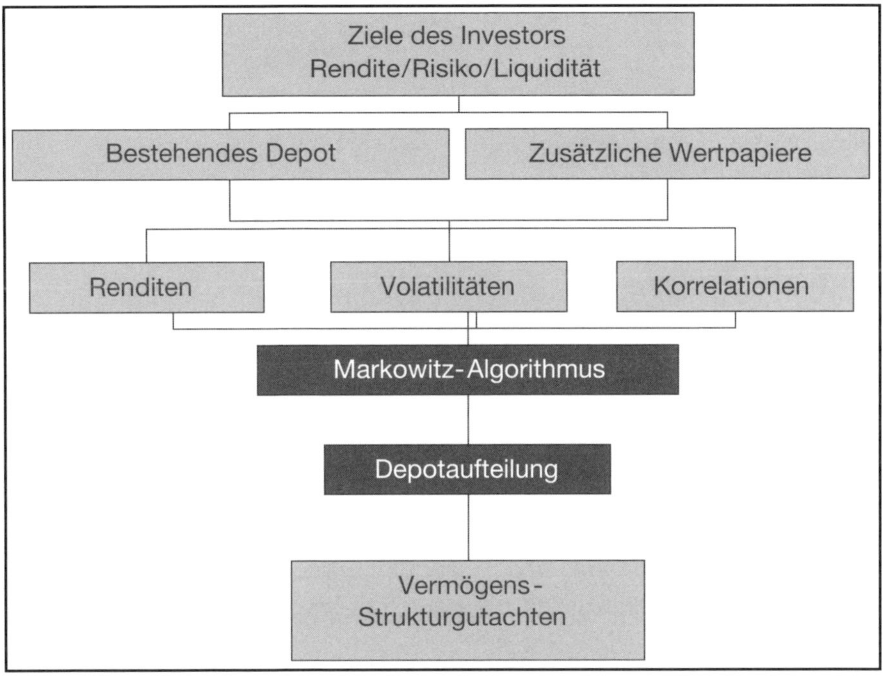

Der Zusammenhang von Diversifikation und Korrelation

Die grundlegende Aussage des Kapitalmarkt-Modells von Markowitz ist „Lege niemals alle Eier in einen Korb". Stattdessen ist eine Aufteilung der Vermögenswerte durch die Beimischung verschiedener Anlageklassen und Länder sinnvoll. Durch Produkte wie Fonds oder Zertifikate kann ein Anleger über ein einziges Produkt verschiedene Länderindizes über die ganze Welt verteilt erwerben. Der Anleger wiegt sich in der Sicherheit, sein Depot sei gut diversifiziert. Dies mag in der Vergangenheit funktioniert haben, ist aber zunehmend ein Trugschluss. Die Streuung auf Länderebene verringert zwar die Abhängigkeit von einzelnen Titeln oder regionalen Aktienmärkten, d. h. das Einzeltitelrisiko (in der Fachsprache das **unsystematische Risiko**) kann weitestgehend reduziert werden, jedoch ist nach wie vor das Gesamtmarktrisiko (**systematisches Risiko**) vorhanden.

Es ist hilfreich, den Gleichlauf (Korrelation) zwischen einzelnen Märkten genau zu betrachten und zu hinterfragen. Dieser ist nämlich ganz entscheidend für die Wirksamkeit des Risikomanagements. Eine „naive" Streuung breit über alle Anlageklassen reicht leider nicht aus und reduziert das Risiko unter Umständen nicht. Maßgeblich für das Ausmaß des so genannten Diversifikationseffektes ist der Zusammenhang (**Korrelation**) zwischen Renditen verschiedener Anlageformen. Diesen kann man mathematisch messen und er liegt definitionsgemäß zwischen -1 und +1. Dieser **Korrelationskoeffizient** wird aus den Daten der Vergangenheit errechnet und genau hier liegt auch das Problem. Märkte, die in der Vergangenheit unterschiedliche Entwicklungen aufwiesen, können sich zukünftig durchaus gleich entwickeln. Das heißt, die Korrelation ist keine statische Größe, sondern sie verändert sich laufend. Die Aufgabe des Vermögensmanagers ist es zu antizipieren, welche Auswirkungen beispielsweise die Globalisierung auf Korrelationen einzelner Märkte haben kann, um auch zukünftig eine effiziente Streuung zu ermöglichen und Depots auf diese Entwicklungen hin auszurichten. Eine Korrelation von +1 bedeutet, dass die Renditeentwicklung einer Anlage vollständig mit derjenigen einer anderen Anlageform erklärt werden kann und beide somit positiv im Gleichschritt marschieren. Hätte beispielsweise in der Praxis ein Länderindex eine positive Korrelation von 1 zu einem anderen, würden diese Märkte genau gleich steigen oder fallen. In diesem Fall kann eine Mischung beider Anlagen keine Diversifizierung, also Risikoreduzierung ermöglichen. Bei einer Korrelation von 0 existiert kein Zusammenhang zwischen den Renditen. Die Titel oder Märkte bewegen sich vollkommen unabhängig voneinander. Gegenüber einer Korrelation von + 1 kann das Risiko durch Steuerung verringert werden.

Das größte Diversifikationspotenzial bieten Anlagen, die eine negative Korrelation aufweisen. Ist diese perfekt negativ (dies ist der Fall bei einer Korrelation von -1), entwickeln sich die Kurse komplett gegenläufig. Somit würden sich die Schwankungen der Märkte gegenseitig aufheben. Im Vergleich zu einer Einzelanlage lässt sich hier somit durch die Streuung das Risiko deutlich reduzieren. Je größer das Anlageuniversum wird, desto größer wird auch das Diversifikationspotenzial. International gestreute Anlagen lassen im Vergleich zur nationalen Anlage demnach den gleichen Ertrag bei geringerem Risiko erwarten, so lautet zumindest das Lehrbuchwissen. Gilt dies aber auch noch in einer zunehmend globalisierten und deregulierten Welt?

Gerade durch Diversifikation über Länderindizes dürfte es künftig schwer sein, eine Risikoreduzierung zu erreichen, da hier die Auswirkungen der Globalisierung auf die Asset Allocation am deutlichsten zum Tragen kommen werden. Gerade auch ein aktives Über- oder Untergewichten von Ländern in einem Wertpapierdepot wird durch weiter zunehmende Globalisierungseffekte an Attraktivität verlieren.

Hauptebenen im Portfolio-Management-Prozess

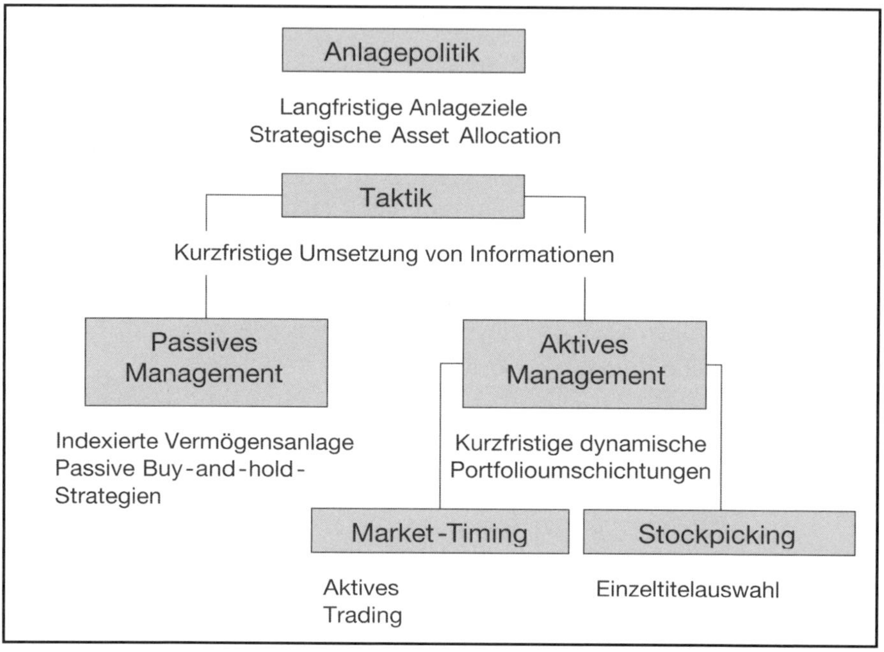

Wesentliche Auswirkungen der Globalisierung auf die Asset Allocation?

Volkswirtschaftlich ist der Prozess der Globalisierung äußerst komplex. Die Faktoren, die die Konjunktur beeinflussen, sind äußerst vielfältig und es existiert kein alleiniges Erklärungsmuster für den Konjunkturzyklus. Dennoch lassen sich auch realwirtschaftliche Merkmale der Globalisierung identifizieren. Beispielsweise zeigt sich zunehmend eine Handelsverflechtung (abzulesen am Wachstum der Handelsströme), eine Angleichung der Konjunkturzyklen und damit einhergehend eine gestiegene Übereinstimmung vieler Indikatoren (Inflation, Zinsen usw.) in der weltweiten Konjunkturentwicklung. Viele Märkte wurden in den vergangenen Jahren stark dereguliert, d. h. Handelsbeschränkungen und Restriktionen wurden aufgehoben. Dies führt dazu, dass sich der Wettbewerb zunehmend von der nationalen auf die globale, internationale Ebene verlagert. Des Weiteren wurde in vielen Ländern der Kapital- und Devisenverkehr vollständig liberalisiert. Im Vergleich zu den Gütermärkten ist die globale Verzahnung der Kapital- und Devisenmärkte bereits weit fortgeschritten. Die grenzüberschreitende Mobilität des Kapitals hat den Wettbewerb zwischen den Finanzzentren erhöht, was sich positiv auf die Unternehmensfinanzierung und Vermögensanlage auswirkt. Neben der hohen Kapitalmobilität hat sich in den meisten Ländern eine stabilitätsorientierte Geldpolitik durchgesetzt, die über geringere Inflationserwartungen zu tendenziell niedrigeren Zinsen führt. Ferner dürfte auch die Finanzpolitik der meisten westlichen Regierungen stärker auf die Konsolidierung der Staatsfinanzen ausgerichtet sein. Besonders synchron ticken die Uhren mittlerweile innerhalb der Europäischen Union, beispielsweise angesichts einer gemeinsamen Geldpolitik, der Stabilitätsrichtlinien (Vereinbarung über die Konsolidierung der jeweiligen Staatshaushalte) und des seit Einführung des Euros nicht mehr bestehenden Wechselkursrisikos.

Wohl am deutlichsten zeigen sich die Auswirkungen der Globalisierung im Hinblick auf die Finanzmärkte bei der Betrachtung der international tätigen Unternehmen. Beteiligungs- und Investitionskapital bewegt sich in immer größerem Ausmaß über Ländergrenzen hinweg. 1982 beispielsweise erzielten Auslandsniederlassungen von international tätigen Unternehmen Umsätze in Höhe von 2,5 Billionen US$. Bis 1990 verdoppelten sich diese Umsätze auf circa 5,5 Billionen US$ und im Jahr 2002 lagen sie bereits bei 20 Billionen US$. Zunehmend agieren auch mittelständische Unternehmen und Kleinbetriebe international und verstärken diese Tendenzen zusätzlich.

Im Hinblick auf die Finanz- und Kapitalmärkte lassen sich im Wesentlichen zwei Globalisierungseffekte unterscheiden. Zum einen hat sich in den letzten Jahren die Zahl der Anlagemöglichkeiten deutlich erhöht (siehe Kapitel „Geometrische Vermögenssteuerung“). Damit stiegen auch die Chancen, global über verschiedene Produkt- und Anlageklassen zu diversifizieren. Zum anderen bewegen sich die Weltbörsen aber zunehmend im Gleichschritt. Dieser Gleichlauf der Märkte (fehlende positive Korrelationseffekte) führt oftmals zu negativen Entwicklungen im Wertpapierdepot eines Investors und macht breite Diversifikationen nicht mehr effektiv, da ein positiver Korrelationseffekt zwischen den unterschiedlichen Asset-Klassen ganz entscheidend für die Wirksamkeit der Diversifikation ist. Die Länder wachsen also durch diese Entwicklung immer mehr zusammen und bewegen sich im Gleichschritt. Eine breite Länderdiversifikation macht somit immer weniger Sinn, da Länder- beziehungsweise Regionenindizes wie beispielsweise der Dax, Euro Stoxx oder S&P 500 bereits in sich gut diversifizierte Portfolios mit global tätigen Unternehmen sind. Somit sind die Chancen gering, auf dieser Ebene Risiken durch breite Länderauswahl zu verringern. Der positive Diversifikationseffekt wird also durch die immer geringeren Unterschiede zwischen den Marktverläufen minimiert.

Branchenselektion statt Länderdiversifikation

Anders sieht es allerdings bei den einzelnen Branchen aus (Automobil, Chemie, Pharma, Computer, Internet usw.). Hier driften einzelne Branchen zunehmend auseinander, da Standorteffekte und Rahmenbedingungen eine immer wichtigere Rolle spielen. Diese unterschiedlichen Entwicklungen auf der Branchenebene bieten somit positive Korrelationseffekte, die wiederum die Möglichkeiten der Risikostreuung deutlich erhöhen.

Beeinflussende Faktoren

Finanzfaktoren

- Subventionen
- Geldmengenpolitik der Staatsbanken
- Steuerpolitische Entscheidungen
- Wechselkurse
- Beschlüsse des IWF
- Goldpolitik

Konjunkturfaktoren

- Inflation
- Außenhandelsbilanzen
- Veränderung im Inlandsverbrauch
- Veränderung der Inlands- oder der Weltproduktion
- Veränderung der Vorratshaltung

Politische Faktoren

- Sanktionen im Handel
- Politik der Regierungen/Regierungsprogramme
- Preis-/Lohnstopps
- Import-/Exportbeschränkungen
- Streiks
- Kriege / Kriegsgefahr
- Gesetzgebung/Rechtssprechung

Industrielle Faktoren

- Verfahrensänderungen oder neue Produktionsmethoden
- Neue Forschungsergebnisse

Börsenfaktoren

- Emotionelle Verfassung der Investoren
- Investionsbereitschaft
- Kaufkraft/Kaufgewohnheiten
- Zinsgefüge

Aktives oder passives Management?

Ein Großteil der institutionellen Kapitalanlagen wird nach wie vor aktiv gemanagt. Doch passive Anlagestile, die im angelsächsischen Raum bereits eine hohe Bedeutung haben, rücken zunehmend auch bei europäischen Vermögensverwaltern in den Blickpunkt. Dieser Trend wird auch dadurch verstärkt, dass die Performance der aktiven Manager oftmals zu großer Unzufriedenheit bei Anlegern führt. Zahlreiche Studien verdeutlichen, dass die Mehrheit der aktiven Manager nicht in der Lage ist, ihre jeweilige **Benchmark** zu schlagen. Investoren sind also meist besser beraten, wenn sie im Rahmen eines passiven Managements an der Performance der Indizes partizipieren können. Dies bietet außerdem den Vorteil, dass kein Management bezahlt werden muss, das teilweise erhebliche Kosten verursacht ohne einen entsprechenden Mehrwert zu bieten. Die Gebühren eines aktiv verwalteten Standardproduktes (beispielsweise ein aktiv gemanagter Aktienfonds) betragen ungefähr zwischen 0,4 und 0,6 Prozent vom Anlagevolumen. Die Distribution eines passiven Produktes (beispielsweise ein Indexzertifikat auf den DAX) kostet hingegen nur etwa 0,1 Prozent.

Hauptunterschiede zwischen aktivem und passivem Managementansatz

Bei der aktiven Betreuung eine Wertpapierdepots oder eines Produktes (Fonds, Zertifikat) versucht der Manager in der Regel eine im voraus definierte Messlatte, die so genannte Benchmark, zu schlagen und eine Überschussrendite zu erwirtschaften. Um sich dieser objektiven Messbarkeit zu entziehen, werden oftmals aktiv gemanagte Produkte als **Absolute**- oder **Total-Return**-Konzepte verkauft, um zum einen die Vergleichbarkeit zu erschweren und sich vom Benchmark-Gedanken zu lösen und zum anderen dem Manager eine höhere Flexibilität in seinem aktiven Ansatz zu gewährleisten. Oft wird dieser Ansatz nicht aus Überzeugung gewählt, sondern aus marketingrelevanten Überlegungen, also um das Produkt für den Verkauf attraktiver zu gestalten. Der wirkliche Mehrwert für den Investor bleibt fraglich.

Beim klassischen Benchmark-Konzept hingegen wird für Aktienmandate beispielsweise ein repräsentativer, möglichst marktbreiter Aktienindex herangezogen. Für den deutschen Aktienmarkt ist dies normalerweise der Deutsche Aktienindex (DAX); um den US-Markt abzubilden, wird häufig der marktbreite S&P-500-Index als Benchmark verwendet. Durch **Research** und Analyse (systematische Untersuchung wert- und kursbestimmender Faktoren bezüglich eines

Wertpapiers) werden dabei die Kurschancen der einzelnen Wertpapiere des Index ermittelt und somit Über- und Untergewichtungen vorgenommen oder durch aktives Trading die aus Sicht des Managers lukrativsten Titel gekauft. Mit einer möglichst korrekten Einschätzung der künftigen Marktentwicklung versucht der Manager, seinen Anlegern einen Mehrwert zu generieren. Dies gelingt nur den wenigsten. In erster Linie liegt das daran, dass gerade die etablierten Märkte (zum Beispiel Dax, Nikkei, Euro-Stoxx usw.) als **effiziente Märkte** gelten. Ein effizienter Markt bedeutet, dass sämtliche Informationen allen Marktteilnehmern unmittelbar zur Verfügung stehen. Kein Marktteilnehmer kann bereits vorher die Informationen Gewinn bringend einsetzen. Wenn alle Experten und großen Anleger rund um die Welt einen ähnlichen Kenntnisstand haben, dann sind diese Informationen im Prinzip schon im Kurs der jeweiligen zugrunde liegenden Aktien enthalten. Anders gesagt: Es ist äußerst schwierig, effizienter als der Markt zu sein, denn der Markt wird von vielen Teilnehmern bestimmt, die mehr oder weniger die gleiche Informationsbasis besitzen.

Als ineffiziente Märkte gelten beispielsweise die **Emerging Markets**. Hier sind durch aktives Management – bei entsprechender Kompetenz des Managers – deutliche Überschussrenditen zu erzielen. Währungen, Rohstoffe, Nischenmärkte und Unternehmensanleihen sind ebenfalls geeigneter für aktives Management als die etablierten Aktienmärkte, bei denen passives Management zu bevorzugen ist.

Bei einem passiven Management des Aktienportfolios wird ein ausgewählter Benchmark-Index (DAX, REX STOXX, Rohstoffindex usw.) nachgebildet. Der passiven Betreuung eines Depots liegt dabei die Annahme zugrunde, dass Finanzmärkte grundsätzlich effizient und alle (preis-)relevanten Informationen in den aktuellen Wertpapiernotierungen jederzeit berücksichtigt sind. Es wird davon ausgegangen, dass die rasche, zeitgleiche und geografisch unabhängige Verfügbarkeit dieser Informationen ein Übertreffen der vorgeschriebenen Messlatte äußerst schwierig macht, sei es in Bezug auf Zins-, Währungs- oder Aktienkursprognosen.

Das Angebot an passiv betreuten Portfolios wird daher immer größer und gerade in Börsen-Haussen sind Anleger damit gut gefahren. Jedoch macht ein passives (lineares) Anlageinvestment auch eine Baisse in vollem Umfang mit. Bei einem passiven Management wird im Gegensatz zu einem aktiven Ansatz nicht in ausgewählt aussichtsreiche Firmen investiert, sondern ein bestimmter Index exakt nachgebildet. Das Management solcher passiven Produkte kauft sämtliche Aktien eines Index in der jeweiligen Indexgewichtung. Im Gegensatz zu einem aktiven Portfolio werden im passiven vergleichsweise wenig Transaktionen vorgenommen, was den Verwaltungsaufwand und somit die Kosten niedrig hält. Die Frage, welcher Anlagestil erfolgreicher ist, lässt sich nicht generell beantworten. Entscheidend ist aber, dass den Investoren klar ist, dass sie aktiv eine Anlageentscheidung treffen müssen. Außerdem müssen aktive wie passive Stile sinnvoll miteinander kombiniert werden, wie beispielsweise mit so genannten Core-Satellite-Strategien unter Berücksichtigung linearer, asymmetrischer und unkorrelierter Produktstrukturen (siehe Kapitel „Geometrische Vermögenssteuerung" und „Geo-Crosing-Modell")

Portfolio Insurance – Absicherung oder Versicherung?

Von den dramatischen Kursentwicklungen an den Aktienmärkten in den Jahren 2000 bis 2003 waren insbesondere auch die institutionellen Investoren betroffen. Erdrutschartige Kursverluste haben zu unerwartet hohen Auflösungen der stillen Reserven geführt und die Abschreibungsrisiken in den Vordergrund gestellt. Gerade Versicherungen und Institute der Altersvorsorge hatten die Strukturen ihrer Asset Allocation falsch eingeschätzt und deren Risiken unterschätzt. Dadurch sind einige grundlegende Erkenntnisse deutlicher geworden. Ohne ausreichende Flexibilität und systematisch-dynamische Anlagepolitik können sinnvolle Asset-Allocation-Entscheidungen nur schwer getroffen werden.

Im modernen Vermögensmanagement gibt es auf der quantitativen Ebene mehrere Möglichkeiten von Absicherungsstrategien. Auch diese Strategien sind die Grundbestandteile vieler strukturierter Produkte und somit über nur ein Wertpapier und ohne viel Aufwand bequem an der Börse handelbar.

Bei dem Oberbegriff **Portfolio Insurance** handelt es sich um die Gesamtheit der dynamischen Asset-Allocation-Strategien mit dem Ziel, den Investor an steigenden Marktbewegungen teilhaben zu lassen und zugleich das Verlustrisiko bei Marktrückgängen zu begrenzen. Gerade mithilfe so genannter **CPPI-Konzepte**, die mittels Strategie-Zertifikaten auch für Privatinvestoren handelbar sind, können diese Strukturen in der Praxis umgesetzt werden.

Dynamische Asset-Allocation-Strategien – eine Erweiterung der Markowitz-Modelle

Die Weiterentwicklung der Markowitz-Modelle für die effizienten Portfolios (mittels des quantitativen Optimierungsprozesses) hin zu den strategischen und dynamischen Anlageprozessen ist die logische Konsequenz aus den Erfahrungen mit der „New-Economy-Blase". Die Zielsetzung der strategischen Asset Allocation besteht darin, für jeden Kunden über den gesamten Anlagehorizont die Grundlage für eine effiziente Portfoliostruktur zu finden. Die wichtigsten Merkmale der dynamischen Asset Allocation sind die Regelgebundenheit sowie Prognosefreiheit. Somit sind keine Bauchentscheidungen der Vermögensmanager möglich. Die Umschichtung zwischen Asset-Klassen wird nach festen Regeln durchgeführt, die nicht auf Marktprognosen – von Analysten, die oft falsch liegen – basieren.

Absicherungs-Strategien

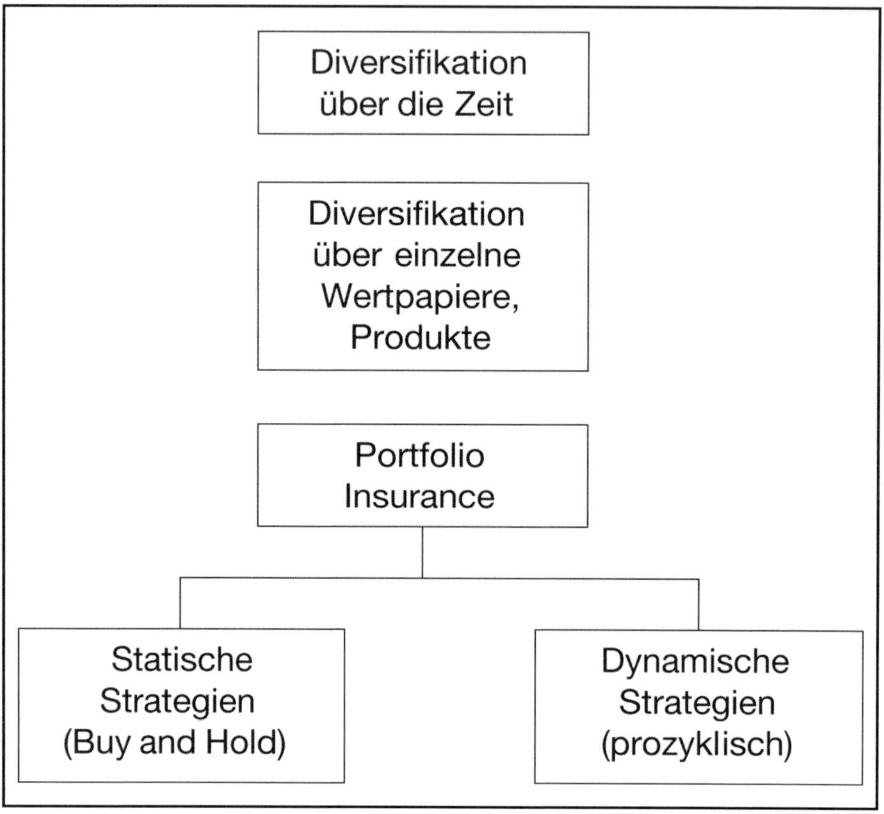

Diversifikation über die Zeit:

Diese Diversifikation basiert auf der Annahme, dass mit einem zunehmenden Anlagehorizont das Anlagerisiko abnimmt. So kann etwa der Aktienanteil eines Depots bei einem langfristigen Anlagehorizont (zum Beispiel zehn Jahre) höher sein, als bei einem kurzfristigen Anlagehorizont von zwei Jahren.

Diversifikation über einzelne Wertpapiere und Produkte:

Gemäß der Portfoliotheorie von Harry M. Markowitz kann das Risiko, das in einem Wertpapierdepot steckt, durch Streuung des Vermögens auf verschiedene Anlagevehikel reduziert werden.

Statische Strategien:

Statische Strategien sind Buy-and-Hold-Strategien (Kaufen und Halten bis zur Fälligkeit). Sie zeichnen sich dadurch aus, dass sie die ursprüngliche Asset Allocation bis zum Ende des Anlagehorizontes nicht aktiv verändern. Dabei wird die Länge dieses Anlagezeitraumes entweder von vornherein zeitlich begrenzt (Protective Put und Bond Call) oder an einer bestimmten Kursmarke festgemacht, bei deren Erreichen das Portfolio aufgelöst wird (Stop Loss).

Folgende statische Strategien werden in der Praxis angewandt und sind auch die Hauptbestandteile vieler strukturierter Produkte.

1. Die Stop-Loss-Strategie

Die Stop-Loss-Strategie ist die klassische Portfolio-Insurance-Strategie. Bei ihr erfolgt zunächst ein Vollinvestment in die riskante Asset-Klasse (zum Beispiel Aktien). Fällt der Wert dieser Anlage unter eine vorher festgelegte Wertuntergrenze (den so genannten Floor), so wird die Position im riskanten Asset komplett verkauft und durch eine risikolose Anlage ersetzt, die durch ihre Zinseinnahmen dafür sorgt, dass zum Ende des Anlagehorizontes die Wertuntergrenze zumindest erreicht wird.

Oftmals wird die Stop-Loss-Strategie als veraltet angesehen. Dennoch lassen sich mit ihr in einem Marktumfeld, das durch eine vergleichsweise niedrige Volatilität gekennzeichnet ist, Ergebnisse erzielen, die mit denen anderer Portfolio-Insurance-Strategien vergleichbar sind. Die Ergebnisse der Strategie sind nicht nur von den Marktsituationen zum Auflegungs- und Auflösungszeitpunkt abhängig, sondern auch von der zwischenzeitlichen Entwicklung des Marktes.

2. Die Protective-Put-Strategie

Hierbei handelt es sich ebenfalls um eine vergleichsweise einfache Absicherungsstrategie. Im Gegensatz zum Stop-Loss-Konzept beruht sie jedoch auf dem Einsatz von **derivativen** Instrumenten. Bei der Protective-Put-Strategie wird ein Wertpapierdepot durch den Kauf von Put-Optionen auf einen bestimmten Zeitpunkt hin abgesichert. Dabei kann durch die Wahl verschiedener Basispreise das Absicherungsniveau nahezu beliebig festgelegt werden. Das erzielte Ergebnis hängt lediglich von den Marktsituationen zum Auflegungs- und Auflösungszeitpunkt und nicht von den zwischenzeitlichen Entwicklungen des Marktes ab. Die Versicherungskosten in Höhe der Optionsprämie lassen sich im Voraus genau quantifizieren. Der maximal mögliche Verlust ist auf die Put-Prämien und die Differenz zwischen Portfoliowert bei Auflegung und dem abgesicherten Niveau begrenzt. Das Gewinnpotenzial ist dabei absolut unbegrenzt und in Relation zu einem ungesicherten Wertpapierdepot nur um die Optionsprämien reduziert.

3. Die Bond-Call-Strategie

Die so genannte Bond-Call-Strategie kann man auch als die Schwesterstrategie des Protective Put bezeichnen. Dabei wird ein Betrag in Höhe des abgezinsten Basispreises risikolos, zum Beispiel in einen Zero Bond sehr guter Bonität, investiert. Für das verbleibende Kapital werden Call-Optionen auf einen Aktienindex erworben. Am Ende des Anlagehorizontes wird der Zero Bond fällig und garantiert die Rückzahlung des eingesetzten Kapitals. Liegt zu diesem Zeitpunkt der Aktienindex über dem Basispreis der Option, hat diese einen inneren Wert und gewährt dem Investor eine Partizipation an den Kurssteigerungen. Liegt der Index unter dem Basispreis, verfällt die Option wertlos. Die Versicherungskosten lassen sich ebenfalls im Voraus errechnen.

Ein Vorteil dieser Strategie ist ihre hohe Flexibilität. Ein Wechsel des riskanten Assets ist jederzeit möglich, ohne dass die Absicherung davon tangiert würde. Außerdem vermeidet die Bond-Call-Strategie einige Problemfelder, mit denen man sich bei Einsatz der Protective-Put-

Strategie konfrontiert sieht, wie zum Beispiel den **Tracking Error** zwischen dem Wertpapierdepot und dem **Underlying** der Option. Auf der anderen Seite generiert die Bond-Call-Strategie hohe Zinseinnahmen, die bei individueller Umsetzung der Strategie zu versteuern sind. Kauft man dagegen ein Garantiezertifikat, fallen keine Zinseinnahmen an.

In der Praxis wird immer noch die statische Portfolio Insurance auf Basis eines Bond-Call- oder Protective-Put-Ansatzes bei der Konstruktion von Garantieprodukten verwendet.

Dynamische Strategien

Anders als bei statischen Strategien wird bei dynamischen Strategien durch die kontinuierliche Umschichtung zwischen risikobehafteten und risikolosen Assets eine gewisse Absicherung erreicht. Die Zusammensetzung des Depots wird dabei von den Veränderungen des Marktes bestimmt. Während der genaue Zeitpunkt und der Umfang der vorzunehmenden Umschichtungen vom Kursverlauf des Marktes und von den gewählten Handelsregeln abhängen, ist allen dynamischen Strategien ihre prozyklische Natur gemein. Steigt der Wert des risikobehafteten Assets relativ zum Wert der risikolosen Anlage, zieht dies eine Umschichtung zugunsten des risikobehafteten Assets im Portfolio nach sich. Das Ergebnis dieser dynamischen Absicherungsstrategien ist nicht nur von der Marktsituation am Ende des Anlagehorizonts abhängig, sondern auch von der Wertentwicklung während der Laufzeit.

Gerade wenn klare Trends vorherrschen, also wenn sich das riskante Asset entweder sehr schlecht oder sehr gut entwickelt, zeigen dynamische Strategien weit überdurchschnittliche Ergebnisse.

Dynamische Portfolio-Insurance-Strategien kommen u. a. dann zum Einsatz, wenn die benötigten Optionen für eine statische Absicherung nicht in passender Form zur Verfügung stehen (beispielsweise bei Small Caps oder Emerging Markets). Hier stehen oftmals keine standardisierten Optionen zur Verfügung.

Folgende Arten dynamischer Strategien werden in der Praxis umgesetzt:

1. Lineare Investmentregel

Bei der linearen Investmentregel wird die durch unterschiedliche Wertentwicklungen in einer Periode hervorgerufene Verschiebung der Gewichtung der Asset-Klassen im Portfolio (zum Beispiel Aktien/Renten) dem Trend entsprechend erhöht. So kann man zum Beispiel die Ausgangsstruktur eines Portfolios auf 70 Prozent Aktien und 30 Prozent Renten festlegen. Fallen nun die Aktien um 10 Prozent (bei konstanten Renten), ergibt sich folgende neue Portfoliozusammensetzung.

Aktien: 70 * 0,9 = 63 (90 % der alten Gewichtung von 70 %)

Renten: 30 * 1,0 = 30 : 93 (der Rentenanteil ist unverändert)

Der Aktienanteil reduziert sich somit um ca. zwei Prozent auf 68 Prozent (63 von 93). Der Rentenanteil ist demzufolge um etwa zwei Prozent auf 32 Prozent gestiegen (30 von 93). Multipliziert man nun diese Gewichtsverschiebung mit einem vorher im Investmentprozess festgelegten Faktor ergibt sich ein prozyklisches Anlageverhalten und die Aktien/Rentenquoten werden zurückgefahren oder erhöht, ebenfalls ohne Bauchentscheidungen von Vermögensmanagern oder Analysten.

2. Dynamische Stop-Loss-Strategien

Fortlaufend werden mehrere Ansätze entwickelt, um die „Alles oder-nichts-Natur“ des einfachen Stop-Loss-Konzeptes zu entschärfen. So kann etwa die endgültige Einmalumschichtung vom risikobehafteten in das risikolose Asset durch mehrere Teilumschichtungen ersetzt werden. Diese Umschichtungen können nach beiden Seiten erfolgen, d. h. auch eine Erhöhung der risikoreicheren Anlageklasse ist möglich. Durch diese Dynamisierung wird die einfache oder statische Stop-Loss-Strategie erheblich weiterentwickelt.

3. Der **synthetische** Put

Eine verfeinerte prozyklische Handelsregel kommt beim **synthetischen** Put zur Anwendung. In diesem Fall wird durch die kontinuierliche Umschichtung zwischen einer risikobehafteten Anlage (zum Beispiel Aktien) und einem risikolosen Rententeil ein synthetischer Put auf das risikobehaftete Asset generiert. Am Ende einer Anlageperiode besteht das Portfolio dann entweder ganz aus Aktien oder ganz aus der risikolosen Anlage.

4. CPPI-Konzepte

Eine so genannte „Constant Proportion Portfolio Insurance“ ist eine passive und damit prognoseunabhängige Strategie. Mittels mathematischer und technischer Programme werden unterschiedliche Parameter festgelegt und es sind zahlreiche **CPPI**-Konzepte darstellbar. In der Praxis steht hinter einer Vielzahl von Strategie- und Garantiezertifikaten ein CPPI-Modell.

Geometrische Vermögenssteuerung

Hinter dieser Ebene verbirgt sich eine Erweiterung der quantitativen **Asset Allocation** um die Streuung von Produktstrukturen.

Gerade der Markt für **strukturierte Produkte**, **Derivate** und **alternative Investments** hat sich in den letzten Jahren rasant und für private Investoren vorteilhaft entwickelt.

Schlechte Anlageerfolge während unruhiger Börsenzeiten oder bei Seitwärtsmärkten ohne Trends haben das Vertrauen von Anlegern in Vermögensverwalter oder sich selbst oftmals untergraben. Die Vermögensverwalter stehen vor der bedeutenden Herausforderung, immer anspruchsvollere Kunden zufrieden zu stellen, die die bestmöglichen Produkte verlangen. Einige Vermögensverwalter scheinen vor allem die Produkte anzubieten, die bei hohen Margen am einfachsten zu handeln sind. Das Produktangebot sollte sich jedoch vor allem an den vorab analysierten Kundenbedürfnissen orientieren. Es sollten Lösungen angeboten werden, die auf den einzelnen, in unterschiedlichen Ausgestaltungen vorhandenen Produkten aufbauen. Gerade der effiziente Einsatz von strukturierten Produkten und Zertifikaten wird dabei ausschlaggebend sein für ein angemessenes Risikomanagement und eine Optimierung des Ertrages.

Auf die individuellen Markterwartungen der Investoren zugeschnittene Zertifikate und strukturierte Produkte bieten nahezu jedem Anlegertypus die Möglichkeit, in Anlageformen zu investieren, die seinem persönlichen Chance/Risiko-Profil entsprechen.

Emittenten von Produkten haben in den letzten Jahren auf der Grundlage bereits vorhandener Finanzmarktinstrumente (Optionen, Futures) neue und innovative Anlagemöglichkeiten geschaffen, mit denen Privatanleger auch Strategien umsetzen, die in der Vergangenheit professionellen beziehungsweise institutionellen Investoren vorbehalten waren. Durch die Entwicklung (**Product Development, Financial Engineering**), Bündelung und **Securisation** der innovativen Anlageformen entstanden die so genannten strukturierten Produkte. Diese werden weitläufig auch als Zertifikate bezeichnet und sind rein rechtlich gesehen Inhaberschuldverschreibungen der jeweiligen Emittenten.

Investoren bieten diese Produktstrukturen die Möglichkeit, durch den Kauf eines oder weniger Wertpapiere Strategien zu verfolgen, die ihnen mit eincr Anlage in Einzelmärkten oder Einzeltiteln nicht oder nur mit hohem Kapitaleinsatz beziehungsweise Aufwand möglich wären. Mittlerweile stehen auch zahlreiche strukturierte Produkte zur Verfügung, die sich für konservative Anleger mit einem längerfristigen Anlagehorizont eignen.

Produktstrukturen kann man grundsätzlich in drei Segmente unterteilen:

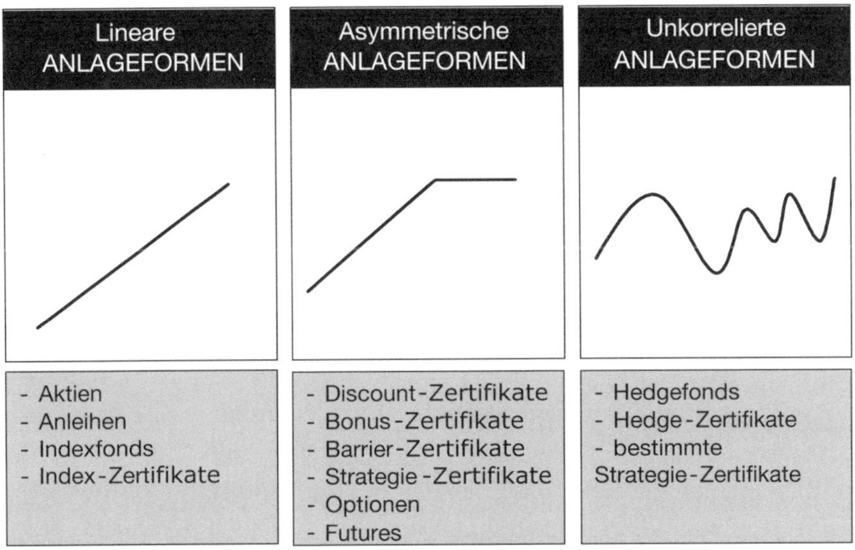

Die Differenzierung der Produktstrukturen wird dabei vorgenommen nach dem so genannten Payoff-Profil oder Auszahlungsprofil der Produkte.

In allen Marktphasen zeigt sich hierbei die Vielseitigkeit von asymmetrischen Produkten wie beispielsweise die mittlerweile sehr gängigen Bonus- oder Discount-Zertifikate. Die Emittenten dieser Produkte haben in diesem Bereich in den letzten Jahren intensiv gearbeitet und auf der Grundlage bereits vorhandener Finanzmarktinstrumente neue Anlagemöglichkeiten geschaffen.

Auch wenn die dabei entstandene Vielfalt – zum Beispiel in der Namensgebung – Anleger zunächst verwirren kann oder skeptisch werden lässt, lohnt sich dennoch eine nähere Beschäftigung mit den angebotenen Produkten. Denn die individuellen Chancen/Risiko-Neigungen des Investors sind hier genau darstellbar und auch in Zeiten seitwärts tendierender oder gar fallender Märkte lassen sich ansehnliche Renditen erzielen.

Der intelligente und risikoreduzierende Einsatz der einzelnen Produkttypen zählt somit zu einer erweiterten Form der quantitativen oder klassischen Vermögenssteuerung. Gerade der in der Vergangenheit so beliebte Ansatz „Buy and Hold“ (Kaufen und Halten) macht mittels strukturierter Produkte wieder Sinn. So sind beispielsweise mit Discount- oder Bonus-Zertifikaten bei stagnierenden Märkten deutliche Überschussrenditen erreichbar, die mit linearen Produkten in diesen Marktphasen nicht zu erzielen sind.

Ebenso sollte ein Teil der Vermögenswerte aktiv, der andere Teil passiv gemanagt werden. Hierbei bietet sich Anlegern die besprochene Core-Satellite-Aufteilung als Hilfe an.

Strukturierte Produkte werden teilweise als Fonds konzipiert, der Großteil der am Markt befindlichen Produkte wurde jedoch als Zertifikat emittiert.

Zertifikate sind Finanzinnovationen, die professionelle Anlagekonzepte in den unterschiedlichsten Märkten möglich machen. Mit ihnen lassen sich in einem einzigen Wertpapier beispielsweise ganze Aktienmärkte abbilden oder komplexe, aber hochprofitable Anlagestrategien umsetzen. Mit vielen Produkten lässt sich zudem das Risiko einer Anlage reduzieren. Richtig eingesetzt sind Zertifikate also eine Bereicherung für ein modernes und mehrdimensionales Vermögensmanagement.

In den neunziger Jahren gestaltete sich erfolgreiches Agieren an den Finanzmärkten ziemlich einfach und es schien, als würden die internationalen Aktienmärkte nur eine Richtung kennen. Die Baisse nach der Euphorie hat Milliarden an Anlegerkapital vernichtet. Doch diese Einbußen sind nicht einfach Schicksal, sondern resultieren auch aus dem mangelhaften Anlage- und Risikomanagement vieler Anleger.

Ausschließlich mit klassischen Geldanlagen wie Standardfonds oder Einzelaktien ist die Balance zwischen Chance und Risiko indes schwierig herzustellen, da mit diesen Produkten nur lineare Anlagestrategien umsetzbar sind, bei denen der Anleger nur verdient, wenn die Kurse steigen (long only). In Seitwärtsbewegungen oder bei fallenden Märkten wird dagegen nichts verdient beziehungsweise automatisch Geld verloren, wenn man kein aktives Trading oder Market Timing umsetzt.

Zertifikate bieten hierbei dem Investor die einzigartige Freiheit, Chance und Risiko einer Geldanlage selbst zu definieren. Entscheidend sind allein die persönliche Markterwartung sowie die individuellen Sicherheitsbedürfnisse und Renditeziele eines Investors.

Dabei eröffnen sich interessante Perspektiven und Anlagealternativen:

- Produkte mit einem Risikopuffer, die auch dann noch Gewinne ermöglichen, wenn die Aktien schon längst im Minus liegen (zum Beispiel Bonus-Zertifikate)
- Produkte, die Erträge bei fast identischem Risikoprofil einfach verdoppeln (Sprint-Zertifikate)
- Produkte, die den Einstiegskurs automatisch verbilligen oder den Höchstkurs einfrieren (All-Time-High-Zertifikate)

Zertifikate machen all das möglich.

Zertifikate sind frei handelbare, in ihrer Laufzeit begrenzte oder unbegrenzte von Emissionsbanken begebene Inhaberschuldverschreibungen. Mittels Zertifikaten ist es beispielsweise möglich die unterschiedlichsten Anlageklassen zu securisieren (**Securisation**). So sind mittlerweile Rohstoffe vom Lebendrind über die Sojabohne bis hin zum Zucker börsenfähig, Metalle von Aluminium bis Zink oder Währungen und **Swaps** mittels Zertifikaten verbrieft und für jeden Anleger auch in kleinen Stückzahlen handelbar.

Hauptgruppen strukturierter Produkte

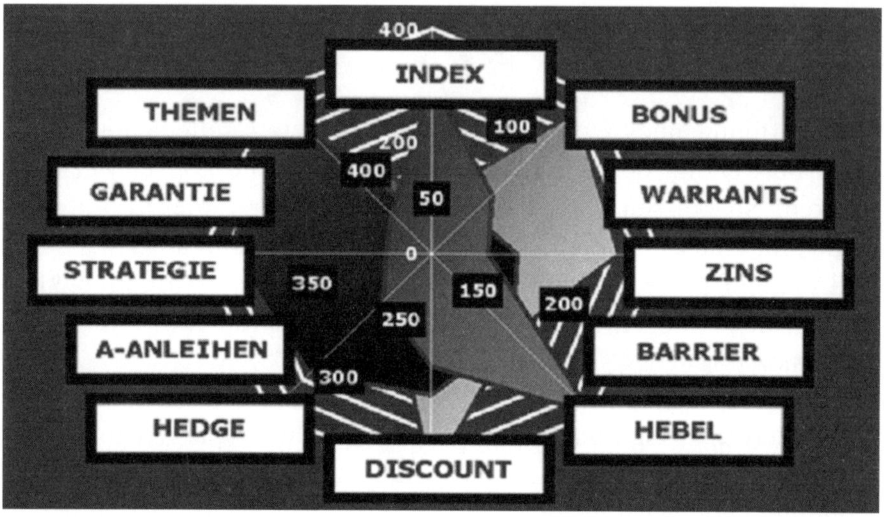

INDEX-ZERTIFIKATE

Index-Zertifikate wenden sich an Anleger, die langfristig an der Entwicklung eines bestimmten Marktes oder Segmentes partizipieren wollen. Mit einem Investment in Index-Zertifikaten kaufen Sie praktisch einen Index Ihrer Wahl. Der große Vorteil dabei ist, dass Sie jederzeit wissen, was Ihr Investment wert ist. Ein Blick auf den jeweiligen Index genügt. Indizes wurden geschaffen, um einen bestimmten Markt und dessen Entwicklung repräsentativ darzustellen.

Die verschiedenen Aktienindizes wie DAX, Dow Jones oder Euro-STOXX 50 sind de facto repräsentative Musterportfolios, deren Zusammensetzung vom Indexsponsor wie beispielsweise Deutsche Börse AG, STOXX Limited oder Dow Jones Inc. regelmäßig überprüft und gegebenenfalls angepasst werden. Bei der Auswahl der Aktien berücksichtigt der jeweilige Indexsponsor neben der Marktkapitalisierung und Liquidität auch eine adäquate Branchendiversifikation.

Indizes sind also beileibe nicht so passiv wie allgemein angenommen. Index-Zertifikate wiederum bilden die Kursentwicklung hundertprozentig ab. Open-End-Index-Zertifikate sind börsennotierte Wertpapiere ohne Laufzeit. Sie können börsentäglich wie eine Aktie ge- und verkauft werden.

Die Eröffnung eines Wertpapierdepots bei einem Emittenten ist hierzu nicht notwendig, denn Open-End-Index-Zertifikate können bei allen Banken, Sparkassen und Direktbanken geordert werden. Emittenten stellen für Open-End-Zertifikate börsentäglich fortlaufend aktuelle An- und Verkaufskurse. Dazwischen liegt der so genannte **Spread**, die Kosten für den Anleger, die in der Regel bei Standardindizes äußerst gering sind.

Jedes Zertifikat ist transparent und bildet den jeweiligen Index 1:1 nach. Der Kursverlauf kann über Internet oder alternative moderne Kommunikationsmedien bequem überwacht werden.

Weitere Vorteile sind:

Risikostreuung: Geringeres Risiko durch Diversifikation. Geeignet um das Risiko des Gesamtportfolios zu vermindern.

Flexibilität und einfache Stückelung: Die kleinen Stückelungen und die fortlaufende und sichergestellte Kursstellung der Emittenten erlaubt es, während der Börsenhandelszeiten oder außerbörslich schnell, sicher und flexibel zu handeln.

Kosten-Effizienz: Die Anlage in ein Index-Zertifikat ist kostengünstiger als eine direkte Nachbildung des gewünschten Basiswerts.

Da ein Index zwar fortlaufend nach bestimmten Kriterien wie Marktkapitalisierung oder Börsenumsätzen neu zusammengestellt wird, dafür aber kein Manager bezahlt werden muss, gibt es natürlich auch keine Management-Gebühren. Index-Zertifikate reichen diesen Vorteil in der Regel vollständig an den Anleger weiter, sodass ein Engagement wesentlich kostengünstiger ist als beispielsweise bei aktiv gemanagten Fonds. Auch der **Spread** ist weitaus niedriger als der Ausgabeaufschlag bei aktiv gemanagten Fonds. Beim Kauf und Verkauf der Zertifikate fällt außer den üblichen Spesen der Depotbank lediglich eine geringe Geld/Brief-Spanne an. Für manche Indizes verzichten viele Zertifikate-Emittenten sogar komplett auf diese Spanne. Mit Index-Zertifikaten, die sich auf einen Performance-Index wie den DAX beziehen, partizipieren Investoren darüber hinaus nicht nur vollständig an der Kursentwicklung des Index, sondern auch an den permanent reinvestierten Dividendenzahlungen der im Index enthaltenen Unternehmen. Eine Alternative zu Index-Zertifikaten sind so genannte **Exchange Traded Funds (ETFs),** die ähnliche Vorteile aufweisen, ebenfalls passive Produkte sind, aber kein Emittentenrisiko haben.

DISCOUNT-ZERTIFIKATE

Discount-Zertifikate sind Anlageprodukte, mit denen Aktien günstiger zu erwerben sind als beim direkten Kauf der Aktie an der Börse. Discount-Zertifikate bieten einen Preisnachlass, den so genannten Discount. Als Gegenleistung für diesen günstigeren Einstandskurs sind die Gewinnchancen begrenzt, das heißt der Anleger verzichtet ab einer bestimmten Grenze (Cap) auf weitere Kursgewinne. Das Ganze funktioniert auch mit Indizes wie zum Beispiel dem Dax, Rohstoffen oder Zinsen.

Mit Discount-Zertifikaten sind Überschussrenditen vor allem in Seitwärtsmärkten möglich und dies mit einem individuell (je nach Renditeerwartung beziehungsweise Risikoaversion) festlegbaren Risikopuffer. Discount-Zertifikate sind somit asymmetrische Produkte mit einem optimierten Chancen/Risiko-Verhältnis und flexibel an der Börse oder außerbörslich handelbar.

Neben den Basisdaten (Laufzeit, Cap, Basiswert, Volatilität des Basiswertes) gibt es eine weitere Reihe von Kennzahlen, die für die Bewertung von Discount-Zertifikaten von großer Relevanz sind. Je höher die **Volatilität** des zugrunde liegenden Basiswertes ist, desto höher ist der

Preisabschlag des Zertifikates. Eine innovative Weiterentwicklung der Discountzertifikate sind die **Rolling-Discount-Zertifikate.**

Cap:

Er markiert die Obergrenze für die Wertentwicklung des Discount-Zertifikates. An Kursgewinnen des Basiswertes über die Cap-Marke hinaus partizipiert der Inhaber des Zertifikates nicht mehr. Außerdem gibt der Cap an, ob sich der Anleger auf die Einbuchung einer Aktie einstellen muss. Dies ist immer dann der Fall, wenn die Aktie am Ende der Laufzeit unterhalb der Cap-Marke notiert. Eine Ausnahme stellen Index-Discount-Zertifikate dar. Bei diesen erfolgt in der Regel in jedem Fall ein Barausgleich (Cash Settlement). Einige Emittenten sehen für diesen Fall aber auch die Lieferung von Index-Zertifikaten vor.

Discount:

Das Herzstück der Zertifikate zeigt an, um wie viel Prozent der Preis des Discount-Zertifikates unter dem der bezogenen Aktie (beziehungsweise des Index) liegt. Daraus folgt gleichzeitig die Information, wie weit der jeweilige Aktienkurs fallen dürfte, bevor der Besitzer des Discount-Zertifikates Verlust macht. Der Verlust ist aber in jedem Fall geringer als bei der Direktanlage in die entsprechende Aktie oder den Index.

Maximaler Ertrag:

Dieser Wert zeigt an, welcher Gewinnzuwachs mit einem Discount-Zertifikat bestenfalls erzielt werden kann, bevor die Performance-Begrenzung durch den Cap greift. Dabei gilt jedoch, dass der ausgewiesene Betrag nur dann voll erzielt wird, wenn das Discount-Zertifikat bis zum Fälligkeitstag behalten wird.

Maximale Rendite p.a.:

Bei der Renditeberechnung per annum (pro Jahr) wird so getan, als ob die Laufzeit des Discount-Zertifikates genau einem Kalenderjahr entspricht. Sinnvoll ist dies, um die Renditeerwartung mit anderen Investmentformen vergleichbar zu machen, deren Ertragserwartung ebenfalls auf Jahresbasis ermittelt wird. Die Rendite pro Jahr ermöglicht aber auch den Vergleich verschiedener Discount-Zertifikate mit unterschiedlichen Laufzeiten.

So ist man gefeit vor möglichen Verzerrungen beim alleinigen Blick auf die absoluten Renditezahlen, die mit der Länge des Anlagezeitraums zwangsläufig zunehmen. Trotzdem kann eine niedrige absolute Rendite von vier Prozent attraktiver sein als eine scheinbar hohe absolute Rendite von neun Prozent. Zum Beispiel dann, wenn die vier Prozent binnen sechs Monaten erzielt werden können, für die neun Prozent aber eine Anlagedauer von zwei Jahren benötigt wird.

Vier mal sechs Monate mit vier Prozent ergibt insgesamt 16 Prozent Rendite (durch Zinseszinseffekt sogar etwas mehr). Einmal 24 Monate mit neun Prozent ergibt eben nur neun Prozent Rendite.

Seitwärts-Ertrag:

Der Seitwärts-Ertrag gibt an, welchen Zugewinn der Anleger mit einem Discount-Zertifikat erzielt, wenn sich der Kurs des Basiswertes im Zeitverlauf nicht verändert oder wenn er nach mehrmaligem Auf und Ab am Ende wieder auf dem Ausgangsniveau notiert. Diese Kennzahl spiegelt den besonderen Charme von Discount-Zertifikaten wider, da diese zu den wenigen Anlageinstrumenten gehören, mit denen auch bei stagnierenden Börsenkursen positive Erträge zu erzielen sind.

Seitwärts-Rendite p.a.:

Die Seitwärts-Rendite per annum (pro Jahr) bezieht sich auf die Renditeerwartung bei gleich bleibendem Börsenkurs des Basiswertes. Dabei wird mathematisch so getan, als ob die Laufzeit des Zertifikats genau einem Kalenderjahr entspricht. (Für eine Erläuterung zum Zweck des p.a.-Ansatzes siehe maximale Rendite p.a.)

Outperformance-Punkt:

Dieser Wert gibt an, wie stark der Kurs des Basiswertes steigen müsste, bevor ein Direktinvestment in die Aktie oder den Index ein besseres Ergebnis einbringt als der Erwerb des entsprechenden Discount-Zertifikates. Unterhalb des Outperformance-Punktes fährt der Discount-Investor immer besser als der Direkt-Aktionär.

Notwendige Performance:

Dieser Wert zeigt an, wie stark der Kurs des Basiswertes während der Laufzeit steigen muss, damit beim Discount-Zertifikat die maximale Rendite erreicht wird. Bei manchen Papieren ist dieser Wert negativ. Das bedeutet, dass der Höchstbetrag selbst dann gezahlt wird, wenn der Basiswert um den entsprechenden Prozentsatz fällt. In diesem Fall spricht man vom „erlaubten Rückgang“.

Erlaubter Rückgang:

Der erlaubte Rückgang zeigt an, wie stark der Kurs des Basiswertes während der Laufzeit fallen kann, ohne dass die Erreichung der maximalen Rendite beim Discount-Zertifikat gefährdet wird. Diese Betrachtung greift immer dann, wenn der Cap des Discount-Zertifikats unterhalb des aktuellen Börsenkurses des Basiswertes liegt.

BONUS-ZERTIFIKATE

Die einfache und verständliche Funktionsweise ist neben ihrem attraktiven Auszahlungsprofil mit Sicherheit einer der wesentlichsten Erfolgsfaktoren von Bonus-Zertifikaten. Bonus-Zertifikate richten sich primär an Aktienanleger sowie begrenzt risikobereite Renteninvestoren. Aufgrund des optimierten Chance/Risiko-Verhältnisses sind viele Einsatzgebiete denkbar. Mittlerweile gibt es Bonus-Zertifikate auch auf Asset-Klassen wie Rohstoffe. Die Chance auf eine hohe Rendite durch die Bonuszahlung kann beispielsweise einen schnelleren Ausgleich vorhandener Verlustpositionen selbst bei moderaten Kursanstiegen ermöglichen. Es macht daher auch durchaus Sinn, eine Depotrenovierungsstrategie umzusetzen, d. h. vorhandene Aktienpositionen zu verkaufen und in entsprechende Bonus-Zertifikate zu tauschen.

Für Anleger, die in ein Bonus-Zertifikat investieren, reduziert der Sicherheitspuffer das Risiko und erleichtert so die Entscheidung zum Einstieg in die Aktienmärkte. Market Timing verliert hierdurch an Bedeutung und für Anleger bleiben auch zum Teil deutliche Verluste (bei einigen Bonus-Zertifikaten bis zu 50 Prozent) des Basiswertes ohne Folgen. Grundsätzlich sollte eine Investition in ein Bonus-Zertifikat nur erfolgen, wenn der Investor von dem Basiswert überzeugt ist und nicht mit einer Verletzung der Risikoschwelle rechnet.

Bonus-Zertifikate bieten somit eine attraktive Zusatzrendite durch die Bonuszahlung, bei dennoch unbegrenzter Gewinnmöglichkeit (kein Cap wie bei Discount-Zertifikaten) und risikoadjustiert durch einen Bonuspuffer.

Grundsätzlich beziehen sich Bonus-Zertifikate auf einzelne Aktien oder Indizes (=Basiswert oder Underlying). Am Ende der Laufzeit erhält der Anleger mindestens den Nominalbetrag des Papiers plus Bonus zurückgezahlt, der im Standardindexbereich liegt und bei moderatem Risiko einer Verzinsung von sechs bis acht Prozent p. a. entspricht. Nur wenn die Aktie oder der Index eine zu Beginn der Laufzeit festgelegte Schwelle einmal unterschreitet, entfällt dieser Bonus und es kann ein Verlust entstehen. Denn dann verwandelt sich das Bonus-Zertifikat in ein ganz normales Direktinvestment. Steigen die Kurse danach wieder kräftig, nimmt der Anleger eins zu eins an den Kursgewinnen teil. Die festgelegte Schwelle liegt aber meist 30, 40, manchmal sogar 50 Prozent unterhalb des Niveaus beim Auflagezeitpunkt des Bonus-Zertifikates.

Das folgende Beispiel soll die allgemeine Funktionsweise eines Bonus-Zertifikates verdeutlichen:

Das Bonus-Zertifikat bezieht sich auf den DJ Euro STOXX 50 und wird zu 1.000 Indexpunkten emittiert. Fällt der Index zu keinem Zeitpunkt während der Laufzeit von sechs Jahren gegenüber dem Auflageniveau (2714,09 Punkte) um 40 Prozent oder mehr (Bonusschwelle 1628,45 Punkte), erhält der Anleger in jedem Fall 145 Prozent (Bonuswert oder Bonuslevel) des Nominalbetrages, unabhängig davon, ob der Index tatsächlich um 45 Prozent gestiegen ist. Liegt der Index zum Laufzeitende mehr als 45 Prozent im Plus, erhält der Anleger die erreichte positive Indexperformance. Sollte der Index während der Laufzeit um 40 Prozent oder mehr fallen, entspricht das Bonus-Zertifikat zum Laufzeitende einem linearen Index-Zertifikat.

Bei Seitwärtsmärkten

Der Bonus gelangt dann zur Auszahlung, wenn der Kurs des Basiswertes die festgelegte Bonusschwelle während der gesamten Laufzeit des Zertifikates niemals berührt oder unterschreitet.

Angenommen, der DJ Euro STOXX 50 verbleibt bis zum Laufzeitende des Zertifikates immer über 1.628,45 Indexpunkten, dann erhält der Anleger zum Laufzeitende im Jahr 2009 pro Zertifikat 1.450 Euro für die eingesetzten 1.000 Euro, das ist genau der Wert des Bonus, auf sein Konto gutgeschrieben.

In der Baisse

Fällt der Kurs des Basiswertes während der Laufzeit unter die Bonusschwelle, verwandelt sich das Bonus-Zertifikat in ein klassisches Index-Zertifikat. Kleiner Trost: An einer Kurserholung partizipiert der Anleger voll. Selbst bei einem Verlust von bis zu 39 Prozent erhält der Anleger die Bonusrendite, da die Barriere nicht berührt wurde. Angenommen, der DJ Euro STOXX 50 fällt unter die Bonusschwelle von 1.628,45 Punkten. Der Bonus-Mechanismus wird deaktiviert und das Bonus-Zertifikat zum Laufzeitende in ein normales Index-Zertifikat umgewandelt. Es besteht also auch jetzt noch die Möglichkeit, das Investment mit einem Gewinn abzuschließen, sofern der Index dann oberhalb des Ausgangsniveaus von 2.714,09 Indexpunkten notiert.

In der Hausse

Das meiste Geld fließt allerdings dann in die Börse des Anlegers, wenn der Basiswert zum Laufzeitende den Bonuswert übertrifft. Egal, ob die Bonusschwelle nun verletzt wurde oder nicht, partizipieren Anleger zu 100 Prozent an der Wertsteigerung des Basiswertes, kommen also in den vollen Genuss eines Kursanstieges. Bei einem Stand des DJ Euro STOXX 50 von 4.500 Punkten, also einem Kursanstieg von gut 65 Prozent gegenüber dem Auflageniveau, würde das Bonus-Zertifikat zu 1.650 Euro zurückgezahlt werden.

HEDGE(FONDS)-ZERTIFIKATE:

Diese Form der Zertifikate umgeht die steuerlichen Nachteile, die bei vergleichbaren Hedgefonds bestehen. Denn Fonds, die auf die Kursschwankungen von Futures, Währungen, Rohstoffen oder Indizes setzen, durften in Deutschland bis Ende 2003 nicht aufgelegt werden. Folge: Die nur aus dem Ausland angebotenen Fonds wurden steuerlich stark benachteiligt. Das änderte sich erst 2004, als der Vertrieb der spekulativen Papiere auch diesseits der Grenze zulässig wurde. Seitdem gelten die Steuerregeln wie für herkömmliche Fonds.

Diese bestehenden Beschränkungen umgehen Hedge-Zertifikate, die seit dem Herbst 2000 angeboten werden. Im Gegensatz zu den Hedgefonds erzielen die entsprechenden Zertifikate keinen laufenden Ertrag. Folge: Es fallen weder Zinsabschlag noch laufende Kapitaleinnahmen an. Es entsteht lediglich dann ein steuerpflichtiger Gewinn, wenn das Zertifikat innerhalb eines Jahres verkauft wird. Das Plus muss dann in voller Höhe angesetzt werden, ein Minus kann komplett mit anderen Gewinnen verrechnet werden – auch mit den halbierten Aktiengewinnen.

Die Hauptvorteile dieser Produktgattung sind folgende:

Hedge(fonds)-Zertifikate bieten ein attraktives Risiko/Rendite-Profil. Ziel vieler Hedgefonds ist es, Aktienmarktrenditen mit dem Risiko von Rentenmarktanlagen zu erwirtschaften. Voraussetzungen hierfür sind in der Regel allerdings eine hohe Volatilität an den Märkten und eindeutige Trends. Die angebotenen Produkte ermöglichen ein diversifiziertes Engagement in einen Korb von Hedgefonds mit auf die Gesamtrendite ausgerichteten Strategien. Mittlerweile sind die unterschiedlichsten Anlagevarianten und damit zielgerichtete Investitionen möglich, jeweils abgestimmt auf das Gesamtportfolio. Da diese Produktgattung weitestgehend unkorreliert ist mit anderen Anlageklassen, eignet sie sich hervorragend als strategische Depotbeimischung. Wie für viele andere Anlageklassen gibt es auch für Hedgefonds repräsentative Indizes. Vergleichbar dem DAX für deutsche Aktien oder dem REX für deutsche Anleihen, berechnet die Firma Hedge Fund Research in den USA Indizes für die Anlageklasse der Hedgefonds.

Eine weitere innovative Möglichkeit bieten Zertifikate auf Einzelstrategien der Hedgefondsmanager, die mittlerweile auch investierbar sind. So können Portfolios noch individueller auf Markterwartungen und Risikoneigungen von Investoren abgestimmt werden.

STRATEGIEN

Die wichtigsten Strategien, in die Investoren über Einzelzertifikate auch isoliert investieren können, sind folgende:

Convertible Arbitrage: Die Manager nutzen Ungleichgewichte in der Bewertung zwischen der Wandelanleihe eines Unternehmens und dessen Aktie, meist durch Bond-Kaufposition und Aktien-Verkaufsposition.

Dedicated Short Bias: Gewinn durch Leerverkäufe überbewerteter Aktien. Das Portfolio ist auf sinkende Aktienkurse ausgerichtet.

Emerging Markets: Fokus auf Aktien oder Anleihen in Schwellenländern. Kaufpositionen überwiegen, da Leerverkäufe und Derivate-Einsatz kaum möglich sind.

Equity Market Neutral: Der Manager versucht, Bewertungsunterschiede zwischen vergleichbaren Aktiengesellschaften aufzuspüren. Dann wendet er die Long/Short-Strategie an. Riskant, da die Manager meist mit viel Fremdkapital arbeiten.

Event Driven: Firmen in Sondersituationen sind Ziel der Manager: Unternehmen mit Finanzproblemen (Distressed Securities), bei denen der Manager auf eine Sanierung hofft, und Unternehmen in Übernahmeschlachten (Merger Arbitrage). Durch die Fusionswelle der letzten Jahre wurde dieser Markt 2004/05 wieder interessant.

Fixed Income Arbitrage: Spekulation auf die Renditedifferenz verschiedener Anleihen, zwischen Anleihen und Futures und zwischen Zinsdifferenzen (Asset Backed Securities, Swaps). Schwierig, da die Preisunterschiede meist winzig sind.

Global Macro: Spekulation auf wirtschaftspolitische Änderungen in einem Land sowie auf Zinsen und Währung. Damit sich die Spekulation lohnt, müssen die Manager hohe Summen einsetzen, meist mit Kredit.

Long/Short Equity: Rund ein Drittel aller Hedgefonds-Gelder sind in dieser Strategie angelegt. Die Manager betreuen oft nebenbei traditionelle Aktienfonds. Aktien, bei denen sie Kursgewinne erwarten, kaufen sie für den Hedgefonds und für den Aktienfonds (long). Papiere, die sie aus dem Aktienfonds ausschließen, können sie im Hedgefonds per Termingeschäft leer verkaufen (short). Wenn die Kurse fallen, verdient der Hedgefonds am Leerverkauf.

Managed Futures: Der Manager sucht viel versprechende Märkte und spekuliert statt mit Aktien oder Anleihen mit Futures, die schnell und günstig gehandelt werden können. Sie decken meist einen ganzen Markt ab. Die Betonung der Strategie liegt auf der schnellen Reaktion.

AKTIENANLEIHEN

Aktienanleihen bieten die Möglichkeit, eine hohe Rendite zu erzielen, die weit über dem Marktniveau liegt. Sie stellen eine Alternative zu Discount-Zertifikaten dar und beinhalten eine attraktive Nominalverzinsung ohne Währungsrisiko.

Anders als beim Discount-Zertifikat bekommt der Anleger keinen Preisabschlag (Discount), sondern eine hohe Zinszahlung. Der Emittent hat das Recht, am Tilgungstermin in Aktien der jeweiligen Gesellschaft zu tilgen. Aktienanleihen eröffnen dem Anleger ein Rendite-Risiko-Profil zwischen Aktien und Anleihen.

Der Emittent wird die Anleihe durch Lieferung der Aktien tilgen, wenn einige Tage (genaue Details im Emissionsprospekt) vor Endfälligkeit der Schlusskurs der jeweiligen Aktie unterhalb des vorher bestimmten Basispreises liegt.

Vier Grundregeln für den Kauf von Aktienanleihen

Die richtige Aktienanleihe gibt es nicht, weil die Auswahl von individuellen Überlegungen abhängt. Vier Grundregeln sollten jedoch vor einem Kauf beachtet werden:

Die Aktie

Wichtig ist es, eine Anleihe auf eine Aktie auszuwählen, der man Stabilität zutraut. Ideal ist es, wenn sich die Aktie seitwärts bewegt oder leicht steigt. Wer eine Aktie nicht kennt oder als Wackelkandidat einschätzt, sollte auf die Anleihe verzichten.

Basispreis

Notiert die Aktie aktuell über dem Basispreis, schafft dies zusätzliche Sicherheit. Selbst wenn die Aktie bis zur Fälligkeit auf das Niveau des Basispreises fällt, wird die Anleihe zu 100 Prozent zurückgezahlt

Anleihekurs

Ideal ist es, wenn die Anleihe knapp unter oder um 100 Prozent notiert. Bei einem Kurs deutlich unter 100 Prozent ist eine Rückzahlung in Aktien sehr wahrscheinlich. Ein Kurs über 100 Prozent schmälert den Ertrag, denn bei Fälligkeit gibt es maximal 100 Prozent.

Emittent

Der Emittent der Anleihe sollte sich durch eine aktive Marktpflege auszeichnen, jederzeit Kurse für An- und Verkauf stellen und eine gute Bonität haben.

WARRANTS/OPTIONSSCHEINE

Standardisierte Optionsscheine oder Warrants verbriefen das Recht, nicht die Verpflichtung, eine bestimme Menge eines Gutes (Basiswert) jederzeit während (amerikanisch) oder am Ende (europäisch) einer festgelegten Frist (Laufzeit), zu einem im Voraus vereinbarten Preis (Basispreis), zu kaufen (Call) oder zu verkaufen (Put). Gerade in Zeiten niedriger Volatilitäten sind Optionsscheine äußerst interessant und profitieren im Gegensatz zu Mini-Futures von steigenden Volatilitäten. Umgekehrt wirkt eine fallende Volatilität natürlich negativ auf die Kursentwicklung des Optionsscheins.

Es gibt grundsätzlich vier verschiedene Arten von **Optionsscheinen:**

1. Traditioneller Optionsschein

Traditionelle Optionsscheine werden zusammen mit einer Optionsanleihe herausgegeben. Hierbei kann der Optionsschein getrennt von der Optionsanleihe gehandelt werden. Diese Optionsscheine verbriefen im Regelfall das Recht auf Lieferung eines Basiswerts. Aktien- und Zinsoptionsscheine gibt es in Deutschland, sie sind grundsätzlich Call-Optionsscheine. Traditionelle Optionsscheine spielen eine absolut untergeordnete Rolle in der Emissionstätigkeit der Banken.

2. Nackte Optionsscheine (Naked Warrants)

Nackte Optionsscheine werden nicht gleichzeitig mit einer Optionsanleihe emittiert. Es gibt Call- und Put-Optionsscheine. Dabei stehen diese Optionsscheine nicht im Zusammenhang mit einem Finanzierungsvorhaben eines Unternehmens, sondern dienen der Aktienkapitalabsicherung. Bei nackten Optionsscheinen besteht oft das Recht auf einen Barausgleich (Cash Settlement), nicht auf Abnahme beziehungsweise Lieferung eines Basiswertes.

Es gibt verschiedene Arten von nackten Optionsscheinen.

Zinsoptionsscheine verbriefen das Recht zum Kauf oder Verkauf von Schuldverschreibungen – oder man erhält eine bare Ausgleichszahlung, wenn der Kurs über (Call) oder unter (Put) dem festgelegten Kurs der zugrunde liegenden Schuldverschreibung liegt.

Währungsoptionsscheine verbriefen das Recht zum Kauf oder Verkauf eines bestimmten Betrags in einer bestimmten Währung zu einem festgelegten Kurs. Auch bei den Währungsoptionsscheinen erhält man eine Ausgleichszahlung in bar, wenn der festgelegte Devisenkurs über- (Call) oder unterschritten (Put) wird.

Indexoptionsscheine verbriefen das Recht auf eine bare Ausgleichszahlung, wenn der festgelegte Indexstand über- (Call) oder unterschritten (Put) wird.

Rohstoffoptionsscheine verbriefen das Recht auf eine Ausgleichszahlung in bar, wenn der festgelegte Rohstoffpreis über- (Call) oder unterschritten (Put) wird.

Basket-Optionsscheine verbriefen das Recht zum Kauf eines genau definierten Baskets zu einem festgelegten Wert.

Turbo-Optionsscheine verbriefen das Recht zum Bezug von anderen Optionsscheinen zu einem festgelegten Preis.

3. Gedeckte Optionsscheine (Covered Warrants)

Gedeckte Optionsscheine sind Sonderformen der nackten Optionsscheine. Es sind Aktienoptionsscheine, die vom Emittenten durch den Besitz der veroptionierten Aktien oder durch entsprechende Gegengeschäfte abgesichert sind, um die Lieferansprüche zu bedienen.

4. Ungedeckte Optionsscheine

Ungedeckte Optionsscheine sind auch Sonderformen der nackten Optionsscheine. Es sind Aktienoptionsscheine, die vom Emittenten nicht durch den Besitz der veroptionierten Aktien oder durch entsprechende Gegengeschäfte abgesichert sind. Damit ist diese Art von Optionsscheinen für den Emittenten sehr riskant, da er das volle Risiko trägt.

Covered Warrants sind somit die gängigste Form der am Markt befindlichen Optionsscheine.

HEBEL-ZERTIFIKATE

Im November 2001 hat ein neues, innovatives Finanzinstrument das Licht der Börsenwelt erblickt – das Hebel-Zertifikat (Oberbegriff für Turbo-Zertifikate, Turbos, Waves, Mini-Futures usw.). Besonders interessant hierbei: Mit dem von Optionsscheinen bekannten, auch bei den Hebel-Zertifikaten auftretenden Hebeleffekt können Anleger in relativ kurzer Zeit mit geringem Kapitaleinsatz hohe Gewinne erzielen.

Turbos sind jedoch in gewisser Hinsicht besser als Warrants, weil ihr Verhalten transparent nachvollziehbar ist. Zudem fällt im Gegensatz zu Optionsscheinen kein beziehungsweise nur geringes Aufgeld an. Grund: Die bei Optionsscheinen oft nachteilig für den Investor auswirkenden Parameter „Zeitwertverlust“ und „Volatilität“ (= Schwankungsintensität des Kurses) wirken sich nicht negativ auf den Kurs des Turbos aus.

Hebel-Zertifikate sind das richtige Instrument, um sowohl von fallenden als auch von steigenden Kursen zu profitieren. Das Hebel-Instrument für fallende Kurse nennt man Bear- oder Short-Zertifikat beziehungsweise Mini Future Short (ähnlich einem Put bei Optionsscheinen). Das Hebel-Instrument für steigende Kurse nennt man Turbo- oder Long-Zertifikat beziehungsweise Mini Future Long (ähnlich einem Call bei Optionsscheinen).

Wenn der Basiswert während der Laufzeit des Short-Zertifikates über die Stop-Loss-Marke steigt beziehungsweise beim Turbo-Zertifikat unter die Stop Loss Marke fällt, erfolgt die automatische Rückzahlung des Short-Zertifikates zum Restwert beziehungsweise es verfällt wertlos (je nach Emittent). Mini-Future-Zertifikate gleichen wirtschaftlich in vielerlei Hinsicht einer Anlage in Futures. Die Vorteile gegenüber dem Future sind jedoch eine prinzipiell unbegrenzte Laufzeit, sodass kein „Roll Risiko" beim Wechseln in den nächsten Laufzeittermin besteht. Außerdem sind Mini-Future-Zertifikate Wertpapiere, d. h. dass nie eine Nachschusspflicht entstehen kann.

ZINS-ZERTIFIKATE

Zins-Zertifikate sind börsennotierte Wertpapiere, die keine Zinsen auszahlen, sondern alle Zinsausschüttungen thesaurieren. Sie haben eine unbegrenzte Laufzeit. Um dem Anleger einen rechtlichen Anspruch auf Rückzahlung einzuräumen, verbriefen Zins-Zertifikate ein jährliches Rückgaberecht unabhängig vom börsentäglichen Handel, das es dem Anleger ermöglicht, Zertifikate ohne Kosten zum jeweiligen Wert an den Emittenten zurückzugeben. Demgegenüber kann der Emittent die Zertifikate monatlich kündigen. (Details finden sich in den jeweiligen Emissionsprospekten.)

In der Regel wird der Emittent sein Kündigungsrecht nur in solchen Fällen ausüben, in denen außerordentliche Beeinträchtigungen hinsichtlich des Handels in der entsprechenden Währung eintreten. Selbstverständlich können die Papiere unabhängig davon börsentäglich an der Börse gehandelt werden. Da Zins-Zertifikate in unterschiedlichen Währungen angeboten werden, eignen sie sich auch bestens für das Management von Währungsdispositionen innerhalb der strategischen Asset Allocation.

Zins Zertifikate sind die ersten börsengehandelten Zinsanlagen, die dem Anleger Zugang zu kurzfristigen Geldmarktsätzen unterschiedlichster Währungen verschaffen. Die Produkte sind börsengehandelte Wertpapiere, können börsentäglich an der Börse ge- und verkauft werden und machen die Zinsanlage damit unabhängig von einem Bankinstitut.

Neben den Tagesgeldzinsen aus dem europäischen Währungsraum kann der Anleger auch an den Zinssätzen ausländischer Währungen partizipieren, von etablierten Währungen wie dem USD oder YEN hin zu Währungen wie dem Südafrikanischen Rand oder der Türkischen Lira. Das Prinzip ist dabei immer das gleiche. Jedes Zertifikat bildet die Kursentwicklung einer bestimmten Währung ab und sammelt zusätzlich die kurzfristigen Geldmarktsätze dieser Währung an. Zins-Zertifikate funktionieren damit wie Fremdwährungskonten, nur zu besseren Konditionen, denn die Kosten, die beim Wechsel von der einen in die andere Währung anfallen, sind beim Zertifikat deutlich geringer.

THEMEN-ZERTIFIKATE

Sektoren wie Bio-, Nano-, Gen- oder Internettechnologien bergen auf lange Sicht ein erhebliches Wachstumspotenzial, an dem man mit Zertifikaten auf entsprechende Indizes oder regelmäßig überprüfte Aktienkörbe (Baskets) voll partizipiert. Ein anderes Anlagethema mit Zukunft sind die Emerging Markets: Die Börsen der aufstrebenden Volkswirtschaften in Osteuropa, Südamerika, Indien und China konnten sich in der Vergangenheit oftmals von der Entwicklung der etablierten Märkte abkoppeln. Daher bieten sich Schwellenländer-Zertifikate als ideale Depotbeimischung an. Allerdings sind diese Märkte und Sektoren in der Regel ineffizient und aktiv gemanagte Zertifikate sind hier durchaus ratsam.

Themen-Zertifikate werden hauptsächlich begeben als:

Basket-Zertifikate
Länderthemen, z.B. China, Japan, Russland
Megatrends, z.B. Biotech, Alternative Energien

Branchen-Zertifikate
Automobile, Versicherungen, Pharma

Sonstige Zertifikate
Immobilien, Rohstoffe, Alternative Investments

Innovative und wachstumsstarke Branchen wie neue Technologien bergen hohe Risiken, aber auch große Chancen. Mit Zertifikaten auf entsprechende Indizes oder regelmäßig überprüfte Aktienkörbe (Baskets) kann am Wachstumspotenzial dieser Märkte voll partizipiert werden.

Anleger, die das Phänomen der „Branchenrotation" aktiv nutzen wollen, investieren meist in Sektor-Indizes. Je nach Konjunkturphase notieren die zyklischen Branchen meist deutlich besser als der Markt, während später vielleicht defensive Titel besser notieren. Das Spektrum der Themen-Zertifikate ist unglaublich groß und nimmt ständig zu, vor allem auch im Segment der Rohstoffinvestments.

GARANTIE-ZERTIFIKATE

Kapitalgarantierte Produkte kombinieren die Sicherheit von Anleihen und die Ertragspotenziale von Aktien. Neben einer teilweisen oder hundertprozentigen Kapitalgarantie zum Laufzeitende ermöglichen kapitalgarantierte Produkte zusätzlich die Partizipation an der Kursentwicklung bestimmter Basiswerte. In den meisten Fällen dienen die großen Börsenindizes als Basiswerte. Diese Produktgattung hat ein höheres Rendite-Potenzial als festverzinsliche Wertpapiere bei großer Sicherheit.

Selbst wenn Aktien auf lange Sicht tendenziell steigen, macht gerade die jüngste Vergangenheit auf drastische Art und Weise klar, dass auch bei einer Anlagedauer von fünf oder mehr Jahren Verluste auftreten können. Vor dem Hintergrund dieser Erfahrung ist es nur allzu verständlich, dass viele Investoren bei Neuengagements der Devise „Sicherheit geht vor“ folgen – nur kein Geld verlieren.

Hier kommt das Zwei-Komponenten-Prinzip von kapitalgarantierten Produkten zum Tragen, die mittlerweile in den unterschiedlichsten Formen und Ausgestaltungen emittiert werden. Dies bedeutet, dass man nicht zwangsläufig auf das Performance-Potenzial der Aktienbörsen verzichten muss, denn mit Garantie-Zertifikaten lassen sich hundertprozentige Sicherheit und theoretisch unbegrenzte Rendite-Chancen in Einklang bringen. Demzufolge bestehen diese Papiere von der Struktur her stets aus zwei Elementen:

Die Garantiekomponente: Vom beispielsweise 100 Euro ausmachenden Emissionspreis eines Garantie-Zertifikates investiert der Emittent den Großteil in eine abgezinste Anleihe (Zero Bond) – und zwar genau soviel, dass diese Komponente bei Fälligkeit des Zertifikates wieder exakt 100 Euro wert ist, um so die Rückzahlung des eingesetzten Kapitals sicherzustellen. Bei einer fünfjährigen Laufzeit und einem Zinsniveau von 4,0 Prozent p.a. zum Zeitpunkt der Emission müssen folglich 82,19 Euro in den Zero Bond fließen. Bei einer längeren Laufzeit oder höheren Zinsen fällt dieser Betrag natürlich entsprechend geringer aus.

Die Performance-Komponente: Der Rest (in unserem Beispiel 17,81 Euro) wird am Aktienmarkt angelegt, zumeist in Optionen auf einen Index wie zum Beispiel den EURO STOXX 50. Da hier nur noch ein kleiner Teil des Emissionspreises investiert werden kann, ist man – bezogen auf das Investment von 100 Euro – auch nur teilweise an Zuwächsen beteiligt. Denkbar ist etwa, dass es nur für einen Partizipationsgrad von 50 Prozent reicht. Steigt der Index also von der Emission bis zur Fälligkeit um 20 Prozent, macht das Zertifikat nur 10 Prozent Rendite. Kommt es beim Index per saldo zu Verlusten, verfallen die

Optionen natürlich wertlos. Dem Kapital kann das freilich nichts anhaben, denn durch die Garantie-Komponente ist der Anleger vor allen Einbußen geschützt, egal wie tief die Aktien auch fallen mögen.

Von diesem Grundmodell lassen sich in der Praxis zahlreiche Varianten ableiten. So muss die Garantie nicht immer 100 Prozent des Emissionspreises betragen. Bei einem Absicherungsniveau von nur 95 Prozent gäbe es zwar ein kleines Kapitalrisiko, dafür wäre ein höherer Partizipationsgrad möglich, weil weniger Geld in die Anleihe fließen muss. Umgekehrt kann der Garantiebetrag auch über dem Emissionspreis liegen, was freilich die Partizipation verringert. Ähnlichen Gestaltungsspielraum gibt es bei der Performance-Komponente, etwa wenn man statt der Betrachtung der Index-Stände bei Emission und Fälligkeit einen während der Laufzeit gebildeten Durchschnitt zugrunde legt. So lassen sich zufällige Schwankungen glätten und optisch höhere Partizipationsquoten erzielen.

Unabhängig von diesen Parametern gilt jedoch eines: Die Garantie wirkt immer erst zum Zeitpunkt der Fälligkeit. Insbesondere in den ersten Jahren der Laufzeit kann der Kurs des Zertifikates deshalb bei ungünstiger Entwicklung des unterliegenden Index auch unter das Garantie-Niveau fallen. Andererseits können fallende Zinsen während der Laufzeit dazu führen, dass das Zertifikat über 100 Prozent notiert. Deshalb sollte ein Anleger vor dem Kauf eines Garantie-Zertifikates sicherstellen, dass er auf jeden Fall bis zum Fälligkeitstag engagiert bleiben kann und das investierte Geld nicht vorher benötigt.

STRATEGIE-ZERTIFIKATE

Damit Privatanleger professionelle Investment-Ansätze nutzen können, gibt es Strategie-Zertifikate. Diese beziehen sich auf einen Korb, der regelmäßig und automatisch anhand bestimmter Kriterien neu zusammengestellt wird. Wie diese Parameter genau aussehen, wird vor der Auflegung des Zertifikates genau recherchiert und festgelegt. Der Anleger muss also nur die Investmententscheidung treffen und braucht sich sonst um nichts zu kümmern. Dennoch kann natürlich jederzeit mitverfolgt werden, welche **Underlyings** das Zertifikat abbildet. Auch die Kosten sind kein Problem. Denn mit einer Verwaltungsgebühr von in der Regel einem bis eineinhalb Prozent p.a. ist der gesamte Transaktionsaufwand vollständig abgegolten. Anfallende Dividenden werden meist in den Aktienkorb reinvestiert und auf diese Weise an den Investor weitergegeben.

Beispielhaft mögliche Strategien:

Value Investing: Getreu dem Credo des legendären US-Investors Warren Buffet kaufen Value-Investoren nur unterbewertete Aktien mit hoher Ertragsqualität. Als Kriterium für die Auswahl dient zumeist die Dividendenrendite. Denn regelmäßige Ausschüttungen sind als „Shareholder Value" in nachrechenbarer Form ein klares Indiz für Substanz. Außerdem sichert eine hohe Dividendenrendite den Aktienkurs nach unten ab.

Growth Investing: Nicht immer haben Substanzwerte an der Börse die Nase vorn. Dann schlägt die Stunde der Growth-Investoren, die ihre Portfolios nur mit den Aktien bestücken, die das höchste Gewinnwachstum versprechen. Wie hoch der Aktienkurs schon gestiegen ist, spielt dabei zunächst keine Rolle – denn wenn die Erträge weiter konstant zulegen, wird die Aktie analog an Wert gewinnen.

Style Switching: Da sich Value- und Growth-Zyklen im Zeitverlauf abwechseln, liegt es nahe, beide im Kern logischen Strategien zusammenzufassen. Möglich ist dies über Kennzahlen wie das PEG, eine Art Preis-Leistungsverhältnis für Aktien. Hier wird das Kurs-Gewinn-Verhältnis (als Indikator für niedrige Bewertung) durch die langfristig prognostizierte Gewinn-Wachstumsrate (als Growth-Element) geteilt – je niedriger der Quotient, umso besser. Andere Modelle verwenden Parameter wie das aus der Portfolio-Theorie bekannte **Sharpe Ratio** um festzustellen, wann man in Value oder Growth investieren sollte.

Momentum: Bei dieser Strategie verhält sich der Anleger wie ein Trittbrettfahrer – getreu der alten Börsenregel „Stay with the trend, the trend is your friend“ werden regelmäßig die Aktien gekauft, die schon in der Vergangenheit (etwa in den letzten sechs Monaten) am stärksten gestiegen sind. Vielfach wird dieser Ansatz auch eingesetzt, um das Ergebnis anderer Strategien als zusätzliches Entscheidungskriterium weiter zu verbessern

Timing: Wertvolle Anhaltspunkte dafür, ob man auf steigende oder fallende Aktienkurse setzen sollte, liefert auch die so genannte technische Analyse. Anhand von gleitenden Durchschnitten oder komplexen Indikatoren wie dem MACD lässt sich auf die immergleiche Frage „Kaufen oder verkaufen“ eine mechanisch-automatisierte Antwort finden. Intelligente Strategie-Zertifikate nehmen Investoren den mit der Berechnung und Umsetzung der Handelssignale verbundenen Aufwand ab.

Das Spektrum der Strategie-Zertifikate bietet die unterschiedlichsten Möglichkeit und eine große Produktvielfalt, die ständig zunimmt.

BARRIER-ZERTIFIKATE

Eine Weiterentwicklung der klassischen Discount-Zertifikate sind so genannte Partial-Time-Barrier-Discount-Zertifikate.

Barrier-Zertifikate zählen zu den Finanzprodukten, die die Chancen eines Investments deutlich erhöhen bei annähernd gleichem Risiko. Im Unterschied zu klassischen Discount-Zertifikaten wird bei Partial-Time-Barrier-Zertifikaten immer der Cap ausbezahlt, sofern die zugrunde liegende Aktie über einen bestimmten Zeitraum (zum Beispiel einen Monat vor Fälligkeit) die Barriere nicht unterschreitet. Durch diese Produktgattung können beispielsweise auch Depotrenovierungsstrategien (Kompensation von erlittenen Kursverlusten) umgesetzt und somit Buchverluste bei entsprechender Kursentwicklung schneller kompensiert werden. Ebenso eignen sich diese Zertifikate für spekulative Investments mit hohen Ertragschancen bei überschaubaren Risiken.

Grundsätzlich sind bei Partial-Time-Barrier-Zertifikaten drei Szenarien möglich:

Die Aktie schließt über dem Cap

Der Investor bekommt wie beim klassischen Discount-Zertifikat den festgelegten Höchstbetrag.

Die Aktie hat die Kursschwelle berührt, aber nicht im letzten Monat

Obwohl die Aktie unter dem Cap notiert, erhält der Anleger im Gegensatz zum klassischen Discounter den Höchstbetrag ausgezahlt.

Die Kursschwelle wurde im letzten Monat der Laufzeit berührt oder unterschritten

Die Rückzahlung erfolgt analog der klassischen Variante. Notiert die Aktie über dem Cap, erhält man den Höchstbetrag, notiert sie unterhalb des Cap, bekommt man die Aktie eingebucht oder den entsprechenden Wert gutgeschrieben.

Rechtliche Vermögensstrukturierung

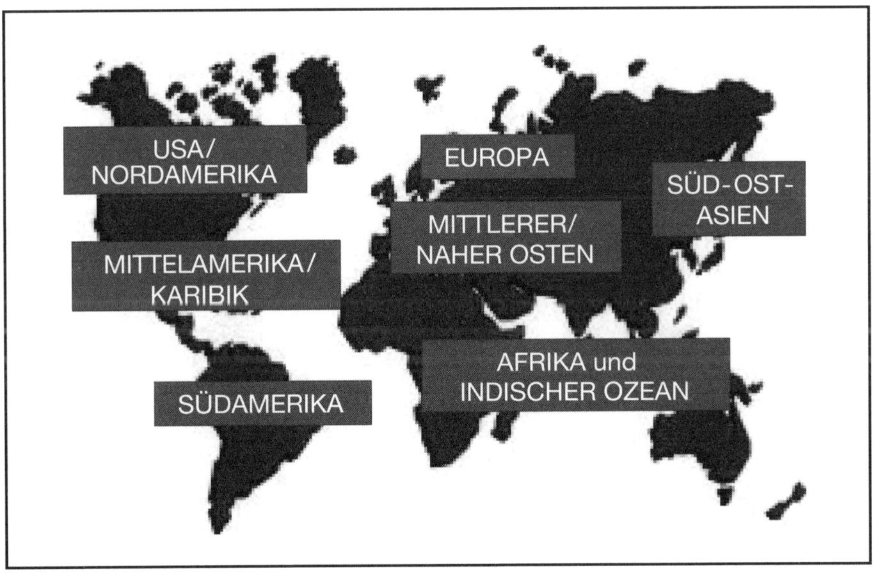

Natürliche Personen	*Juristische Personen*
Namenskonten/Depots - Einzelkonten - Gemeinschaftskonten **Nummernkonten/Depots** - Einzelkonten - Gemeinschaftskonten	- Vermögensverwaltungs-Gesellschaften - International Business Companies (IBCs) - US Corporations - Englische Limiteds - Spanische SLs usw. - Stiftungen/Foundations - Trusts - Lebensversicherungsmäntel

Als international agierender Kapitalanleger sollte man sich frühzeitig Gedanken über die Strukturierung seiner Vermögenswerte machen, nicht nur aus Gründen der Diskretion oder steuerlichen Optimierung der Assets, sondern auch aus Risikomanagementüberlegungen. Sind diese Überlegungen erfüllt, lassen sich alle nachgelagerten Effekte wie Begünstigtenregelungen, Nachfolgeprozesse, Vererbung, Steueroptimierung oder Portfoliooptimierung ableiten und ganzheitlich umsetzen.

Ebenso wie ein Anleger nicht sein gesamtes Vermögen in eine oder wenige Anlageklassen stecken sollte, ist es aus Risikomanagementüberlegungen auch nicht sinnvoll, alle Vermögenswerte auf seine eigene (natürliche) Person anzulegen. Wie immer gilt auch hier, je höher die operativen Risiken des Investors und je größer seine Vermögenswerte sind, desto wichtiger ist eine rechtliche Strukturierung seines Kapitals auf unterschiedliche Gesellschaftsformen. Gerade dem Schutz der Familie, von Lebenspartnern und Freunden, aber auch dem Schutz vor der Familie (ehemalige Lebenspartner) oder vor ehemaligen Geschäftspartnern kommt hier eine große Bedeutung zu.

Über juristische Personen bieten sich gerade Unternehmern und Geschäftsführern, aber auch Privatpersonen Möglichkeiten, innovative und intelligente Gesellschaftsstrukturen zu schaffen. Diese haben das Ziel, das Vermögen des Investors abzusichern, beispielsweise vor einer

Durchgriffshaftung. Ein Beispiel: Der Gesellschafter einer GmbH haftet im Normalfall nur mit dem Stammkapital dieser Gesellschaft. Im Falle der Liquidation oder bei einer Insolvenz wird die GmbH aus dem Handelsregister gelöscht, die Schulden verfallen. Dies gilt jedoch nicht für persönliche Sicherheiten, die ein Gesellschafter oder Geschäftsführer seiner Bank für Kredite gegeben hat. Wurden vom Unternehmer in der Krise seiner Firma (Unternehmer beurteilen aus der Emotion heraus oftmals die Lage ihrer Firma nicht realistisch genug) noch Verträge abgeschlossen und die schwierige finanzielle beziehungsweise betriebswirtschaftliche Lage der GmbH dabei verheimlicht, haftet er unter Umständen mit seinem gesamten Privatvermögen, sofern er dieses ausschließlich auf seinen Namen (Namenskonten und -depots) veranlagt hat. In diesem Fall kommt eine so genannte Durchgriffshaftung zur Geltung. Um dies zu vermeiden, bieten internationale Gesellschaftsstrukturen umfangreichen Schutz vor Konkurs- oder Scheidungsrisiken. In der Praxis wird hierbei eine Diversifikation von Vermögenswerten in Betriebsgesellschaften (operativ tätige GmbHs, Einzelfirmen, AGs, OHGs, Limiteds usw.) und Besitzgesellschaften vorgenommen. Besitzgesellschaften betreiben keine operativen Geschäftstätigkeiten, sondern dienen nur als Mantel für Vermögenswerte.

Gründet man beispielsweise eine US Incorporation als Besitzgesellschaft, kann diese Konten und Depots führen, die man wiederum selbst verwalten und managen oder von kompetenten Vermögensverwaltern betreuen lassen kann. Außerdem können Unternehmensnachfolgen, Vermögensübergaben und Erbfolgeregelungen optimiert und strukturiert werden.

Die gängigsten Gesellschaftsformen für die Verwaltung von Vermögenswerten sind beispielsweise **Stiftung, Trust, International Business Company,** die ihren Sitz in den unterschiedlichsten Ländern haben kann (von Andorra über Cayman Islands bis Zypern), **US Incorporation** oder **UK Limited**. Auch weniger bekannte Gesellschaftsformen wie beispielsweise die **Dubai LLC**, die **Slowakei GmbH** oder die neu geschaffene **Europa AG** bieten Möglichkeiten.

Um ein wirklich sinnvolles und effizientes Risikomanagement auf dieser Ebene zu erreichen, sollten auf jeden Fall Spezialisten hinzugezogen werden, die eine weit reichende Expertise in diesem Segment aufweisen können.

Dem Recht will nachgeholfen werden! Wer die Pflicht hat Strukturen hinzunehmen, hat auch das Recht individuelle Lösungen zu schaffen!

Interessante Gesellschaftsformen für international agierende Anleger:

1. Stiftung (Foundation)

a) Stiftung allgemein
b) Liechtensteinische Familienstiftung
c) Panama-Stiftung
d) Österreichische Privatstiftung für Sammlungen und Kunst oder sonstige immobile Vermögenswerte

2. Trust

a) Discretionary Trust
b) Interest in Position Trust

3. Liechtensteinische Anstalt

4. Schweizer Gesellschaften

a) Holdinggesellschaften
b) Verwaltungsgesellschaften

5. US-Gesellschaft

US Corporations und LLCs (limited liability companies)

6. International Business Companies

7. UK Limited

8. Spanische S.L.

9. Lebensversicherungsmantel

a) Stiftung allgemein

Im internationalen Gesellschaftsrecht sind Stiftungen sicherlich eine der Premiumlösungen, um Vermögenswerte zu optimieren und strukturieren. Das Konzept einer Stiftung zum Erhalt von Familienvermögen oder Widmung desselben zur Erfüllung eines speziellen Zwecks ist vor allem in Ländern des europäischen Kontinentes seit Jahrhunderten bekannt. Im Gegensatz zum angelsächsischen Trust ist die Stiftung eine eigenständige rechtliche Einheit, die die vom Stifter eingebrachten Vermögenswerte hält. In gewisser Weise ist die Stiftung in funktionaler Hinsicht einer Körperschaft oder einer Gesellschaft ähnlich.

Es gibt dabei viele Gründe, über eine **Stiftung** nachzudenken, und viele interessante Aspekte, unter denen die Gründung einer Stiftung zu betrachten ist. Was in den USA schon lange Zeit Trend ist (über die unterschiedlichsten Gesellschaftsmodelle), gewinnt auch in Europa zusehends an Bedeutung. Zurzeit existieren allein in Deutschland bereits weit über 10.000 gemeinnützige Stiftungen. Neben diesen Stiftungen, die allen einem „guten Zweck“ dienen (zum Beispiel Franz-Beckenbauer-Stiftung oder Robert-Bosch-Stiftung), gibt es eine Vielzahl von Familienstiftungen. Diese sichern vor allem den Erhalt des Vermögens als Ganzes und haben in der Regel die Versorgung der Angehörigen des Stifters oder sonstiger naher (beispielsweise uneheliche Kinder, Geliebte/r, Lebenspartner usw.) und somit begünstigter Personen zum Ziel.

Gerade im Bereich der Unternehmensnachfolge ergeben sich interessante Möglichkeiten für Stiftungskonstruktionen. Sowohl die gemeinnützige als auch die nicht gemeinnützige Stiftung können hier wichtige Funktionen übernehmen und die private Vermögensnachfolge mit der unternehmerischen Nachfolge verzahnen und kombinieren.

Im Bereich des gemeinnützigen Engagements hilft der Staat bei der Entscheidungsfindung mit. So können beispielsweise Steuerbefreiungen bei der gemeinnützigen Stiftung zusätzliche Anreize schaffen, ohne hingegen allein für die Einrichtung einer Stiftung ausschlaggebend zu sein. Zu häufig ändern sich leider die steuerlichen Rahmenbedingungen gerade in Deutschland.

Vom guten, gemeinnützigen Zweck bis zur Unternehmens- oder Familienabsicherung oder Darstellung bestimmter Wünsche (Absicherung/ Begünstigung von anderen Personen oder Institutionen) können die Motive für eine Stiftungsgründung stark differieren und sind immer von den persönlichen und individuellen Neigungen und Interessen des Stifters sowie häufig auch von der familiären Situation abhängig. Eine Stiftung kann also nie eine Standardlösung sein, sondern muss individuell geplant und gestaltet werden.

Die Überlegung beziehungsweise die Beratung beginnt bei der Idee eines Investors, eine Stiftung zu gründen und am Anfang steht die Definition des Stiftungszwecks. Dieser muss vor allem den ethischen, gesellschafts- und ordnungspolitischen Vorstellungen des Stifters entsprechen, aber auch den Vorgaben der Stiftungsaufsicht und gegebenenfalls der Finanzverwaltung. Gleichzeitig klassifiziert der Zweck die Stiftung als „gemeinnützig“ oder „privatnützig“ und bestimmt damit auch deren steuerliche Einordnung. Diese ersten Überlegungen sollten gemeinsam mit Experten perfekt in die Stiftungskonstruktion eingebettet werden, da spätere Zweckänderungen durchaus mit Problemen verbunden sein können.

Auch die Ausstattung der Stiftung mit Vermögen (Einbringung von Vermögenswerten) ist ein Schritt, der sorgfältig geplant werden sollte, da das der Stiftung zugedachte Vermögen der Verfügungsgewalt des Stifters entzogen wird. Die Finanzplanung einer Stiftung ist – ähnlich dem Geschäftsplan eines Unternehmens – während und nach der Gründung der Stiftung von zentraler Bedeutung. Mit der Finanzplanung können die erforderlichen Mittel für einzelne Projekte und Investitionen koordiniert und bereitgestellt werden. Voraussetzung ist eine umfassende und professionelle Buchhaltung, die dem Stiftungsvorstand und natürlich dem Stifter jederzeit einen aktuellen Überblick über das Vermögen (Stiftungsbilanz) sowie über sämtliche Einnahmen und Ausgaben (Gewinn- und Verlustrechnung) verschafft. Neben einer fundierten Grundlage für künftige Entscheidungen wird so auch den Anforderungen der Stiftungsaufsicht an die Dokumentation der Stiftungsvermögenswerte entsprochen. Diese erfolgt wiederum gemeinsam mit Experten (Treuhändern, Rechtsanwälten, Steuerberatern und Wirtschaftsprüfern). Die Berichte ermöglichen Darstellung für eine fundierte Zukunftsplanung und bilden die Basis für solide Struktur- und Finanzplanungen.

Ein weiterer Vorteil dieser ausführlichen Berichte liegt nämlich in der Transparenz der Vermögensanlagen und in der damit verbundenen Offenlegung der Chancen und Risiken. So sieht das Stiftungsrecht beispielsweise den Vermögenserhalt des Deckungsstocks (eingebrachte Vermögenswerte) zwingend vor. Die ständige Analyse der Vermögensstruktur lässt mögliche Risiken im Stiftungsstock erkennen und bei Bedarf kann frühzeitig gegengesteuert werden.

b) Liechtensteinische Familienstiftung

Die liechtensteinische Familienstiftung ist eine selbstständige juristische Person ohne Mitglieder oder Aktionäre und untersteht dem liechtensteinischen Recht. Der Stiftungsrat ist bei der Führung der Geschäfte an die Bestimmungen der Statuten und Beistatuten gebunden. Der Stiftungsrat kann wie eine Art vertrauter Freund des Stifters agieren. Bei der liechtensteinischen Familienstiftung handelt es sich im Wesentlichen um ein rechtsfähiges Vermögen.

Der Stifter überträgt und widmet der Stiftung ein bestimmtes Vermögen und bestimmt den Stiftungszweck sowie eventuell die Verwaltung des Vermögens. Das Vermögen geht vom persönlichen Eigentum des Stifters in das Eigentum der Stiftung über. Sofern der Stifter seinen Wohnsitz im Ausland hat, unterliegt die so vom Stifter vorgenommene

Eigentumsübertragung in Liechtenstein keiner Schenkungs- oder Erbschaftssteuer.

Obwohl es nach liechtensteinischem Recht verschiedene Unterarten der Stiftung gibt, ist die Familienstiftung die häufigste Form. Bei dieser Stiftungsform werden das Stiftungsvermögen und/oder die Vermögenserträge daraus zur Bestreitung der Kosten für Erziehung und Ausbildung von Familienangehörigen, für Geschenke und Zuwendungen oder generell zur finanziellen Unterstützung verwendet. Der Stifter kann die Stiftung auch als reine Unterhaltsstiftung verwenden.

Die liechtensteinische Familienstiftung ist somit ein ideales Mittel der effektiven Finanzplanung, z. B. um für zukünftige Ausbildungskosten oder für unvorhergesehene Ereignisse wie Krankheit, körperliche oder rechtliche Handlungsunfähigkeit, politische oder militärische Notlagen vorzusorgen.

Wohltätige Zwecke sind ebenso steuerbar wie generell eine effiziente Vermögens- und Erbschaftsplanung sowie ein perfektes Risikomanagement, da das Vermögen rechtlich vom Eigentum des Stifters getrennt ist. Als Mindestkapital muss die Stiftung mit 30.000 CHF ausgestattet werden. Aus Wirtschaftlichkeitsüberlegungen macht eine Gründung bei Vermögenswerten ab 500.000 EUR Sinn.

Kurzüberblick

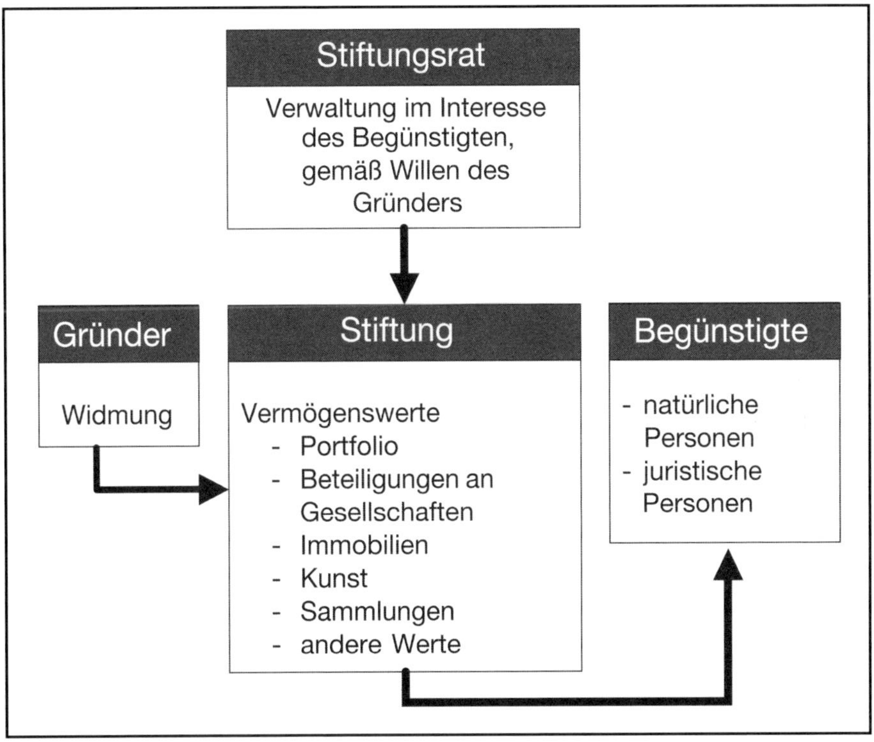

Vergleich Stiftung (juristische Person) und Konto mit Vollmacht (natürliche Person)

Stiftung	Konto mit Vollmacht
- Freie Verfügbarkeit des Erstbegünstigten über das Vermögen, ohne Kontoinhaber zu sein	- Bevollmächtigter hat schon zu Lebzeiten des Kontoinhabers Verfügungsrecht
- Regelung über mehrere Generationen	- Keine genügende Nachfolgeregelung möglich
- Beschränktes Auskunftsrecht des Begünstigten	- Volles Auskunftsrecht des Bevollmächtigten
- Begünstigte müssen nicht die Erben sein	- Komplikationen, wenn Bevollmächtigte nicht die Erben sind
- Erben können Reglement nicht ändern	- Erben können Vollmacht widerrufen
- Schutz im Arrest- und Konkursfall	- Kein Schutz bei Arrest oder Konkurs
- Kontoinhaber ist die Stiftung	- Komplikationen, wenn bei kollektiv zeichnenden Bevollmächtigten einer stirbt
- Um Minderjährige kümmert sich der Stiftungsrat (ohne Vormundschaftsbehörde)	- Mangelnde Regelungsmöglichkeiten für Minderjährige und Handlungsunfähige
- Magnetwirkung: Vertrauensbasis ganzer Generationen wird gestärkt	- Fördert den Vertrauensaufbau mit den nächsten Generationen
- Automatische Verwaltungsvollmacht nach dem Tode des Kunden für Vermögenswerte, die den Begünstigten nicht zustehen	- Keine automatische Verwaltungsvollmacht

Überlegungen für eine Stiftungsgründung:

1. *Die Stiftung ermöglicht die Loslösung bestimmter Teile vom Vermögen des Kunden und deren rechtliche Verselbstständigung.*
2. *Die involvierten Vermögenswerte genießen größtmöglichen Diskretionsschutz.*
3. *Dem Kunden bleibt zu Lebzeiten eine im Effekt uneingeschränkte Verfügungsmacht über „seine" Vermögenswerte.*
4. *Die Rechtsnachfolge hinsichtlich der Vermögenswerte kann in einem äußerst weiten Rahmen nach den Vorstellungen des Kunden geregelt werden.*
5. *Die Errichtung der Stiftung und der Vollzug des Reglements erfolgen ohne jede Publizität. Die Existenz der Stiftung und die Identität der beteiligten Personen sind für Außenstehende nicht erkennbar.*
6. *Es besteht weder eine Vorlegepflicht einer Stiftungsrechnung an Behörden noch eine Buchführungspflicht.*
7. *Dank niedriger Kosten- und Steuerbelastung ist die Stiftung ein relativ günstiges Steuerungsinstrument bereits für mittelgroße Vermögenswerte (ab ca. 500.000 EUR).*
8. *Der Zeitbedarf für die Gründungsformalitäten ist äußerst gering.*
9. *Die Stiftung ist eine erprobte und dank politischer Stabilität im Sitzland eine sichere Konstruktion.*
10. *Die Stiftung ist zeitlich unbeschränkt. Der Gründer kann das Reglement jederzeit ändern und die Stiftung ohne weiteres liquidieren.*

c) Panama-Stiftung

Lange Zeit lag die liechtensteinische Stiftung in der Gunst aller Stifter weit vorne. Seit aber die Anonymität in Liechtenstein nicht mehr vollständig gewährleistet werden kann, wurde nach Alternativen gesucht und vielfach im angelsächsischen Raum im Trust gefunden. Darüber hinaus fanden auch außerhalb Europas errichtete Stiftungen zunehmend Gefallen, so beispielsweise jene aus Curaçao (Karibikinsel) oder Panama. Gerade die Stiftung nach panamesischem Recht wird heute auch in der Schweiz von namhaften Banken und Treuhandgesellschaften (diskret) empfohlen. Dieses Konstrukt wird durch die Einführung der europäischen Zinsbesteuerung weiteren Auftrieb erhalten, da die Stiftung als juristische Rechtspersönlichkeit nicht der paneuropäisch diktierten Zinsbesteuerung unterliegt. Diese zunehmende Popularität gründet auf einem Gesetz aus dem Jahre 1995, das so genannte Stiftungen privaten Charakters in Panama zulässt und somit eine kontinentalrechtliche Alternative zum 1984 erlassenen Trustrecht schuf. Das Gesetz wurde in deutlicher Anlehnung an das liechtensteinische Stiftungsrecht formuliert, sodass die Panama-Stiftung weitestgehend der bekannten Familienstiftung aus dem Fürstentum Liechtenstein ähnelt.

Entsprechend kennt die Stiftung Statuten („Acta Constitutional“) und Beistatuten („Reglamento“). Erstere begründen die Rechtspersönlichkeit und müssen im panamesischen Öffentlichkeitsregister eingetragen werden. Die Beistatuten umfassen im Wesentlichen die Begünstigungen und können privat bestimmt und verwaltet werden. Der Stiftungszweck darf nicht kommerziell ausgerichtet sein. Die Stiftung darf allerdings Gesellschaftsanteile halten und Rechte verwalten. Als Stifter können sowohl natürliche als auch juristische Personen fungieren (in Liechtenstein nur Privatpersonen). Als Mindestkapital muss die Stiftung mit 10.000 USD ausgestattet werden. Das gewidmete Vermögen trennt sich vom übrigen Vermögen des Stifters und kann als Stiftungsgut nach panamesischen Gesetz nicht zur Erfüllung persönlicher Verpflichtungen des Stifters (und der Begünstigten) herangezogen werden. Oberstes Organ ist der Stiftungsrat, der aus mindestens drei physischen Personen, die allesamt Ausländer mit Domizil im Ausland sein können, zu bestehen hat. Allerdings können auch juristische Personen als Mandatsträger eingesetzt werden. In diesem Falle kann die juristische Person auch als alleiniger Stiftungsrat agieren. Der Stiftungsrat, allenfalls von so genannten Protektoren oder Kuratoren überwacht, hat vorab das Reglement zu erfüllen und nimmt in der Praxis die Weisungen des Stifters zur Umsetzung entgegen. Eine Stiftung kann nach Maßgabe der Satzungen und der Beistatuten jederzeit aufgelöst werden. Auch die Sitzverlegung (ins Ausland) ist gesetzlich geregelt und kann ohne weiteres jederzeit vorgenommen werden. Steuerlich bleibt die Panama-Stiftung mit einer jährlichen Pauschalsteuer von 150 USD (in Liechtenstein Pauschalsteuer von 1.000 CHF) geschont. Diese Steuerlast ist abschließend, sofern nicht in Panama selbst Einkünfte generiert werden. Panama besteuert wie etliche lateinamerikanische Länder nach dem Territorialprinzip, d. h. Auslandseinkünfte sind durchwegs steuerfrei. Das Welteinkommensprinzip, wie es die meisten europäischen Länder haben, kommt hier nicht zur Anwendung. Aus Kostengründen (jährliche Kosten zwischen 3.000 und 6.000 USD) macht eine Gründung bei Vermögenswerten ab 500.000 USD Sinn.

Die Panama-Stiftung ist insbesondere als flexibles, d. h. nach Belieben steuerbares Vehikel der privaten Vermögensverwaltung stark im Kommen. Sie kann fiduziarisch (treuhänderisch) gegründet werden und die Anonymität der Stifter und Begünstigten somit sicherstellen. Die Stiftungsreglements ermöglichen unter anderem die Begünstigung anderer Personen als der gesetzlichen Erben (ohne Hindernisse durch Pflichtteilsbelastungen und Erbschaftsteuern für Nichtverwandte), die Verzögerung von Auszahlungen (zum Beispiel durch Begünstigung erst ab Erreichen eines bestimmten Alters) oder die Auferlegung von Bedingungen an die Begünstigten. Das Reglement (Beistatuten) wird, im Gegensatz zu den allgemein gehaltenen Gründungsurkunden und Statuten, den panamesischen Behörden nicht übergeben. Da der Stiftungsrat nicht zwingend panamesische Mitglieder umfassen muss, ist es nicht erforderlich, eine Ausfertigung des Reglements in Panama zu verwahren. Anders als in Liechtenstein, wo immer ein Liechtensteiner Anwalt oder Treuhänder Mitglied des Stiftungsrates sein muss und deshalb alle Reglements entsprechend dokumentiert werden müssen.

Im Wesentlichen ist die Panama-Stiftung das lateinamerikanische Pendant zur liechtensteinischen Familienstiftung (wegen der institutionellen Ähnlichkeiten können liechtensteinische Satzungen und Beistatuten sogar übernommen werden). Die Panama-Stiftung ist aber vergleichsweise flexibler, anonymer und kostengünstiger als die liechtensteinische Variante. Von Vorteil ist es zudem, dass bei Verwahrung von Wertpapieren der Panama-Stiftung in der Schweiz keine Mehrwertsteuern auf Depotgebühren anfallen (bei liechensteinischen Stiftungen dagegen schon, weil das Fürstentum mehrwertsteuerrechtlich als Schweizer Inland gilt), was bei großen Vermögen durchaus ins Gewicht fallen kann.

Zusammengefasst lässt sich feststellen, dass die Panama-Stiftung derzeit generell als Instrument der Vermögensverwaltung und Nachlassplanung und speziell als relativ kostengünstiges Schutzinstrument gegen die einheitliche EU-Zinsbesteuerung angeboten wird. Ab Vermögenswerten in Höhe von 500.000 EUR stellt sie ein interessantes Strukturierungsinstrument dar.

d) Österreichische Privatstiftung für Sammlungen und Kunst

Für alternative Werte, die in Stiftungskonstruktionen eingebracht werden können, eignet sich auch das österreichische Stiftungsrecht. Vergleicht man Stiftungsrechte auf internationaler Ebene, so bietet Österreich mit seinem modernen und steuerlich attraktiven Stiftungsrecht für Kunstsammler und Künstler eine interessante Möglichkeit. Die Privatstiftung in der Kunst ist jedoch noch relativ unbekannt und verhältnismäßig wenig verbreitet.

Wie bei den bereits beschriebenen Stiftungsformen wird auch bei der Privatstiftung die Vermögensmasse vom Stifter im Stiftungszweck einem bestimmten Personenkreis gewidmet. Im Gegensatz zu anderen juristischen Personen – wie beispielsweise Aktiengesellschaften – hat auch die Privatstiftung keine Gesellschafter, sondern ist selbst Trägerin ihrer Vermögenswerte. Die Privatstiftung hat jedoch Begünstigte, die aus der Stiftung Zuwendungen nach Maßgabe der Stiftungserklärung erhalten.

Vorteile einer Privatstiftung für den Künstler

Abgesehen von der Verfolgung ideeller Zwecke, wie dies etwa bei der Stiftung des verstorbenen Friedensreich Hundertwasser der Fall ist, die der Bewahrung des Stiftungsvermögens sowie des Lebenswerkes auch nach dem Tode dient, kann der Stifter bereits zu Lebzeiten die Vorteile des Privatstiftungsrechts nutzen. Bringt der Künstler beispielsweise sein noch in seinem Eigentum stehendes Werk in eine Stiftung ein, so entsteht erstens eine homogene und nicht zersplitterbare Sammlung, zweitens kommen sämtliche Verwertungserlöse (Lizenzen für Nachdrucke beispielsweise oder Ausstellungserlöse) direkt der Stiftung zugute. Damit hat der Künstler die Sicherheit, sein Werk nachhaltig zu bewahren und in seinem Sinne zu verwenden und gegebenenfalls zu verwerten.

Vorteile für den Vermögensanleger beziehungsweise Kunstsammler

Für den Vermögensanleger (aus Renditeüberlegungen) und für den Kunstsammler (aus ideellen Gesichtspunkten) bietet die österreichische Privatstiftung sowohl zivilrechtliche als auch steuerliche Vorteile. Zivilrechtlich, weil durch die Einbringung von Kunstwerken diese umfassend in der Rechtsform der Privatstiftung erhalten und einer breiten Öffentlichkeit im Sinne des Stiftungszwecks zugänglich gemacht werden können.

Im Zuge der Entscheidung des Europäischen Gerichtshofes „Entfall der Wegzugsbesteuerung" (Urteil des Europäischen Gerichtshofes vom 11. März 2004) könnte sich die österreichische Privatstiftung auch für den ausländischen Kunstsammler als attraktives Modell zur Bewahrung und Mehrung von Kunstschätzen erweisen. Der Wegfall dieser Wegzugsbesteuerung, den es in den einzelnen Mitgliedsstaaten umzusetzen gilt, wird letztendlich zur Folge haben, dass innerhalb der Europäischen Union die Einbringung von Kunstwerken eines ausländischen Sammlers, Investors oder einer ausländischen Stiftung in eine österreichische Privatstiftung von Seiten der zuständigen ausländischen Steuerbehörden nicht besteuert werden darf.

Vor allem, wenn substanzielle oder immobile Vermögenswerte im Rahmen einer Unternehmensnachfolge oder der privaten Vermögensnachfolge und –absicherung anstehen, bietet sich die österreichische Privatstiftung an.

Während die Schweiz vermögende Privatpersonen mit einer Pauschalbesteuerung und einem günstigen Erbschaft- und Schenkungssteuerrecht als Domizilland lockt (vereinzelt wird in der Schweiz sogar überhaupt keine Erbschaft- und Schenkungssteuer erhoben), kann Österreich mit der Endbesteuerung von Kapitalerträgen (Abgeltungssteuer) und mit der Privatstiftung dienen. Die Vorteile dieses attraktiven Gestaltungsinstrumentes sind in erster Linie eine weitgehende Freiheit bei der Festlegung des Stiftungszwecks, die ihren Einsatz als Familienstiftung oder als Holding-Stiftung ermöglicht, eine gestaltbare fortbestehende Einflussnahme des Stifters auf die Privatstiftung sowie eine vorteilhafte Besteuerung.

Die Errichtung einer Privatstiftung – für welche Zwecke auch immer – muss jedoch wohl überlegt und gut vorbereitet werden. Aus steuerlichen Gründen lohnt sich die Errichtung einer Privatstiftung beispielsweise für Deutsche nur, wenn der Stifter bereit ist, vor der Stiftungserrichtung aus Deutschland wegzuziehen. Ein Wegzug bedeutet meist einen starken Einschnitt in die persönliche Lebensführung. Fehlt dieser Wegzugswille, ist eine Privatstiftung in der Regel nicht empfehlenswert, da in diesem Fall die Übertragung von Vermögen auf eine Privatstiftung grundsätzlich in Deutschland der Erbschaft- und Schenkungssteuer unterliegt.

2. Trust

Ähnlich wie die Stiftung funktioniert ein Trust: Wird er beispielsweise auf den Kanalinseln Guernsey oder Jersey installiert, gilt angelsächsisches Recht. Verwaltet wird der Trust in der Regel über eine Bank.

Ein Trust ist vergleichbar einer Verpflichtung, die eine Person (Trustee/Treuhänder) übernimmt, das ihm anvertraute Vermögen (Trust property/Treuhandvermögen) zu Gunsten der Beneficiaries/Begünstigten und all jener, die mit der Durchsetzung der Verpflichtung betraut sind, zu verwalten.

Begünstigte sind meist Verwandte oder der Gründer selbst. Dieser legt fest, was mit dem Trustvermögen geschieht. Faktisch ist der Trust somit eine Vermögensverwaltung unter fremdem Namen. Steuern fallen vor Ort nur an, wenn der Begünstigte auch auf den Inseln wohnt. Das ist aber die Ausnahme. Man führt die Entstehung der Trusts auf die Zeit der Kreuzzüge oder des Heiligen Krieges zurück, als englische Edelmänner ihre Güter der Sorge derer überließen, denen sie vertrauten. Sie konnten so im Falle, dass sie nicht zurückkehren würden, sicher sein, dass ihr Vermögen und ihre Familien gut versorgt waren. Trusts dienten somit im Mittelalter schon als Bestandteil des Risikomanagements. Auch heute haben diese uralten Gesetze des Trusts ihre Gültigkeit, wenn auch verbunden mit vielen anderen Zielen.

Obwohl es verschiedene Arten von Trusts gibt, unterteilen sich die meisten in zwei Hauptkategorien, abhängig davon, wie flexibel oder strikt die Treuhänder das Treuhandvermögen gemäß der Treuhandbestimmungen verwalten dürfen.

a) Discretionary Trust

Das Hauptmerkmal dieser Trustform ist die Tatsache, dass die Verteilung auf die Begünstigten im Ermessen des Treuhänders liegt, wobei dies jedoch üblicherweise im Sinne des Treuhandgründers durch testamentarische Verfügungen erfolgt.

b) Interest in Position Trust

Auch bekannt als Fixed Interest oder Life Interest Trust. Bei diesem Trust kommen die Erträge einem oder mehreren bestimmten Begünstigten zu, da das Treuhandvermögen ihnen gehört.

Die am Trust beteiligten Personen

An der Errichtung und Verwaltung eines Trusts sind grundsätzlich drei Personen (oder Personengruppen) beteiligt:

- der Settlor
- der Trustee
- die Begünstigten (Beneficiaries und der Remainder-man)

Der Settlor ist die Person (oder Gesellschaft), die durch Übertragung von Todes wegen oder Schenkung von Aktiva (beispielsweise Aktien oder Bargeld) an den Trustee den Trust gründet. Diese Übertragung wird in einer Urkunde, der Trust Deed festgehalten. Hier wird bestätigt, dass der Settlor (der Nachlassgeber oder die Erben) nicht mehr der gesetzliche Eigentümer der Vermögenswerte ist und somit weder Anspruch auf diese noch weitere Kontrolle über sie hat. Die Trust Deed wird in keinem öffentlichen Register eingetragen, sodass die Namen des Settlors und der Begünstigten vertraulich bleiben.

Der Trustee ist die Person oder Gesellschaft, die der gesetzliche Inhaber und formalrechtliche Eigentümer der Vermögenswerte des Trusts ist (meist ein Treuhänder). Er ist verantwortlich für die Verwaltung des Trusts gemäß den in der Trust Deed festgeschriebenen Bedingungen und den auf den Trust anwendbaren gesetzlichen Regelungen (jener Jurisdiktionen, nach denen der Trust gebildet wird). Sobald dem Trustee die Vermögenswerte vom Settlor übertragen worden sind, hat der Trustee die gleichen Vollmachten wie jede natürliche oder juristische Person, die rechtlicher Eigentümer dieser Anlagen ist. Obwohl also das formalrechtliche Eigentum am Trustvermögen auf den Trustee fällt, gehört es nicht zu seinem persönlichen Vermögen. Die Verpflichtungen des Trustees sind unter anderem im Einklang mit dem Gesetz und der Trust Deed auszuüben, nämlich die Vermögenswerte mit Umsicht zu verwalten und, soweit es möglich ist, den Vermögenswert des Trusts zu wahren und zu steigern.

Die Begünstigten sind die Personen oder Gesellschaften, die aus dem Trustvermögen bedient werden können. Der Settlor kann ebenfalls Begünstigter sein. Die Begünstigten des Trusts können einen Anspruch auf das Vermögen des Trusts haben. Sie können die in der Trust Deed und im Gesetz verankerten Verpflichtungen des Trustees (wenn nötig auf rechtlichem Wege) durchsetzen. Die Begünstigten müssen dabei nicht unbedingt namentlich genannt sein. Es genügt, dass sie durch Verweisung auf eine Gattung oder durch Beziehung zu einer Person ermittelt werden können. Ein Settlor könnte beispielsweise als Begünstigte alle Nachkommen seiner Eltern bestimmen. Das Hinzufügen oder der Ausschluss von Personen als Begünstigte kann durch eine zusätzliche Klausel in der Trust Deed erfolgen.

Häufig wird ein Trust so ausgestaltet, dass ein Erstbegünstigter für eine gewisse Zeit die Erträge erhält und anschließend das Vermögen einer weiteren Person (dem so genannten Remainder-man) zufließt.

Der Trust ist keine Gesellschaftsform mit eigener Rechtspersönlichkeit. Durch die Errichtung eines Trusts kommt es vielmehr zu einer Aufspaltung der Eigentumsrechte. Die Beneficiaries verfügen über die „equitable ownership", die man als materielles Eigentum bezeichnen kann, der Trustee über die „legal ownership", die man als das formalrechtliche Eigentum bezeichnen kann.

Trusts können – wie bereits ausgeführt – sehr flexibel ausgestaltet sein. Dies hat allerdings gleichzeitig zur Folge, dass man bezogen auf die zivil- und steuerrechtlichen Fragen nicht allgemein von der Behandlung des Trusts sprechen kann, sondern jeweils auf die spezielle Ausgestaltung zurückgreifen muss.

Wie bei der Stiftung gilt somit auch beim Trust: Eine umfassende Beratung ist unabdingbar und ein Mindestanlagevermögen von circa 500.000 EUR sollte aus Kostengründen zur Verfügung stehen. Abgespeckte Trustlösungen (Gemeinschaftstrusts) sind allerdings bereits ab circa 150.000 EUR Anlagevermögen umsetzbar.

3. Liechtensteinische Anstalt

Die in der Praxis am häufigsten anzutreffende Form der Anstalt lässt sich wie folgt umschreiben: Die liechtensteinische Anstalt ist ein verselbstständigtes Vermögen mit eigener Rechtspersönlichkeit, für deren Verbindlichkeiten nur das Vermögen der Unternehmung haftet. Der Vorteil der Anstalt besteht nicht nur in einer günstigen Besteuerung, sondern auch in der Flexibilität in Bezug auf die Ausgestaltung der Statuten und der Organisation. Die Anstalt kann sowohl kommerzielle Geschäfte betreiben als auch schwerpunktmäßig der Vermögensverwaltung dienen.

Die liechtensteinische Anstalt kennt grundsätzlich weder Mitglieder noch Teilhaber oder Anteilsinhaber und somit auch kein in Anteile zerlegtes Kapital. Der Gründer einer Anstalt erwirbt durch die Gründung Rechte, die als „Gründerrechte“ bezeichnet werden. Diese Gründerrechte können abgetreten oder auf sonstige Weise übertragen und vererbt werden. Die Gründerrechte können einer oder mehreren natürlichen Personen zustehen. Solange nicht Dritte als Begünstigte eingesetzt worden sind, gilt die gesetzliche Vermutung, dass der Inhaber der Gründerrechte selbst Begünstigter ist. Stehen die Rechte mehreren Personen zu, so bedürfen Beschlüsse der Zustimmung sämtlicher Inhaber der Gründerrechte, sofern die Statuten der Anstalt nichts anderes bestimmen. Insgesamt kann daher eine Anstalt so ausgestaltet werden, dass sie einer Kapitalgesellschaft gleicht.

Aus Anlegersicht ist die liechtensteinische Anstalt, auch wenn sie nach liechtensteinischem Recht keine Teilhaber und kein in Anteile zerlegtes Kapital hat, grundsätzlich als Kapitalgesellschaft anzusehen.

Die liechtensteinische Anstalt entfaltet grundsätzlich die gleiche Abschirmwirkung wie jede andere juristische Person. Die Einkünfte sind daher grundsätzlich der liechtensteinischen Anstalt und beispielsweise nicht dem im Ausland steuerpflichtigen Inhaber der Gründerrechte zuzurechnen.

Die privatrechtliche Anstalt ist für die Errichtung und den Betrieb von Holding- und Sitzgesellschaften die bevorzugte und eine der am meisten verwendeten Gesellschaftsformen. Vor Gründung ist auch hier eine umfassende Beratung zu empfehlen. Anstalten, deren Kapital nicht in Anteile zerlegt ist, haben ein Mindestkapital von 30.000 CHF auszuweisen. Aus Kostengründen ist die Gründung einer Anstalt ab Vermögenswerten in Höhe von circa 250.000 CHF sinnvoll.

4. Schweizer Gesellschaften

AG und GmbH in der Schweiz

Die Schweizer Aktiengesellschaft (AG) ist die wichtigste und häufigste Unternehmensform in der Schweiz. Sie wird als Rechtsform auch von Ausländern oft für eine Tochtergesellschaft gewählt. Die AG ist eine Gesellschaft mit eigener Rechtspersönlichkeit, für deren Verbindlichkeiten nur das Gesellschaftsvermögen haftet. Das Grundkapital ist in Aktien eingeteilt. Die AG ist nicht nur eine Gesellschaftsform für große, sondern auch für mittlere und kleine Unternehmen. Sie ist die übliche Rechtsform für Holding- und Finanzgesellschaften und zeichnet sich aus durch:

- Alleinhaftung des Gesellschaftsvermögens
- Anonymität der Kapitalgeber
- Beschränkung der Beitragspflicht der Gesellschafter
- Einfache erbrechtliche Nachfolgeregelung
- Keine Veröffentlichung von Bilanzen, wenn nicht börsennotiert

Schweizer GmbH: Die Gesellschaft mit beschränkter Haftung (GmbH) ist ebenfalls eine Gesellschaft mit eigener Rechtspersönlichkeit, in der sich zwei oder mehrere Personen oder Handelsgesellschaften in einer eigenen Firma und mit einem im Voraus bestimmten Kapital (Stammkapital) zusammenschließen. Jeder Gesellschafter ist mit einer Einlage am Stammkapital beteiligt und haftet höchstens bis zum Betrag des eingetragenen Stammkapitals. Auch die GmbH erfreut sich in der Schweiz immer größerer Beliebtheit und ist eine attraktive Gesellschaftsform, die sich gegenüber der AG für kleine und mittlere Unternehmen immer mehr durchsetzt, da das Mindestkapital und die Strukturkosten weitaus geringer sind.

a) Einsatz als Holdinggesellschaften

Der Hauptzweck einer schweizerischen Holdinggesellschaft ist das Halten und Verwalten von Beteiligungen und Investitionen. Bei Erfüllung der Voraussetzungen hat sie Anspruch auf eine Reihe von Steuervergünstigungen, beispielsweise auf die indirekte Steuerbefreiung von Beteiligungserträgen. Innerhalb bestimmter gesetzlich festgelegter Grenzen und soweit mit den gewährten Steuervergünstigungen vereinbar, kann die Gesellschaft auch anderen finanziellen Aktivitäten wie beispielsweise der Vermögensverwaltung nachgehen. Gerade internationale Unternehmen sind auf der Suche nach einem geeigneten Standort für Holdinggesellschaften. Ein solcher Standort sollte ein hervorragendes Netz von Steuerabkommen vorweisen können, Dividenden, Zinsen und Lizenzabgaben sowie Kapitalgewinne begünstigen und weitere grundlegende Vorteile (allgemeine Standortvorteile) bieten. Um Steuervergünstigungen für Holdinggesellschaften dabei in Anspruch nehmen zu können, müssen die Gesellschaften eine Reihe von klaren steuergesetzlichen Bestimmungen auf Kantons-, Gemeinde- und Bundesebene einhalten. Aufgrund der komplexen Bestimmungen ist gerade bei diesen Konstruktionen eine umfassende Rechtsberatung durch Experten unerlässlich.

b) Einsatz als Verwaltungsgesellschaften

Bei den Verwaltungs- und Dienstleistungsgesellschaften handelt es sich um gewöhnliche schweizerische Körperschaften, üblicherweise in Form von Aktiengesellschaften oder Gesellschaften mit beschränkter

Haftung (GmbH). Diese erbringen für Gruppengesellschaften oder außerhalb der Schweiz ansässige Dritten unterstützende Dienstleistungen. Sofern eine solche Gesellschaft bestimmte Bedingungen erfüllt, kann auf Kantonsebene ein vorteilhafter Steuerstatus beansprucht werden.

Gerade multinationale Konzerne und unabhängige Unternehmen, die international Geschäfte betreiben, sehen sich oft veranlasst, bestimmte unterstützende Funktionen wie beispielsweise Konzernkoordination, Finanzen, Marketing oder Forschung und Entwicklung an einem günstig gelegenen Standort zu bündeln. Gleiches gilt auch für vermögensverwaltende Gesellschaften (Vermögensverwaltungs-GmbHs oder vermögensverwaltende AGs). Funktionen, die Einkommen generieren, können auf diese Weise zentralisiert und optimiert werden.

Gemäß dem Schweizer Steuerharmonisierungsgesetz werden solche Gesellschaften unter der Voraussetzung, dass der größte Teil der Einkünfte außerhalb der Schweiz erwirtschaftet wird, in allen Kantonen einen Vorzugsstatus in Bezug auf die Kantons- und Gemeindesteuer erhalten.

Das Gesetz legt fest, dass Verwaltungs- und Dienstleistungsunternehmen umfassende Steuervergünstigungen erhalten. Die zu zahlenden Steuern hängen von den Betriebsaktivitäten im Inland ab. Einkünfte aus Schweizer Quellen sind dabei vollständig zu versteuern, weshalb es wichtig ist, dass Schweizer und ausländische Einkommensquellen in den Buchführungsunterlagen getrennt geführt werden. Einkünfte werden gemäß dem anwendbaren kantonalen Satz versteuert. Es liegt in der Verantwortlichkeit eines jeden Kantons zu bestimmen, welcher Teil der Einkünfte steuerbar ist.

Für Investoren macht es aus diesem Grund auch Sinn, Vermögenswerte außerhalb der Schweiz, beispielsweise in Liechtenstein, zu veranlagen und die Möglichkeit einer Pauschalbesteuerung in der Schweiz umzusetzen.

Auch hierbei gilt: Aufgrund der vielfältigen und komplexen Bestimmungen ist gerade bei diesen möglichen Konstruktionen eine umfassende Rechtsberatung durch Experten unerlässlich. Die hier beschriebenen Möglichkeiten sollen dem Leser nur mögliche Handlungsalternativen für Vermögenswerte ab circa 200.000 EUR aufzeigen.

5. US-Gesellschaften

US Corporation und LLC (limited liability company)

Das amerikanische Gesellschaftsrecht unterscheidet genau wie das deutsche Recht zwischen Gesellschaften beziehungsweise Gemeinschaften, die unbeschränkt haften (die dahinter stehenden Personen haften dabei) und solchen, die als juristische Personen anerkannt sind und deren Haftung beschränkt werden kann.

Im amerikanischen Recht unterliegen die „sole proprietorship" (Einzelfirma), die „general partnership" (OHG) und die „limited partnership" (KG) einer unbeschränkten Haftung, wobei selbstverständlich die Kommanditisten einer KG nur beschränkt haften.

Während man in Deutschland im Wesentlichen zwei Gesellschaftsformen mit beschränkter Haftung kennt, die GmbH und die AG, gibt es im amerikanischen Recht nur eine juristische Person mit beschränkter Haftung, die so genannte US Corporation. Eine Corporation kann am ehesten mit einer AG verglichen werden, weil das Vermögen der Corporation aus der Ausgabe von Aktien stammt. Im Gegensatz zur AG ist diese Gesellschaftsform jedoch sehr viel flexibler und sowohl für kleine Ein-Mann-Corporations als auch für Unternehmen von der Größe General Electrics geeignet.

Mittlerweile ist in den USA auch die Gründung einer so genannten „limited liability company" (LLC) möglich, die mit einer GmbH verglichen werden kann und die gewisse steuerrechtliche Vorteile aufweist.

Die Gründung einer Corporation ist in den USA Ländersache. Jeder Bundesstaat hat seine eigene Gesetzgebung (corporation law). Diese Gesetze sind im Wesentlichen identisch, können sich aber beispielsweise in Fragen des Managements einer Corporation oder in steuerrechtlichen Bedingungen erheblich unterscheiden. Möglich sind Gesellschaften von Alabama über Florida und Montana bis hin zu Wyoming. Der gängigste Bundesstaat ist dabei sicherlich Delaware.

Die Wahl des Bundesstaates ist von entscheidender Bedeutung und die sehr verbreitete Ansicht, die Gründung einer Corporation erfolge am günstigsten im Bundesstaat Delaware, ist nur zum Teil richtig und hängt wiederum stark von den Bedürfnissen und Wünschen des Investors ab.

Die Vorteile von US Gesellschaften für ausländische Kapitalanleger sind im Wesentlichen folgende:

- Haftungsschutz
- Steueroptimierung
- Anonymität und Diskretion
- Vermögensschutz
- Erbschaftsteueroptimierung
- Möglichkeit der Kapitalisierung der Corporation (zum Beispiel durch Aktienverkauf)

Die US Corporation und die US LLC sind interessante gesellschaftsrechtliche Alternativen für internationale Vermögensanleger, um ihre Vermögenswerte zu strukturieren und zu sichern. Von der Kostenbelastung her eignen sich US Gesellschaften schon für die Verwaltung von Vermögenswerten ab ca. 200.000 EUR.

6. International Business Company (IBC)

Gerade für den global denkenden und agierenden privaten Vermögensanleger oder Unternehmer bieten so genannte IBCs interessante Strukturierungsmöglichkeiten. Eine „International Business Company" ist eine Gesellschaft, die in einer **Steueroase** gegründet wurde und die üblicherweise autorisiert ist, überall in der Welt, mit Ausnahme des Heimatlandes, geschäftlich tätig zu werden. In den letzten Jahren haben sich beispielsweise Zypern oder Malta durch ein interessantes und liberales Gesellschaftsrecht – neben einer Vielzahl von Karibikstaaten (in erster Linie die British Virgin Islands) – zu interessanten Destinationen für Firmengründungen entwickelt.

IBCs folgen den englischen Rechtsvorstellungen über „limited companies" (Gesellschaften mit beschränkter Haftung). Die gebräuchlichsten Nutzungsmöglichkeiten dieser Offshore-Companies für Unternehmen sind beispielsweise die Vermarktung von Patenten, Lizenzen oder Gebrauchsmustern, Filmen oder Medien. Gerade prominente Persönlichkeiten wickeln oftmals ihre Werbeeinnahmen über diese Gesellschaftskonstruktionen ab. Da aber International Business Companies auch ein geeignetes Instrument zur Vermögenssicherung sind, werden beispielsweise Geschäftsanteile und Beteiligungen global tätiger Unternehmen oft in diese eingebracht. Auch zur Registrierung von Schiffen, Luxusyachten, Flugzeugen oder sogar exklusiven Autos sind IBCs ein gebräuchliches Instrument. Die Gründung erfolgt über einen – in der jeweiligen **Jurisdiktion** ansässigen – Treuhänder, der alle Formalitäten erledigt.

International Business Companies gewährleisten eine minimale steuerliche Belastung, völlige Anonymität und somit Diskretion, Vermögensabsicherung und Schutz vor Gerichtsklagen. Da die Gründungskosten und die jährlichen Verwaltungsgebühren relativ niedrig sind, bieten sich IBC-Konstruktionen für Vermögensanleger bereits ab einem Vermögen von 200.000 EUR an.

TOP 10 IBCs

1. *Eine IBC ist komplett privat.*
2. *Eine IBC ist auf das gesamte weltweit verdiente Einkommen im Gründungsland steuerbefreit.*
3. *Eine IBC muss keinen Jahresbericht einreichen.*
4. *Die Konzernaufzeichnungen können überall auf der Welt geführt werden.*
5. *Die Jahreshauptversammlungen der IBC können irgendwo in der Welt abgehalten werden.*
6. *Die Vorstandstreffen können überall auf der Welt abgehalten werden.*
7. *Die gleiche Person kann als Aktionär, Vorstand, Präsident und Vertreter oder als irgendein anderer Verantwortlicher innerhalb der Firma handeln.*
8. *Der Gründer kann Handlungsbevollmächtigte und Vorstände für die IBC ernennen, aber nur der Gründer wird ihre Identität kennen.*
9. *Die Aktionäre der IBC bleiben durch den Gebrauch der Inhaberaktien diskret.*
10. *Ein Vorstand kann jeder Nationalität angehören.*

Wie wählt man einen guten Anbieter von diesen Gründungsdienstleistungen für die unterschiedlichen Jurisdiktionen aus?

Die Aufgabe eines Anbieters von Gründungsdienstleistungen ist es, dem Kunden eine Jurisdiktion zu empfehlen, die auf seine individuellen Bedürfnisse abgestimmt ist.

Des Weiteren muss er für alle rechtlichen Maßnahmen sorgen, um für die Gesellschaft im Land der Registrierung eine optimale und seriöse Rechtsstruktur zu schaffen (bekannt auch als „good standing"). In der Regel umfasst dies die Sicherstellung der juristischen Anschrift der Gesellschaft im Land der Körperschaftsbildung, die Sicherstellung eines eingetragenen Agenten (Treuhänders) oder eines ansässigen Sekretärs und die Sorge für die Erfüllung der administrativen Anmeldeforderungen (zum Beispiel Gebühren, Abgaben). Außerdem kann der Anbieter von Gründungsdienstleistungen verschiedene zusätzliche Möglichkeiten und Verbunddienste anbieten, damit die IBC nützlich und optimal eingesetzt werden kann (im Bereich der Vermögensanlage beispielsweise die Eröffnung von Bankkonten und Wertpapierdepots).

Wie lässt sich ein guter Anbieter von einem schlechten unterscheiden?

Kunden, die den Anbieter im Internet aussuchen, sollten sich von schönen Internetseiten nicht blenden lassen. Jeder seriöse Anbieter von Gründungsdienstleistungen sollte mindestens eine Straßenanschrift und die Telefonnummer des Festanschlusses angeben. Ein kompetenter Anbieter sollte somit nicht den Standort seines eigenen Büros verschweigen und sollte telefonisch in dem betreffenden Land während der Bürozeiten auch erreichbar sein. Seriöse Anbieter haben üblicherweise eine örtliche Gesellschaft (beispielsweise in Liechtenstein oder der Schweiz) mit eigener Registernummer und Anschrift, einem Geschäftsführer und allem anderen, was für ein gewöhnliches Unternehmen (Internet, Referenzen, Kompetenz, Sekretariat, telefonische Erreichbarkeit usw.) beziehungsweise einen seriösen Treuhänder unentbehrlich ist.

Sollte ein Anleger also seine Vermögenswerte selbst managen, muss er mindestens eine allgemeine Vorstellung davon haben, was er wirklich will. Er muss wissen, welche Strukturen nötig sind, was für seine individuelle Situation am besten passt und Sprachbarrieren (meist englisch) dürfen absolut kein Problem für ihn darstellen. Unter diesen Voraussetzungen spricht auch nichts dagegen, sich ohne Bank oder Vermögensverwalter direkt an den Ursprung (Treuhänder in der gewählten Destination) zu wenden. Gerade das heutige Entwicklungsniveau der Kommunikation spricht natürlich ebenfalls hierfür.

Generell rate ich aber, von Billigkonstruktionen Abstand zu nehmen und eine fundierte Beratung von Spezialisten in Anspruch zu nehmen, da die Komplexität der Strukturen nicht zu unterschätzen ist. Wirklich geprüfte, sinnvolle und optimierte Lösungen erhalten Sie von Anbietern, die über weitreichende und mehrdimensionale Netzwerke verfügen.

7. UK Limited

Das englische Recht ist eines der ältesten Gesellschaftsrechte der Welt. Die gesetzlichen Regelungen bezüglich einer englischen Limited sind im englischen Companies Act zu finden. Anders als in Deutschland (GmbH-Gesetz, AG-Gesetz) umfasst dieser englische Gesetzestext die Regelungen aller in England existierender Gesellschaftsformen (Limited, PLC usw.). Der derzeit gültige Companies Act ist die Version aus dem Jahre 1985 mit einer Erweiterung aus dem Jahre 1989. Das englische Firmenrecht beziehungsweise Gesellschaftsrecht ist das weltweit am meisten kopierte. So basieren zum Beispiel das amerikanische sowie das chinesische Firmenrecht auf englischem Firmenrecht. Sicherlich sind beide mittlerweile so weit verändert, dass man nur noch in gewissen Grundzügen Ähnlichkeiten erkennen kann.

Genauso wie es in Deutschland verschiedenste Rechtsformen für Unternehmen gibt (GmbH, AG usw.), verhält es sich auch in England. In England ist die häufigste Rechtsform die der Limited. Derzeit gibt es circa zwei Millionen in England registrierte Limiteds. Genauer genommen heißen sie „Private Limited Company by Shares“ was frei übersetzt soviel bedeutet wie „beschränkt (in der Haftung) auf ihr Aktienkapital“.

Am ehesten kann man diese Rechtsform mit der deutschen GmbH vergleichen, da es der Limited auch nicht erlaubt ist, ihre Aktien auf dem freien Markt anzubieten. Die Limited darf ihre Aktien nur im privaten Bereich veräußern. Um mit der eigenen Unternehmung an der englischen Börse gelistet werden zu können, benötigt man eine so genannte Public Limited Company.

Bei einer UK Limited ist ein vernachlässigbares Mindestkapital erforderlich und die Geschäfte können bei dieser interessanten Gesellschaftsform durch einen einzigen Director (Geschäftsführer/Vorstand) geführt werden. Sie kann außerdem von den verschärften Rechnungslegungspflichten befreit werden und ist nicht automatisch wirtschaftsprüferpflichtig wie beispielsweise eine englische AG (PLC).

Genauso wie bei einer deutschen vermögensverwaltenden GmbH beispielsweise handelt es sich auch bei der Limited um eine eigenständige juristische Person. Dies bedeutet, dass ein Vermögensanleger nicht mehr in seinem eigenen Namen handelt, sondern lediglich die Rechte und Pflichten der Limited vertritt.

Eine Limited wird gegründet durch ihre Gesellschafter (Shareholder). Sie sind von nun an die eigentlichen Besitzer dieser juristischen Person. Die Shareholder bestimmen wiederum einen Vorstand/Geschäftsführer (Director), der die Geschäfte im Namen der Gesellschafter (Kapitalanleger) und vor allen Dingen zu ihren Gunsten führt. Die Limited wird also in dieser Konstruktion keine operative Geschäftstätigkeit aufnehmen, sondern ausschließlich vermögensverwaltend tätig sein. Das Hauptziel sollte es sein, dass die Gesellschaft Gewinne erwirtschaftet, da diese in Form von Dividenden an die Gesellschafter ausgeschüttet werden können. Hier lassen sich ebenfalls interessante steuerliche Modelle strukturieren.

Neben dem geringen Grundkapital in Höhe von einem Pfund (bei der deutschen GmbH beispielsweise 25.000 EUR), der geringen Bürokratie des englischen Gesellschaftsrechts und dem Verlagern von Risiken kann mit der Gesellschaftsform der Limited unter bestimmten Voraussetzungen somit eine gezielte Steueroptimierung der Vermögenswerte vorgenommen werden. Da auch das englische Gesellschaftsrecht keine Durchgriffshaftung auf den Geschäftsführer kennt, sichern Sie Ihre Vermögenswerte zusätzlich ab und können die Anteile an der Limited auch weiterverschenken oder -vererben im Zuge der Nachfolgegestaltung. Dies führt zu einer optimierten Vermögensübergabe. Statt Wertpapiere zu vererben, hinterlassen Sie Anteile an einem Unternehmen. Um die positiven Effekte auch wirklich zu erzielen und böse Überraschungen zu vermeiden, ist auch hier die Zusammenarbeit mit Spezialisten ratsam.

8. Spanische S. L. (Sociedad de Responsabilidad Limitada)

Die spanische S.L. ist ebenfalls eine beliebte und sinnvolle Gesellschaftsstruktur um Risiken zu minimieren, Steuern zu optimieren und Vermögenswerte zu verwalten. In den letzten Jahren erfreut sich die spanische S.L. einer immer größeren Beliebtheit. Aufgrund der europäischen Gesetzgebung und Niederlassungsfreiheit kann jeder EU-Bürger frei wählen, in welchem Land er seine Firma gründen möchte. Immer mehr EU-Bürger gründeten in den letzten Jahren auf Grund der liberaleren Wirtschaftsordnung und des weit geringeren Mindeststammkapitals eine GmbH oder AG in Spanien. Ähnlich wie die englische Limited ist die spanische S.L. vergleichbar mit einer deutschen GmbH. Das Stammkapital der spanischen GmbH beträgt jedoch nur einen Bruchteil der deutschen GmbH.

Gerade zur Verwaltung von Immobilienvermögen in Spanien bietet eine vermögensverwaltende S.L. eine ideale Struktur und große Vorteile.

Im Rahmen der Reform des spanischen Einkommen- und Körperschaftsteuergesetzes wurde neben der Senkung der Spitzensteuersätze auch die sogenannte Sociedad Patrimonial eingeführt. Diese Vermögensgesellschaft ist eine herkömmliche spanische GmbH (S.L.), die sich dadurch auszeichnet, dass sie kein aktives Gewerbe betreibt, sondern lediglich der Verwaltung des eigenen Vermögens dient. Ähnlich wie bei der UK Limited oder der US Corporation liegen aus Risikomanagement-Gesichtspunkten die Hauptvorteile auch bei der spanischen S.L. im Haftungsbereich, d. h. persönliches Eigentum und Vermögen bleibt unangetastet und es gibt in Spanien keine Durchgriffshaftung auf den Geschäftsführer. Gerade mittels der Immobilien-S.L., die als alleinigen Gegenstand den Zweck hat, spanische oder ausländische Immobilen zu halten, können beispielsweise Ferienimmobilien oder alternative Immobilienportfolios vor dem Zugriff Dritter geschützt werden.

9. Lebensversicherungsmantel

Gerade ausländische Lebensversicherungen (es geht hierbei in erster Linie nicht um die Absicherung von Todesfallrisiken, daher „Mantel“) werden als juristische Personen eingestuft und sind somit ein optimales Instrument zur Vermögensanlage, Vermögensweitergabe und dienen damit auch der gezielten Altersvorsorge und Nachfolgeplanung. Diese innovativen Versicherungsprodukte (**Private Insuring**) kombinieren die Vorteile von steuerbegünstigten Versicherungen mit den Ertragschancen von Investmentanlagen.

Die Vorteile derartiger Strukturierungsmodelle werden nachfolgend erläutert am Beispiel der liechtensteinischen Lebensversicherung. Auch andere Länder wie beispielsweise Luxemburg oder England bieten eine interessante Versicherungsgesetzgebung und somit weitere Alternativen.

Anlageprivileg

Bei so genannten **Private-Insuring**-Konzepten kann der Kapitalanleger (Versicherungsnehmer) einer liechtensteinischen Lebensversicherung Vermögensverwalter und Depotbank selbst bestimmen. Es kann jedes bestehende Depot oder jedes Konto als Prämie eingebracht werden. Der Lebensversicherer beauftragt die vom Versicherungsnehmer gewünschte Bank oder den ausgewählten Vermögensverwalter mit der Betreuung des Vermögens. Dieser verwaltet im Namen des Versicherers die Gelder.

Diskretionsprivileg

Liechtensteinische Lebensversicherungen ermöglichen eine diskrete Geldanlage im Fürstentum. Bei Abschluss einer Lebensversicherung eröffnet der Versicherer einen eigenen Deckungsstock, der für jede Police individuell geführt wird. Kontoinhaber ist die Versicherung und mit der Police erwirbt der Versicherungsnehmer ein verbrieftes Recht gegenüber der Versicherungsgesellschaft. Die Einzahlung erfolgt über eine zentrale Zahlstelle oder direkt in den Deckungsstock. Des Weiteren unterliegen die Lebensversicherer einem analog dem Bankgeheimnis formulierten Versicherungsgeheimnis. Die Vorschrift verpflichtet sämtliche Organe und Mitarbeiter einer liechtensteinischen Versicherung zu absoluter Geheimhaltung über alle nicht öffentlichen Informationen, die ihre Versicherungsnehmer betreffen. Das Versicherungsgeheimnis fällt unter die Kategorie der Berufsgeheimnisse. Berufsgeheimnisse sind Kenntnisse über Tatsachen eines Dritten, die einem Geheimnisträger aufgrund seiner beruflichen Tätigkeit anvertraut worden sind. Diskretion und gesetzliche Verschwiegenheit stehen in Liechtenstein jedoch nicht für Anonymität. Konzessionierte Versicherungsunternehmen unterliegen denselben Sorgfaltspflichten wie Banken und sonstige Finanzintermediäre. Die Lebensversicherer sind daher verpflichtet, ihre Vertragspartner (Versicherungsnehmer) aufgrund eines beweiskräftigen Dokuments zu identifizieren. Außerdem muss jeder Versicherungsnehmer, der mit einem liechtensteinischen Lebensversicherer einen Vertrag schließt, zur Verhinderung von Geldwäsche eine Bestätigung über die Herkunft der Vermögenswerte abgeben.

Erbschafts- und Schenkungsprivileg

Bei Nennung von Begünstigten fällt im Todesfall die Versicherungsleistung nicht in den Nachlass. Den Hinterbliebenen bleiben dadurch langwierige Nachlassverfahren und Erbstreitigkeiten erspart. Als begünstigt geltende Hinterbliebene können die Leistungen einer Liechtenstein-Lebensversicherung auch dann annehmen, wenn sie die übrige Erbschaft ausschlagen.

Konkursprivileg

Ein besonderes Privileg liechtensteinischer Lebensversicherungen ist das Konkursprivileg. Das in Liechtenstein geltende Versicherungsrecht sieht im Konkursfall des Versicherungsnehmers vor, dass der Wert der Lebensversicherung nicht in die Konkursmasse fällt, wenn nahe Angehörige begünstigt sind. Wenn der Versicherungsnehmer also in eine Lebensversicherung investiert und den Ehepartner (beziehungsweise die Person, die mit dem Versicherungsnehmer in eheähnlicher Gemeinschaft lebt) oder die Kinder als Begünstigte einsetzt, ist dieser Versicherungsanspruch privilegiert. Das heißt, dass die Police, die nicht bereits verpfändet ist, nicht Gegenstand einer Zwangsvollstreckung werden kann.

Die Vorschrift bestimmt, dass im Fall der Begünstigung der oben genannten nahen Angehörigen weder der Versicherungsanspruch des Begünstigten noch derjenige des Versicherungsnehmers der Exekution zugunsten der Gläubiger unterliegen. Im Falle des Konkurses des Versicherungsnehmers oder des Begünstigten wird der Anspruch auch nicht der Konkursmasse zugeschlagen. Treffen die Voraussetzungen zu, ist das in einer liechtensteinischen Lebensversicherung gebundene Vermögen also sowohl dem Zugriff der Gläubiger des Versicherungsnehmers als auch dem der Gläubiger der Begünstigten entzogen. Die Vorschrift dient in erster Linie dem Schutz der Familie, erweitert um den Lebenspartner.

Im Einzelnen gelten folgende Voraussetzungen:

- Zum Zeitpunkt der Konkurseröffnung oder Pfändung gibt es Ehegatte, Lebenspartner oder Nachkommen beziehungsweise den Versicherungsnehmer selbst tatsächlich. Sind zum maßgeblichen Zeitpunkt weder Ehepartner (Lebenspartner) noch Kinder vorhanden, gilt das

Konkursprivileg nicht. Unerheblich ist, ob die begünstigten nahen Angehörigen namentlich bezeichnet oder als Personenkategorie nur allgemein beschrieben sind.

- Die nahen Angehörigen sind Erstbegünstigte. Sind Ehe- beziehungsweise Lebenspartner oder Kinder lediglich als Ersatzbegünstigte bestimmt, gilt das Konkursprivileg ebenfalls nicht.

- Der Versicherungsnehmer ist gleichzeitig die versicherte Person.

- Das Vermögen muss in Liechtenstein belegt sein, d. h. die Versicherungspolice muss sich physisch in Liechtenstein befinden.

Das Konkursprivileg gilt auch dann, wenn Ehe- beziehungsweise Lebenspartner und die Kinder nebeneinander begünstigt sind. Anzumerken ist jedoch, dass testamentarische Begünstigungen das Konkursprivileg nicht zur Anwendung kommen lassen, da testamentarische Verfügungen keinerlei Wirkung entfalten, solange der Versicherungsnehmer noch lebt.

Steuerprivileg

Liechtensteinische Lebensversicherer passen die Policen im Regelfall den steuerlichen Gegebenheiten im Wohnsitzland des Versicherungsnehmers an. Für Anleger mit deutschem Wohnsitz sind Erträge aus liechtensteinischen Lebensversicherungen auch nach dem Wegfall der Steuervergünstigungen für Lebensversicherungen noch steuerfrei, wenn bestimmte Voraussetzungen erfüllt sind. Rentenversicherungen bieten hier interessante Handlungsalternativen.

Stiftungsprivileg

Liechtensteinische Lebensversicherungen sind vergleichbar mit einer „**Stiftung** light" beziehungsweise der abgespeckten Form einer liechtensteinischen Familienstiftung. Wie der Stifter bei der Errichtung einer Stiftung die Bezugsberechtigten am Stiftungsvermögen frei bestimmen kann, genießt auch der Versicherungsnehmer einer liechtensteinischen

Lebensversicherung das Recht einer freien Gestaltung der Bezugsrechte und kann diese jederzeit ändern.

Lebensversicherungsmäntel eignen sich für die Strukturierung von Vermögenswerten bereits ab einem Anlagebetrag von 50.000 EUR und sind somit eine attraktive und kostengünstige Alternative zu Stiftungen, jedoch mit weitaus weniger Gestaltungsfreiheiten und –möglichkeiten.

Beispielhafte ausländische Gesellschaftsformen und deren deutsche Bedeutung

Abkürzungsverzeichnis:

Afghanistan

Limited Company	GmbH
Company limited by shares	AG
Limited Partnership	KG
Cooperative Society	Gen.
Partnership	OHG

Argentinien

Sociedad de responsabilidad limitada	GmbH
Sociedad Anónima	AG
Sociedad en commandita por acciones	KGaA
Sociedad en comandita	KG
Sociedad cooperativa	Gen.
Sociedad colectiva	OHG
Sociedad accidentale o en participación	

Australien

Pty Ltd Proprietary limited Company	GmbH
PC Ltd Public Company limited by shares	AG
Limited Partnership	KG
Partnership	OHG

Belgien

SPRL Société privée à responsabilité limitée oder **BVBA** Besloten vennootschap met beperkte aansprakelijkheid	GmbH
SPRLU Société d'une personne à responsabilité limitée	Einmann-GmbH
S.A. Société anonyme oder **N.V.** Naamloze Vennootschap	AG
Société en commandite par actions	KGaA
Société en commandite simple oder Kommanditaire Vennootschap	KG
Société en nom collectif	OHG

Bermudas

Exempted Company (mehr als 40 % Ausländer)	AG
Limited Partnership	KG
Ordinary Partnership	OHG

Bolivien

Sociedad de responsabilidad limitada	GmbH
Sociedad Anónimea	AG
Sociedad en comandita	KG
Sociedad colectiva	OHG

Brasilien

Ltda Sociedade por quotas de responsabilidade limitada	GmbH
SA Sociedade Anonima	AG

Compania aberta (Sociedada Anonima de capital aberto)	offene AG
Compania fechada (Sociedade Anonima de capital fechada)	geschl. AG
Sociedade em comandita	KG
Sociedade em conta de participacao	Stille Ges.
Sociedade em nome colectivo	OHG

Cayman Islands

Exempted Company (mehr als 40 % Ausländer)	AG
Limited Partnership	KG
Ordinary Partnership	OHG

Chile

Sociedad de responsabilidad limitada	GmbH
Sociedad Anónima	AG
Sociedad en comandita	KG
Sociedad en comandita por acciones	KGaA
Sociedad colectiva	OHG

Costa Rica

Sociedad de responsabilidad limitada	GmbH
Sociedad Anónima	AG
Sociedad en comandita	KG
Sociedad en comandita por acciones	KGaA
Sociedad colectiva	OHG

Dänemark

Aps Anpartsselbskab	GmbH
A/S Aktieslskab	AG
K/S Kommanditselskab	KG
Kommanditselskab (mit AG als Kommanditist)	KGaA
AmbA Andelsselskab	Gen. mbH
I/S Interessentskab	OHG

Elfenbeinküste

SARL Société à responsabilité limitée	GmbH
SA Société Anonyme	AG
Société en commandite	KG
Société en nom collectif	OHG

Ecuador

Compania Anónima	AG
Compania en comandita divida por acciones	KGaA
Compania en comandita simple	KG
Compania en nombre colectivo	OHG

Finnland

OY Osakeyhtiö	AG
Kommandittiyhiö	KG
Osuuskunta	Gen.
Avoin Ightiö	OHG

Frankreich

SARL Société a responsabilité limitée	GmbH
SA Société anonyme	AG
Société en commandite simple	KG
Société en commandite par actions	KGaA
SNC Société en nom collectif	OHG
Société cooperative	Gen.
SP Société en participation	Stille Ges.
SC Société civile	GbR
EURL Entreprise unipersonelle a responsabilité limitée	Einmann-GmbH

Griechenland

EPE Etairia periorismenis evthinis	GmbH
AE Anonymos Etairia	AG

EE Eterrorrythmos	KG
O.E. Omorrythmos	OHG

Großbritannien

Ltd. Private Company limited by shares	GmbH
Plc. Public Company limited by shares	AG
Limited Partnership	KG
Partnership	OHG
Unlimited company	GbR
Cooperative society	Gen.
Company limited by guarantee	Körperschaft

Irland

PrC Private Company limited by shares	GmbH
PLC Public Company limited by shares	AG
Ltd. Limited Partnership	KG
Partnership	OHG
Cooperative Society	Gen.
Company limited by guarantee	Körperschaft
Chartered Company	
Oversea Company	
Unlimited Company	Kapitalges.

Italien

S.r.l. Societa a responsabilita limitata	GmbH
S.p.A. Societa per azioni	AG
S.a. Societa in accomandita	KG
S.a.p.a. Societa in accomandita per azioni	KGaA

Japan

Mitsubishi Kaisha	GmbH
Kabushiki Kaisha	AG
Goshi Kaisha	KG
Gomei Kaisha	OHG

Kanada

Ltd. Corporation	AG
Inc. oder Limited Partnership	KG
General Partnership	OHG

Kenia

Private Company limited by shares	GmbH / AG
Company limited by guarantee	KG
Unlimited company	OHG

Kolumbien

Sociedad de responsabilidad limitada	GmbH
Sociedad Anónima	AG
Sociedad en comandita por acciones	KGaA
Sociedad en comandita	KG
Sociedad colectiva	OHG
Asociación ó cuentas en participacion	Beteiligungsges.

Liechtenstein

GmbH	GmbH
AG	Aktien-gesellschaft
Anstalt	jur. Person
Stiftung	
Treuunternehmen	

Luxemburg

S.a.r.l. Société à responsabilité limitée	GmbH
S.A. Société anonyme	AG
Société en commandite	KG
Société en commandite par actions	KGaA

Malta

Limited Liability Company	GmbH
Partnership anonyme	AG
Partnership en comandite	KG
Partnership en nom collectif	OHG

Marokko

SARL Société à responsabilité limitée	GmbH
SA Société Anonyme	AG

Mexico

Sociedad de responsabilidad limitada	GmbH
Sociedad Anónima	AG
Sociedad en comandita por acciones	KGaA
Sociedad en comandita simple	KG
Sociedad en nombre colectivo	OHG
Asociación ó cuentas en participación	Beteiligungsges.

Niederlande

BV Besloten Vennotschap met beperkte aansprakelijkheid	GmbH
NV Naamloze Vennootschap	AG
CVoA Commanditaire Vennootschap op Andelen	KGaA
CV Commanditaire Vennootschap	KG
VoF Vennootschap onder Firma	OHG

Nigeria

Private limited by shares	GmbH
Public limited by shares	AG
Limited partnership	KG
Partnership	OHG

Norwegen

AS Aktieslskap	AG

Österreich

GmbH oder **Ges.m.b.H.**	GmbH
AG Aktiengesellschaft	AG
KG Kommanditgesellschaft	KG
OHG Offene Handelsgesellschaft	OHG

Paraguay

Sociedad de responsabilidad limitada	GmbH
Sociedad Anónima	AG
Sociedad en comandita	KG
Sociedad colectiva	OHG
Sociedad cooperativa	Gen.
Sociedad accidental ó en participación	Stille Ges.

Peru

Sociedade (Sociedad) Anónima	AG
Compania en comandita	KG
Sociedad colectiva	OHG

Portugal

Lda Sociedade por quotas (Firmenzusatz: Sociedade com responsabilidade limitada oder limitada)	GmbH
EIRL Estabelecimento mercantil individual	
S.A. Sociedade anonima	AG
SARL Sociedade anonima responsabilidade limitada	
Sociedade em comandita	KG
Sociedade em nome colectivo	OHG
Sociedade civil	GbR

Saudi Arabien

Limited Liability Partnership	GmbH
Corporation	AG
Limited Partnership	KG
General Partnership	OHG
Partnership limited by shares	KgaA
Co-operative company	Gen.
Joint Venture	Stille Ges.

Schweden

AB Aktiebolag	AG
Handelsbolag	OHG
Kommanditbolag	KG
Enkelt bolag	GbR
Enskild Firma	Einzelfirma
Kreditavtel med stille delta bande vid einst och förlust	Stille Ges.

Schweiz

GmbH Gesellschaft mit beschränkter Haftung	GmbH
AG/SA Aktiengesellschaft	AG
Kommanditaktiengesellschaft	KGaA
KG Kommanditgesellschaft	KG
Einfache Gesellschaft	GbR
Genossenschaft	Gen.

Singapur

Private Company limited by Shares	GmbH
(als Private oder Public Company möglich)	
Company Limited by Guarantee	
Unlimited Company	
Limited Partnership	KG
Partnership	OHG

Spanien

SRL/ SL Sociedad de responsabilidad limitada (Sociedad limitada)	GmbH
SA Sociedad Anonima	AG
SC Sociedad en comandita	KG
SrC Sociedad regular colectiva compania	OHG
Sociedad commanditaria por acciones	KGaA

Südafrika

(Pty) Ltd Private oder Propriety Company (limited by shares)	GmbH
Ltd oder Public Company (limited by shares)	AG
BpK Company by Guarantee limited	Mitunternehmerschaft
Partnership	OHG

Türkei

A.S. Anonim Sirket	AG
Limited Sirket	GmbH
Kol. SrK. Kollektiv Sirket	OHG
Kom.SrK Komandit Sirket	KG
Hisseli Komandit Sirket	KGaA

Tunesien

Société à responsabilité limitée	GmbH
Société Anonyme	AG
Société en commandite par actions	KGaA
Société en commandite simple	KG
Société en nom collectif	OHG
Société en participation	Stille Ges.

Ungarn

Rt Reszvenytarsasag	AG
Kft Korlatolt felelözsegü tarsasag	GmbH

Kkt Közkere seti tarsasag	OHG
Bt Beteti tarsasag	KG
Ikari Szeöwetkezet	Gen.

Uruguay

Sociedad de responsabilidad limitada	GmbH
Sociedad Anónima	AG
Sociedad en comandita por acciones	KGaA
Sociedad en comandita simple	KG
Sociedad en nombre colectivo	OHG

USA

Corp. Business	AG
Inc. Corporation	GmbH
Ltd. Public Corporation (Close Corporation)	
JSA Joint Stock Association (Company)	Mischform KapG. u. PersG
Limited Partnership	KG
General Partnership	OHG
Unincorporated Joint Ventura	GbR
PTLP Public Traded Limited	KG börsenfähig
Business Trust	nicht vergleichbar

▸ Distributive Vermögensstrukturierung

Die Aufforderung, systematisch zu arbeiten, betrifft nicht nur institutionelle Depotmanager, sondern auch den Investor. Er muss sein Gesamtvermögen systematisch verwalten und verteilen (Distribution).

Der Investor muss sich dabei sehr genau überlegen, in welchen Bereichen er auf externe Portfoliomanager (Banken, Vermögensverwalter) zurückgreifen will, ob es Asset-Klassen gibt, die er selbst verwalten kann oder ob er die zu investierenden Gelder auf unterschiedliche Anbieter verteilt.

Distributionsmöglichkeiten für Vermögensinhaber

- Banken
- Selbstständige Anlageberater
- Broker (klassische Wertpapierhandelshäuser)
- Kapitalanlagegesellschaften
- Vermögensverwalter
- Direktbanken und Discountbroker
- Immobilienmakler
- Immobilienanlage- und -verwaltungsgesellschaften

- Fondsgesellschaften
- Bausparkassen
- Family Offices
- Unternehmensmaklergesellschaften (M&A)
- Risikokapitalfirmen (Venture-Capital-Beteiligungen)
- Private-Equity-Anbieter
- Finanzmakler
- Versicherungsmakler
- Versicherungsvertreter
- Leasinggesellschaften
- Verwalter alternativer Investments (Sammlungen wie Kunst, Münzen, Uhren usw.)
- Spezialanbieter für Investments (zum Beispiel Investitionen in Tropenholzplantagen, Grundstücken mit möglichen Rohstoffvorkommen, Explorationsfirmen u. ä.)

Viele Anleger unterhalten bereits mehrere Bankbeziehungen oder haben Teile ihrer Vermögenswerte bereits losgelöst von ihrem eigentlichen Bankdepot veranlagt (Immobilien, Geschlossene Beteiligungen, Beteiligungen, alternative Investments usw.).

Wenn diese nun isoliert betrachtet werden, besteht die Gefahr, dass zwar die einzelnen Vermögensteile optimal investiert sind, aber Risiko und Ertrag des Gesamtvermögens oder der Gesamtstrukturen nicht mehr mit den langfristigen Anlagezielen übereinstimmen. Ebenso sollte ein umfassendes **Wealth Management** sämtliche Aktivas (Vermögenswerte) und Passivas (Verbindlichkeiten) des Investors in die Betrachtung einbeziehen.

Anleger sollten somit ihre Zugangskanäle zu den jeweiligen Partnern (Discountbroker, Vermögensverwalter, Banken usw.) zum einen immer auf die jeweiligen Kernkompetenzen der Anbieter ausrichten und zum anderen darauf achten, dass aus Risikomanagementüberlegungen Vermögenswerte auch auf mehrere Anbieter in unterschiedlichen Rechtsräumen aufgeteilt werden. Der Umfang dieser Anbieterdiversifikation richtet sich wiederum nach den persönlichen Bedürfnissen des Anlegers und der Höhe seines disponiblen Vermögens.

Des Weiteren sollte darauf geachtet werden, dass ein integrierter, ganzheitlicher und umfassender Ansatz des Reportings und Controllings erfolgt. Ziel sollte es also sein, Vermögenswerte, die bei unterschiedlichen Lagerstellen, Banken, Vermögensverwaltern und Finanzdienstleistern verwaltet werden, in einem System zusammenzuführen und zu steuern. Diesen Ansatz nennt man Finanz-Aggregation oder Multi-Depot-Controlling. Hierbei werden unterschiedliche Anlageformen, die isoliert veranlagt sind, in einem Asset- und Risikomanagementsystem zusammengefasst und gesteuert.

Größere Vermögen werden mittels **Family-Office**-Konzepten schon seit langem nach diesem Modell verwaltet. Der Begriff Family Office stammt ursprünglich aus den USA. Bereits im 19. Jahrhundert gab es dort Spezialisten, die das Vermögen wohlhabender Familien betreuten. Das Konzept wurde speziell für die hohen Ansprüche dieser Familien entwickelt und stellt eine langfristige, generationenübergreifende Form der Vermögensberatung dar. Neben der Analyse, der Strukturierung und der Verwaltung von Vermögenswerten ist die Kernaufgabe eines Family Office die Koordination eines qualitativ hochwertigen Netzwerkes an externen Dienstleistern wie Finanz-, Rechts-, Steuer-, Versicherungs- und Immobilienexperten.

Abgespeckte Modelle für kleinere Vermögenswerte können über so genannte **Family-Office-light-**Konzepte oder die Auswahl kompetenter Vermögensverwalter dargestellt werden.

Welche Auswirkungen hat die Globalisierung der Kapitalmärkte verbunden mit einem veränderten Anlegerverhalten auf die Banken und Vermögensverwalter?

Die internationalen Kapitalmärkte werden zunehmend liberalisiert und dereguliert. Einhergehend mit dieser Entwicklung revolutionierte sich die Informations- und Kommunikationstechnologie in der Finanzwelt. Ebenso wandelten sich parallel hierzu die Erwartungen und das Verhalten der Kunden. Diese drei Hauptvorgänge lösten einen fundamentalen Wandel der Strategien und Geschäftsmodelle von Banken und anderen Unternehmen in der Finanzbranche aus. Die Unternehmensfinanzierung, die Vermögensverwaltung, das Retail-Banking (**Allfinanz**) veränderten sich grundlegend. Dies führte zu neuen Produkten und Dienstleistungen.

Die derzeitigen und zukünftig zu erwartenden massiven Veränderungen des Finanzmarktes dürften zur Häufung von Banken- und Finanzkrisen in vielen Ländern und Regionen beigetragen haben. Zu Beginn dieser Entwicklung wurde die Liberalisierung der internationalen Kapitalmärkte noch gelobt. Inzwischen häufen sich zunehmend warnende Stimmen. Der Wandel des Finanzmarktes hat nicht nur den Umfang an Anlagevermögen, Bonds oder **Derivaten** stark vergrößert, sondern er hat auch umfangreiche weltweite Verteilungswirkungen. Ein relativ kleines Land wie Luxemburg beispielsweise hat durch regulatorische Veränderungen das mehr als zwanzigfache seines Bruttosozialproduktes an Anlagekapital anziehen können. Länder wie die Südostasiens müssen hingegen ihr Finanz- und Rechtssystem weiter festigen, um ihren bisher erreichten Vertrauensstand bei internationalen Anlegern auch halten und ausbauen zu können.

Die Emissionsvolumina an den internationalen Wertpapiermärkten werden sich weiter stabil entwickeln, einerseits durch einen hohen Finanzbedarf von Unternehmen und staatlichen Institutionen, andererseits weil Eigentümer großer Vermögenswerte auf attraktive Investitionsmöglichkeiten warten. Neue und zum Teil komplexe Finanzierungs- und Anlagemöglichkeiten wie zum Beispiel die Verbriefung von Kreditforderungen (**Asset Backed Securities**) oder die Verbriefung der unterschiedlichsten Anlageklassen von Immobilien über Rohstoffe hin zu alternativen Investments (**Securisation**) gewinnen zunehmend an Bedeutung. Dadurch werden die Banken als Kreditgeber oder Vermögensmanager verdrängt, ein Vorgang der als **Disinterme-**

diation bezeichnet wird und den Bill Gates mit seinem Ausspruch „Banking is necessary, banks are not“ („Bankgeschäfte sind unerlässlich, Banken jedoch nicht“) mit prägte. Bill Gates wollte natürlich auch zum Ausdruck bringen, dass das Internet Bankfilialen in Zukunft immer mehr ersetzen wird. Die internationalen Wertpapiermärkte werden zunehmend direkt zur Finanzierung beziehungsweise Geldanlage genutzt.

»Banking is necessary, banks are not!«
(Bankgeschäfte sind unerlässlich, Banken jedoch nicht!)
Bill Gates

Die Revolution in der Informationstechnologie ermöglicht völlig neue Geschäftsprozesse, die Möglichkeiten des Internets vertiefen und beschleunigen dabei diese Veränderungen. Technologische Entwicklungen haben gesetzliche und physische Barrieren zwischen Wirtschaftsbereichen und Ländern abgebaut. Dies ermöglicht den Marktteilnehmern beispielsweise:

- Weltweite Transaktionen in Echtzeit
- Reduktion der Transaktionskosten durch Automatisierung und schlankere Prozesse
- Einsatz neuer Instrumente für den Zugang, das Management, die Analyse und die Verteilung von Informationen und zur Steuerung von Risiken
- Verändern existierender und Schaffung neuer Zugangskanäle zu Banken über das Internet
- Nutzung komplexer Finanzprodukte und -strategien
- Neue Serviceleistungen und die Möglichkeit über die Auswahl von Anbietern in unterschiedlichen Ländern 24 Stunden am Tag zu agieren

Als Resultat der technologischen Revolution im IT-Zeitalter brechen die Banken ihr Produktangebot immer mehr auf (**Open Architecture**) und bieten immer neue Produkte an. Diese Produkte sind viel näher an den effektiven Kundenbedürfnissen und auch preiswerter für den Kunden als traditionelle Bankprodukte. Die neuen Technologien – und die damit verbundenen vereinfachten Zugangswege – ermöglichen aber nicht nur die Entwicklung und Anpassung von Produkten, sondern auch das Kopieren von erfolgreichen Konzepten bei Konkurrenzinstituten oder alternativen Anbietern (Family Offices, Vermögensverwalter, Discountbroker), die keine Banken sind. Somit hatte Bill Gates mit seiner Aussage durchaus Recht und Banken werden zukünftig im Bereich der internationalen Vermögensanlage vermehrt als Lagerstelle für Vermögenswerte fungieren, ohne Beratungs- oder weitere Servicedienstleistungen zu erbringen.

Globale Rahmenbedingungen/ Marktsituation

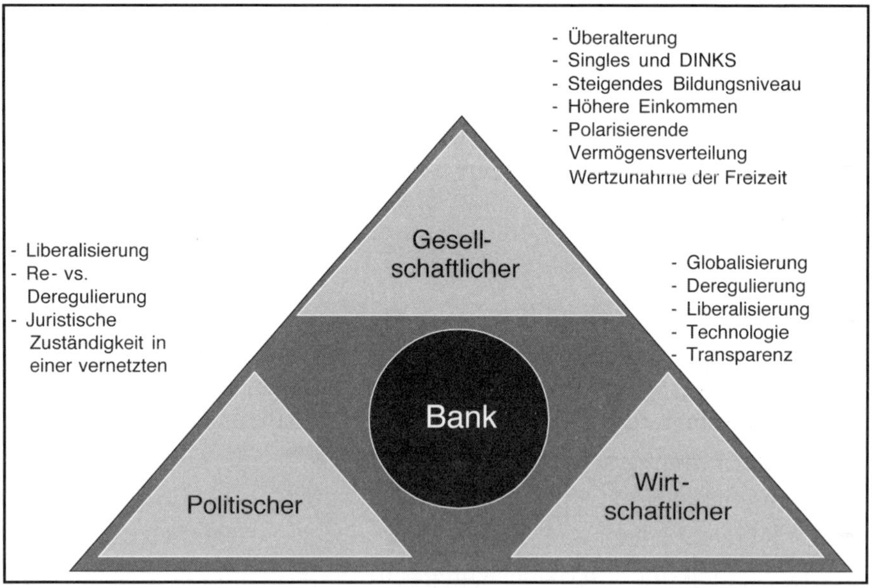

Der Finanz- und Bankensektor sieht sich wachsenden Herausforderungen im Marktbereich gegenüber. Unter anderem sind folgende Trends zu beobachten:

Geändertes Kundenverhalten

Die Banken sind einem starken Performancedruck seitens der Kunden ausgesetzt. Der Kunde ist heute bestens informiert, kostensensitiv und wesentlich schneller dazu bereit, seine Hausbank zu wechseln, als dies noch vor einigen Jahren der Fall war. Kunden mit mehreren Bankverbindungen werden oftmals nur noch produktbezogen, nicht mehr ganzheitlich beraten und bedient. Eine effiziente Segmentierung der immer stärker individualisierten Kundschaft ist schwierig, auffallend ist aber, dass gerade die lukrativen Kundensegmente (vermögende Privatkundschaft) diejenigen sind, deren Loyalität am meisten abgenommen hat.

Entwicklungen in der Informationstechnologie

Die rasante und dynamische Entwicklung der Informationstechnologie hat im Finanzbereich zu gravierenden Umbrüchen geführt. Neue Vertriebsformen haben sich entwickelt und neue innovative Marktteilnehmer (Discountbroker, Direktbanken, Internetbanken) haben aufgrund der niedrigen Markteintrittsbarrieren den Markt erobert und gewinnen – zum Teil dank geringerer Fixkostenstrukturen, meist aber wegen innovativer Geschäftsmodelle – neue Kunden zu Lasten der konventionellen Anbieter. Finanzkunden sind nach anfänglicher Skepsis dazu übergegangen, den Komfortgewinn des modernen **Multichannel-Banking** zu nutzen und zu verlangen, auch oder gerade von Vermögensverwaltern.

Neue Entwicklungen in der Finanztheorie und innovative Finanzinstrumente

Neue Theorien und Verfahren, aber auch die zunehmenden Computerleistungen haben eine Reihe neuer Finanzinstrumente ermöglicht, die vor einigen Jahren noch nicht denkbar waren. Zum Teil angestoßen durch Kundenbedürfnisse, zum wahrscheinlich größeren Teil aber aus der Forschung und Praxis der Universitäten, Banken und Versicherungen entstanden, gab es einen Wandel in der Risikoanalyse und -bewertung sowie im Risikomanagement. Auf dieser Basis wurden Risiken neu bewertet, zum Teil eingegrenzt oder neu berechenbar und somit quantifizierbar. Es sind in den letzten Jahren aber auch Risiken aufgetreten, die Versicherungen und Banken vor neue Herausforderungen stellen, wie beispielsweise Reputationsrisiken (Imagerisiken) von Unternehmen und Marken. Neue Instrumente wurden darüber hinaus entwickelt für die Portfolioanalyse sowie die Performanceplanung in der Anlageberatung und Vermögensverwaltung. Auch der unendliche Markt für **strukturierte Produkte** bringt immer neue Lösungen hervor. Diese Derivate sind isoliert betrachtet Wetten auf den Kursverlauf von Basiswerten wie Aktien, Anleihen oder Rohstoffen. Sie selbst beruhen auf einer komplexen mathematischen Theorie und sind ideal geeignet als Instrument zur Umverteilung von Finanzrisiken. Der Risikotransfer ist aber wie schon beschrieben auch selbst nicht ohne Risiko (z.B. Emittenten- oder Systemrisiken).

Anstieg der Vertriebskosten

Gerade im Marktbereich ist eine nachhaltige Kostensteigerung bei Banken zu beobachten. Durch die Veränderungen am Markt und die geänderten Kundenbedürfnisse wird gerade die Akquisition von Neukunden komplexer, aufwändiger und somit teurer. Die Gewinnung von lukrativen Neukunden ist jedoch wichtig für nachhaltiges Wachstum der Banken und Vermögensverwalter.

Liberalisierung (Deregulierung vs. Reregulierung)

Ein weiterer Motor der Veränderungen am Kapitalmarkt ist die Liberalisierung der Kapitalverkehrskontrollen, die massive Kostensenkungen erlaubt und eine räumliche Ausdehnung der Aktivitäten erleichtert – für Anbieter wie Anleger. Der dadurch vereinfachte weltweite Zugang zu Kapital ermöglicht weltweite Finanzlösungen und –produkte sowie schnelle Transfers. Dies beschleunigt die Weltwirtschaft und den Welthandel, fördert die **Internationalisierung** im Denken und Handeln der Unternehmen und Investoren und löst außerdem grenzüberschreitende positive Effekte für Vermögensanleger aus. Die Liberalisierung des Kapitalmarktes hat damit einen direkten Einfluss auf die Finanzierung von Unternehmensaktivitäten und auf den Wettbewerb, nicht nur zwischen Banken und Finanzdienstleistern. Die neuen Freiheiten und Möglichkeiten beeinflussen auch das Tun national und international agierender Investoren.

Krisen wie die Asienkrise, der 11. September oder der Irak-Konflikt haben aber gezeigt, dass die Liberalisierung unerwünschte Effekte haben kann, wenn bestimmte Handlungen nicht unterbunden werden (können) oder ein offener Kapitalmarkt auf unausgereifte Strukturen in weniger entwickelten Märkten trifft. Die Erkenntnis war auch, dass große Kapitalvolumina von Investoren eingesetzt werden können, um gegen die Währungen kleinerer Volkswirtschaften zu spekulieren (natürlich auch gegen große, wie George Soros mit seiner Spekulation gegen die Bank von England gezeigt hat). Die Krisen haben auch gezeigt, dass bessere internationale Regeln und Rahmenbedingungen notwendig sind und einige Länder zunächst einmal funktionierende Kontrollstrukturen aufbauen sollten.

Im Zuge der Deregulierung ist es deshalb in einigen Bereichen erforderlich, mit einer so genannten Reregulierung die Risiken in Grenzen zu halten. Eine Reregulierung wird vielfach auch gegen Steueroasen gefordert, zum einen weil sie Risiken für die weltweite Stabilität bergen und zum anderen natürlich eine weiter zunehmende Konkurrenz für die etablierten Finanzplätze sind.

Besonderheiten bei vermögenden Privatkunden

Für Privatbanken gelten die oben genannten Herausforderungen mindestens genauso wie für andere Bereiche des Bankensektors. Der Bereich Private Banking ist seinem Wesen nach sehr stark service- und kundenorientiert. Die meisten Privatbanken definieren daher den persönlichen Ansprechpartner (Berater) des Kunden als einzigen Kontakt zur Bank. Gerade im Bereich von diskretionären Vermögensverwaltungen ist dieser ausschließliche persönliche Kontakt zum Berater noch ausgeprägter. Er wird aufgrund der sich wandelnden Ansprüche der Klienten noch bedeutender werden. Die Übergabe von großen Vermögenswerten an nachfolgende Generationen führen beispielsweise zu einer signifikanten Änderung der Kundenstruktur. Die „neue“ Kundschaft möchte von den technologischen und marktgetriebenen Änderungen im gesamten Finanzdienstleistungssektor profitieren.

Klassifizierung von Anlegergruppen im Vermögensmanagement nach verfügbaren Anlagewerten (Finanz- und Kapitalvermögen)

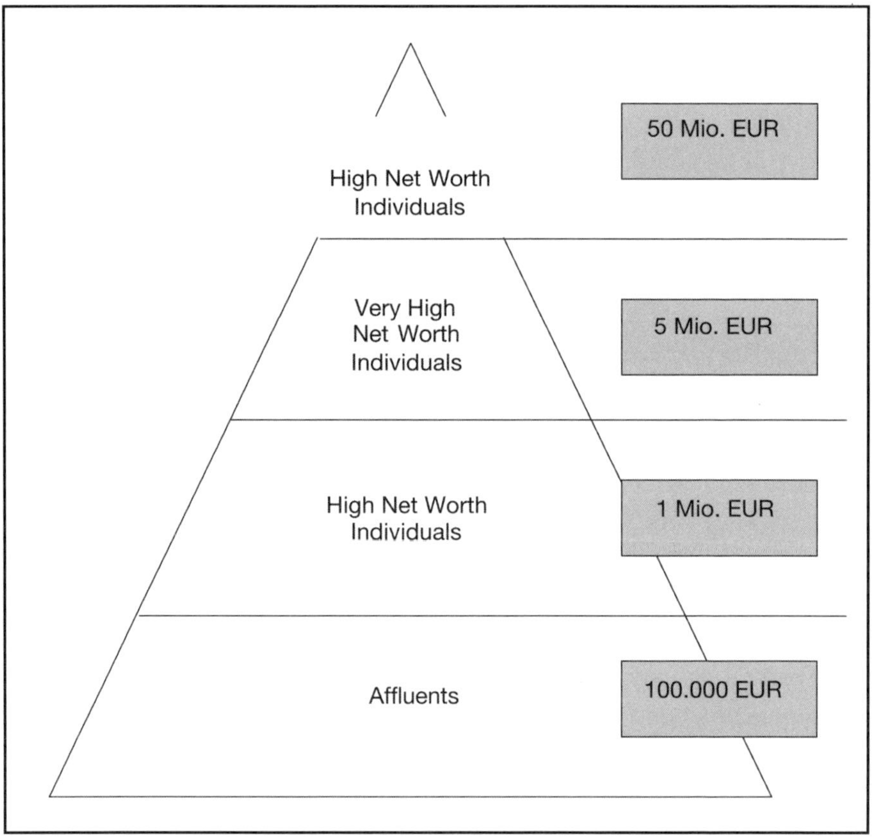

Wachstumsmarkt „Affluent Banking"

Mit zunehmendem Wohlstand in den Industrienationen entwachsen immer mehr Anleger dem klassischen Kundengeschäft (Retailgeschäft) der Banken. Mittlerweile gibt es eine große Gruppe vermögender Privatkunden (so genannter Affluents), deren Ansprüche mit dem standardisierten Kundengeschäft nicht mehr befriedigt werden können, deren Vermögen zugleich aber für das klassische Private Banking (ab Vermögenswerten in Höhe von circa 1 Million Euro) noch zu gering ist.

Hier entwickelt sich für Banken, Versicherungen und auch Online-Broker der lukrative Markt des Affluent Bankings. Der Schlüssel zur Erschließung dieses Marktsegments ist die Umsetzung eines **Wealth-Management-**Konzeptes der jeweiligen Anbieter. Kunden, die über ein mittleres Vermögen im Bereich von 100.000 bis 1 Million Euro verfügen, sind so genannte Affluent Clients (wohlhabende Zielkunden) von Banken und Vermögensverwaltern.

Dieser Mittelmarkt, der zwischen den Massenkunden des klassischen Bankgeschäftes und den sehr vermögenden Kunden des gehobenen Private-Banking-Geschäftes liegt, bietet enorm viel Betreuungspotential für Banken und Vermögensverwalter, da gerade diese mittleren Vermögen teilweise nicht nur schlecht strukturiert sind, sondern auch nicht optimal gemanagt werden.

Bei der Erschließung dieses Segmentes sind zwei unterschiedliche Vorgehensweisen erkennbar. Allfinanzbanken, Versicherungen und Onlinebroker orientieren sich bottom up, d. h. sie versuchen aus dem wenig lukrativen Retailgeschäft auszubrechen und in den höherwertigen und lukrativeren Markt der Affluent Clients aufzusteigen, also von unten nach oben zu diversifizieren.

Vermögensverwalter und Privatbankhäuser gehen den umgekehrten Weg. Sie versuchen zwar zum einen auch ihren bestehenden Kundenstamm von unten nach oben zu vergrößern (also statt Kunden mit einer Million Euro Anlagevolumen, Kunden ab fünf Millionen Euro zu akquirieren). Zum anderen bemühen sie sich aber auch top-down zu wachsen, indem sie ihre Erfahrungen und Kompetenzen im privaten Vermögensmanagement auch den breiten Kundenschichten (100.000 EUR bis eine Million EUR Anlagevolumen) anbieten und schmackhaft machen.

Dies führt zu einer massiven Zunahme des Wettbewerbes um diese Kundenschicht, die somit von fallenden Gebühren und Kosten profitiert.

Der kritische Erfolgsfaktor im Kampf um den Anleger heißt dabei Wealth Management. Es geht nicht nur darum, Vermögenswerte bei unterschiedlichen Anbietern zu verwalten, sondern auch zu planen und zu strukturieren und somit das Gesamtvermögen langfristig zu optimieren. Produktneutralität, Produktvielfalt und Kompetenzen in den unterschiedlichen Dimensionen (Produkte, Prozesse, Steuern, Recht usw.) sind dabei unerlässlich. Hierbei ist nicht nur die schnelle und preisgünstige Transaktion gefragt, sondern der Kunde wünscht immer eine herausragende Performance seines Investments, höchste Beratungsqualität und ein permanentes Reporting. Ein attraktiver Onlinezugang sowie das abgerundete, neutrale und qualifizierte Produktangebot zu konkurrenzfähigen Preisen runden das Profil des idealen Anbieters ab.

Wealth Manager sollten somit auch die Angebote von Discountbrokern und Direktbanken in die Vermögensverwaltungsalternativen für ihre Kunden mit einbeziehen. Der aktive Einsatz des Internets für Kommunikation und Information mit dem Vermögensmanager sollte sich zur Selbstverständlichkeit entwickeln.

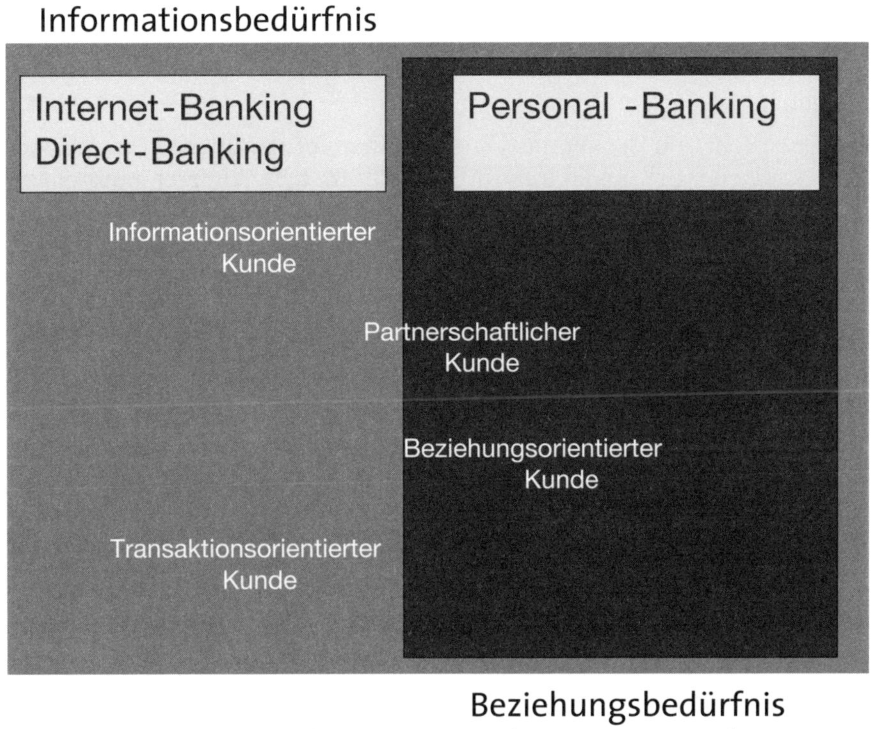

Internet-Private-Banking = Gestaltung + Interaktivität + Information

Gestaltung

Ebenso entscheidend für den Erfolg von Online-Private-Banking-Angeboten ist die Gestaltung der Internetseiten. Vermögende Privatkunden verlangen hierbei eine hohe Benutzerfreundlichkeit, eine unkomplizierte und gleich bleibende Struktur des Internet-Auftritts sowie eine verständliche, intuitive Navigation. Qualitativ hochwertige Grafiken und gut lesbare Texte sind dabei ebenso wichtig wie ein professionelles und optisch ansprechendes Layout.

Interaktivität

Private-Banking-Kunden schätzen den interaktiven Austausch mit ihrer Bank. In Sachen Interaktivität erwarten sie daher ein breites, aber kundenspezifisches Funktionalitätsspektrum. Hierzu gehören Möglichkeiten der direkten elektronischen Kommunikation mit der Bank, beispielsweise per E-Mail oder „Call Back Button“. Ebenso zählt dazu das Angebot von Online-Transaktionsmöglichkeiten in den Bereichen Zahlungsverkehr und Brokerage. Darüber hinaus erwarten diese Kunden ein reichhaltiges Angebot geeigneter Investment- und Simulationstools (Markowitz-Modelle oder Value-at-Risk-Berechnungen) beispielsweise zur Asset Allocation, zum Vergleich von Anlagealternativen oder zur Durchführung szenarienbasierter Prognosen.

Viele Kunden erwarten ferner das Angebot einer persönlich gestaltbaren Webseite, die im Hinblick auf Funktionalitäten und Informationsangebot entsprechend den individuellen Anforderungen des Kunden gestaltet werden kann.

Information

Eine sehr hohe Bedeutung für vermögende Privatkunden besitzt die Bereitstellung eines spezifischen Online-Angebotes an Informationen. Gerade das Vermögensreporting und Informationen zu Konto und Depot sind äußerst wichtig. Watch-Listen, Musterdepots und Nachrichtendienste werden weiterhin von Teilen der vermögenden Klientel verlangt. Ausführliche Informationen zur Benutzung und den Anwendungen der Webseite sollten dabei ebenso wenig fehlen wie Informationen bezüglich der Sicherheit des Internets.

Mehrere Zugangskanäle = Optimiertes Risikomanagement

Die Streuung der Zugangswege für den privaten Vermögensanleger bedeutet ein erweiteretes Rendite- und Risikomanagement durch gezielte Auswahl von Banken und Vermögensverwaltern sowie weiteren bankenunabhängigen Finanzdienstleistern (zum Beispiel Family Offices).

Geografische Vermögensdiversifikation

Standorte – Jurisdiktionen im Überblick

Die Souveränität eines jeden Staates erlaubt es, seine rechtlichen und bürokratischen Rahmenbedingungen für die wirtschaftliche Betätigung seiner Bevölkerung zu definieren. Damit ist auch jeder Teilnehmer dieses Wirtschaftsraumes berechtigt, seine Geschäftsaktivitäten darauf auszurichten. Dieses Grundrecht einer freien Volkswirtschaft und eines freien Marktes besteht im regionalen Bereich ebenso wie im internationalen Rahmen.

Outsourcing durch Offshoring und Nearshoring

Nicht nur in den Medien wird das Thema Offshore-Outsourcing (u. a. Verlagerung von Arbeitsplätzen, Dienstleistungen, Produktionsprozessen und Produktionsstandorten ins Ausland) kontrovers diskutiert. Mit Staunen und Sorge zugleich werden beispielsweise die Auswirkungen kommentiert, die unsere Arbeitsmärkte treffen, wenn wieder einmal ein Großkonzern Bereiche seiner Produktion nach Asien verlagert (Offshoring) oder in östliche Länder wie Slowenien, Tschechien, Lettland und Weißrussland (Nearshoring), die äußerst attraktive Rahmenbedingungen bieten.

Jeder Industriebereich kann von diesen Entwicklungstendenzen ein Lied singen. Allein die Tatsache, dass mittlerweile auch der Dienstleistungssektor mit aller Macht von diesen Trends erfasst wird, ist neu und herausfordernd zugleich. Hier bewahrheitet sich endgültig, was wir eigentlich längst alle wissen:

Der Zug der Entwicklung in allen Lebens- und Geschäftsbereichen fährt heute schneller als je zuvor. Wir können uns ihm zwar in den Weg stellen, bremsen werden wir ihn dadurch aber nicht. Somit gilt es alles dafür zu tun, auch oder gerade im Vermögensmanagement, diesen Zug nicht zu verpassen.

Der Wettlauf um die besten Plätze (Standorte) mag ohne Gnade geführt werden, doch es werden auch Instrumente (Dienstleistungen in fremden Ländern), innovative Ideen (Produkte und Gesellschaftsformen) und weitere attraktive Rahmenbedingungen (Know-how, Steuern, geografische Lage usw.) offeriert, die es ermöglichen, die eigene Wettbewerbsfähigkeit sicherzustellen. Flexibilität und die Bereitschaft umzudenken und neue Wege zu beschreiten, sind häufig die größten Hürden, die es dabei zu überwinden gilt. Der Rest (nämlich attraktive Alternativen und Lösungen) wird bereits reichhaltig und vielfältig offeriert.

Outsourcing im Finanzbereich bedeutet also, Kapital und Vermögensmanagementprozesse aus Gründen der Risikostreuung in andere Länder auszulagern. Durch die Verteilung von Vermögenswerten auf mehrere Länder mit unterschiedlichen Rahmenbedingungen und geografischen Lagen, differierenden Gesetzgebungen und Rechtssprechungen sowie verschiedenen Banken und Vermögensverwaltern setzt man ein mehrdimensionales Vermögensmanagement endgültig in die Praxis um.

Im Finanzbereich mag die Vokabel Nearshore neu sein, ihr Inhalt ist es jedoch nicht.

Im Bereich des internationalen Vermögensmanagements wird derzeit hauptsächlich unterschieden zwischen den beiden Begriffen „Onshore“ und „Offshore“, wobei die wörtliche Übersetzung „an der Küste“ beziehungsweise „vor der Küste“ bedeutet. Man spricht beispielsweise vom Onshore Private Banking oder von der Offshore-Vermögensanlage. Oftmals werden diese beiden Begriffe auch gleichgesetzt mit „Onshore = steuerehrlich beziehungsweise deklarierte Vermögenswerte“ und „Offshore = steuerneutral beziehungsweise undeklarierte Vermögenswerte“ oder direkter gesagt – Schwarzgeld.

Diese triviale Definition deckt sich mit den Zielsetzungen und den Ansprüchen eines global und international agierenden Investors natürlich in keiner Weise. Darüber hinaus bieten unterschiedliche Jurisdiktionen natürlich neben den steuerlichen auch viele andere Vorteile.

Um die Länder und damit die unterschiedlichen Jurisdiktionen in der folgenden Darstellung voneinander scharf trennen zu können, benötigt man eine genaue Definition der Begriffe Onshore, Nearshore und Offshore. Onshore ist dabei die Ausgangsbasis, kann also beispielsweise eine Kapitalanlage im steuerrechtlichen Heimatland Deutschland bedeuten. Aus meiner Sicht sollten die Begriffe nämlich rein geografisch verwendet werden, wobei das Steuerdomizil des Anlegers immer den entscheidenden Parameter darstellt. Für einen Deutschen mit Heimatwohnsitz BRD ist Liechtenstein oder Österreich natürlich „Nearshore“ aufgrund der geografischen Nähe und die Karibik wegen der großen Distanz „Offshore“. Für einen Franzosen mit Wohnsitz auf den Bahamas ist dagegen Panama „Nearshore“ und Liechtenstein „Offshore“.

In diesem Kapitel werden Länder und Jurisdiktionen immer aus dem Blickwinkel eines Anlegers mit Steuerdomizil im europäischen Raum dargestellt.

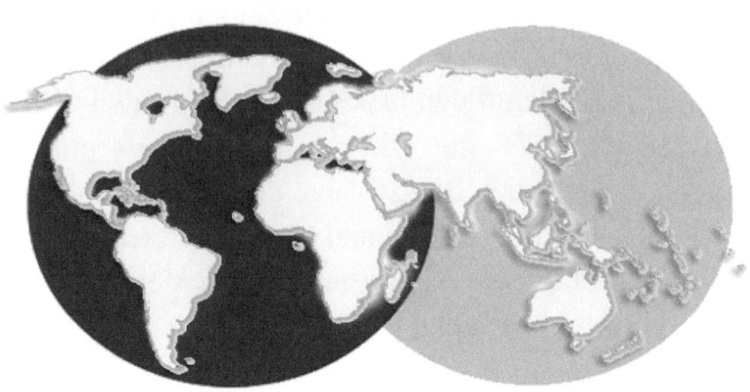

DEFINITIONEN

ONSHORE

Onshore bezeichnet die Veranlagung beziehungsweise die Auslagerung, Vergabe und Streuung von Vermögenswerten im eigenen Land. Dieses definiert sich durch das Steuerdomizil. (Steuerdomizil Deutschland → Anlage in Deutschland oder Steuerdomizil Bahamas → Anlage auf den Bahamas)

NEARSHORE

Nearshore bezeichnet die Veranlagung beziehungsweise die Auslagerung, Vergabe und Streuung von Vermögenswerten in Länder, welche geografisch dem Steuerdomizil nahe sind, aber andere Rahmenbedingungen haben. (Steuerdomizil Deutschland → Anlage in Österreich oder Steuerdomizil Panama → Anlage auf den Bahamas)

OFFSHORE

Offshore bezeichnet die Veranlagung beziehungsweise die Auslagerung, Vergabe und Streuung von Vermögenswerten in entfernte Länder, die geografisch vom Steuerdomizil weit entfernt sind (zum Beispiel anderer Kontinent) und andere Rahmenbedingungen aufweisen. (Steuerdomizil Deutschland → Anlage Cayman Islands oder Steuerdomizil Bahamas → Anlage in der Schweiz)

Genauso wie im Bereich der klassischen, quantitativen Asset Allocation, sollte auch im Bereich der Standorte/Bankplätze (Jurisdiktionen, Rechtsräume) bei der Auswahl der Anbieter und der Rechtsformen eine sinnvolle und individuell auf den Investor abgestimmte Diversifikation erfolgen.

Um dem Leser dieser Publikation einen Grundüberblick über mögliche Standortalternativen für eine mehrdimensionale Vermögensanlage zu geben, werden nachfolgend einzelne Länder dargestellt. Diese Länder weisen zum einen – relativ – stabile wirtschaftliche, rechtliche und politische Innenverhältnisse auf und zum anderen verfügen sie über attraktive Rahmenbedingungen sowie eine gut ausgebaute Infrastruktur, ein fortschrittliches und modernes Bankensystem beziehungsweise ein großes und qualitativ hochwertiges Netz an Vermögensverwaltern. Diese auch als „Steueroasen“ bekannten Gebiete wurden also nicht ausschließlich aus steuerlichen Überlegungen ausgewählt, sondern aufgrund der insgesamt vorteilhaften Rahmenbedingungen. Ebenso wie die bekannten Finanzzentren New York, London, Frankfurt, Paris, Shanghai oder Tokio bieten diese Standorte viele Möglichkeiten der Kapitalanlage und Vermögensverwaltung.

Ein weiterer Aspekt ist die Tatsache, dass an den genannten Standorten Kapitalanlage und Erholung angenehm zu verbinden sind. Der Anleger kann die eigenen Vermögensdispositionen während des Urlaubs in so reizvollen Regionen wie Mauritius, den Bahamas, Panama, den Cayman Islands, aber auch Österreich, den Vereinigten Arabischen Emiraten (Dubai) oder Madeira (Portugal) vornehmen.

Der große Fokus auf Inselgebiete ist aus geopolitischer Sicht ebenfalls sinnvoll. Inseln sind per se durch ihre geografische Lage abgeschottet, die meisten sind dennoch mit allen modernen Kommunikations- und Verkehrsmöglichkeiten ausgestattet. So bieten sie zusätzliche positive Effekte für eine internationale und geopolitische Diversifikation von Vermögenswerten.

Es gibt natürlich zahlreiche weitere Möglichkeiten der Nutzung von attraktiven Ländern und Jurisdiktionen. Bei einer umfassenden Betrachtung und Beurteilung und der darauf abgestimmten Aufteilung des Vermögens kommt es immer auf die individuellen Bedürfnisse des Investors an.

Bei der Auswahl von Ländern sollten jedoch in jedem Fall folgende Punkte Beachtung finden und in Entscheidungsprozesse einbezogen werden:

AUSWAHLKRITERIEN JURISDIKTIONEN/RECHTSRÄUME

- Politische und innere Stabilität – fortschrittliche Gesetzgebung nach dem Muster westlicher Demokratien, stabile Sozial-, Rechts- und Wirtschaftsordnung
- Solide Finanzpolitik der öffentlichen Haushalte (gutes Länderrating)
- Keine Krisenregionen in der unmittelbaren Peripherie
- Hohes Maß an politischer Kontinuität und Stabilität
- Freiheitliche Gesellschaftsordnung
- Funktionierende und qualitativ gute Infrastruktur
- Telekommunikation auf internationalem Standard
- Stabile Währung ohne Devisenkontrollen
- Sicheres Berufs- und Bankgeheimnis
- Schutz gegen ausländische Gerichtsurteile
- Minimale behördliche Überwachung
- Schutz vor Beschlagnahmung
- Liberale Wirtschaftspolitik und Steuergesetzgebung
- Wenig Bürokratie
- Große Kapitalkraft der Öffentlichen Hand
- Leistungsfähiges Bankensystem
- Vorteilhafte Kostenstrukturen
- Überwindbare Mentalitäts- und kulturelle Unterschiede
- Keine oder nur geringe Sprachbarrieren
- Unproblematische Zeitunterschiede

- Hohe Kompetenz, überzeugendes Dienstleistungs- und Produktangebot des Vermögensmanagers/Vermögensverwalters

NEARSHORE

1. **Andorra**
2. **Liechtenstein**
3. **Österreich**
4. **Luxemburg**
5. **Belgien**
6. **Gibraltar**
7. **Weißrussland (Belarus)**
8. **Großbritannien (UK)**
9. **Estland**
10. **Schweiz**
11. **Kanalinseln**
12. **Zypern**
13. **San Marino**
14. **Monaco**
15. **Isle of Man**
16. **Malta**
17. **Portugal (Madeira)**

1. ANDORRA

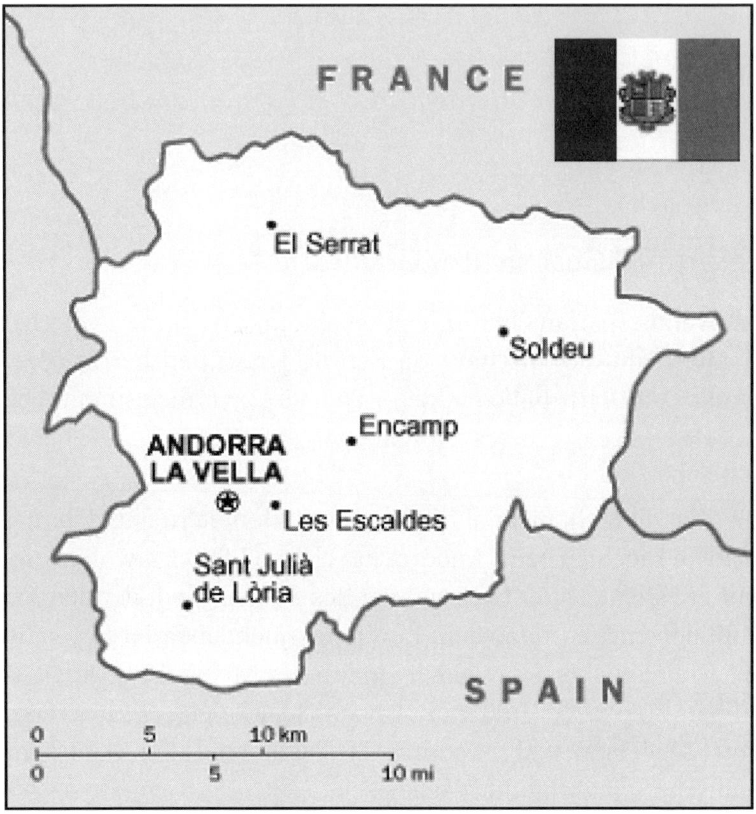

Region:	*Europa*
Hauptstadt:	*Andorra la Vella*
Fläche:	*453 km²*
Einwohner:	*ca. 67.000*
Währung:	*EURO*
Zeitzone:	*MEZ*
Sprachen:	*Katalanisch, Spanisch, Französisch*

Ethn. Gruppen:	*Spanier (43 %), Andorraner (33 %). Portugiesen (11 %), Franzosen (7 %)*
Religionen:	*Christen (95 %)*
Staatsform:	*Parlamentarisches Fürstentum (seit 1993)*
Urbanisierung:	*63 %*

Hintergrund / Geschichte / Geografie

Das souveräne parlamentarische Fürstentum Andorra – Oberhäupter sind gemeinsam der Bischof von Seo de Urgel und der französische Staatspräsident – liegt hoch in den Pyrenäen, zwischen Frankreich und Spanien, im Tal des Flusses Vallgia.

Andorra ist mit nicht mehr als 453 Quadratkilometern ungefähr dreimal so groß wie Liechtenstein. Andorra hat circa 67.000 Einwohner von denen nur etwa ein Drittel Urbewohner des Staates sind, der den Vereinten Nationen angehört und dem Europarat, nicht aber der Europäischen Union. Die restlichen Einwohner sind in der Mehrzahl Spanier, Portugiesen und Franzosen. In dem in sieben Bezirke eingeteilten Territorium mit der Hauptstadt Andorra la Vella sind die Amtssprachen Katalanisch, Spanisch und Französisch.

Wirtschaft / Infrastruktur

Seit mehr als 700 Jahren ist Andorra ein neutraler Staat und genießt seine nationale Eigenständigkeit dank der Nichteinmischung in gemeineuropäische Prozesse. Die lokal gewählte Regierung besteht aus dem Präsidenten und seinen Ministern, die die Tätigkeit der Parlamentskammern kontrollieren. Die Verantwortung für die Tätigkeit des Verteidigungssektors und für auswärtige Beziehungen teilen sich die französische und die spanische Regierung. Die wichtigsten Einnahmequellen der Wirtschaft Andorras sind Landwirtschaft, Finanzen und Tourismus (über 10 Millionen Touristen jährlich).

Bankwesen

Andorra ist ein internationales Finanzzentrum und bietet eine ideale Lage zwischen Frankreich und Spanien. Im Jahr 1998 wurde ein neues Bankengesetz verabschiedet, das ausländischen Banken erlaubt, Zweigniederlassungen in Andorra zu errichten.

Die ansässigen Banken bieten ein weites Spektrum von professionellen und diskreten Dienstleistungen, wobei die Vertraulichkeit der Bankgeschäfte vom Gesetz garantiert wird. Die meisten Banken haben auch deutschsprachige Mitarbeiter.

2. LIECHTENSTEIN

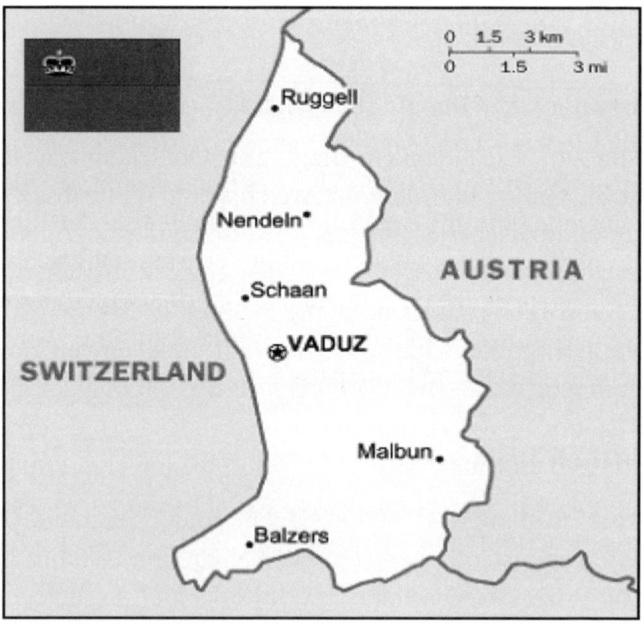

Region:	*Europa*
Hauptstadt:	*Vaduz*
Fläche:	*60 km²*
Einwohner:	*ca. 33.000*
Währung:	*Schweizer Franken*
Zeitzone:	*MEZ*
Sprachen:	*Deutsch, alemannische Dialekte*
Ethn. Gruppen:	*Liechtensteiner (62 %), Schweizer (16 %), Österreicher (8 %), Deutsche (4 %)*
Religionen:	*Christen (88 %)*
Staatsform:	*Parlamentarische Monarchie (seit 1921)*
Urbanisierung:	*46 %*

Hintergrund / Geschichte / Geografie

Das Fürstentum Liechtenstein liegt am Oberrhein zwischen dem Schweizer St. Gallen und dem österreichischen Vorarlberg. Liechtenstein ist ein europäischer Kleinstaat, der aufgrund seiner geografischen Lage, seiner innen- und außenpolitischen Gegebenheiten sowie seiner rechtlichen und ökonomischen Rahmenbedingungen einen Wirtschaftsstandort mit besonderen Qualitäten darstellt. Seine engen Beziehungen zur Schweiz und seine gleichzeitige Mitgliedschaft im Europäischen Wirtschaftsraum (EWR) erschließen für Industrie, Gewerbe, Finanzdienstleistungen und ausländische Investoren ein weites und interessantes Betätigungsfeld. Das Fürstentum Liechtenstein ist wie seine Nachbarn politisch neutral. Die Amtssprache ist Deutsch. Englisch ist in Geschäftskreisen etabliert.

Wirtschaft / Infrastruktur

Liechtenstein konnte dem EWR-Abkommen beitreten, ohne die Partnerschaft mit der Schweiz (die bislang weder dem EWR-Abkommen noch der EU beigetreten ist) aufgeben zu müssen. Es gehört somit zwei Wirtschaftsräumen an, dem schweizerisch-liechtensteinischen und dem europäischen – eine komfortable Situation. So kann das Land künftig insbesondere vom freien Waren-, Dienstleistungs- und Kapitalverkehr in ganz Europa profitieren und gleichzeitig von den Vorteilen des Schweizer Wirtschaftsgebietes, namentlich von der stabilen Schweizer Währung (der Schweizer Franken bleibt Liechtenstein also auch im EWR erhalten) und von der, dank der Zollunion, offenen Grenze zur Schweiz.

Standortvorteile von Liechtenstein sind unter anderem eine stabile Sozial-, Rechts- und Wirtschaftsordnung, ein hohes Maß an politischer Kontinuität und Stabilität, eine liberale Wirtschaftspolitik sowie eine gut ausgebaute Infrastruktur.

Bankwesen

Das Fürstentum Liechtenstein ist über die letzten Jahrzehnte zu einem erfolgreichen und respektierten Finanzplatz gewachsen. Die Seriosität und das Image des Finanzplatzes haben deutlich zugenommen. Die Banken, Anwaltsbüros und Treuhandunternehmen bieten ihrer internationalen Kundschaft Dienstleistungen von höchster Qualität an.

Hervorzuheben ist, dass Liechtenstein über eine moderne Gesetzgebung verfügt, die es Investmentunternehmen erlaubt, attraktive Anlagetätigkeiten bezüglich Wertpapieren, Versicherungen, Immobilien und anderen Werten anzubieten.

3. ÖSTERREICH

Region:	Europa
Hauptstadt:	Wien
Fläche:	83.853 km^2
Einwohner:	ca. 8,1 Mio.
Währung:	EURO
Zeitzone:	MEZ
Sprachen:	Deutsch
Ethn. Gruppen:	Österreicher (91 %), Kroaten (0,8 %), Ungarn (0,5 %), Slowenen (0,5 %)
Religionen:	Christen (90 %)
Staatsform:	Parlamentarische Bundesrepublik (seit 1955)
Urbanisierung:	65 %

Hintergrund / Geschichte / Geografie

Die Republik Österreich ist ein föderal organisierter parlamentarisch-demokratischer Staat in Europa. Österreich ist seit 1955 Mitglied in der UNO und seit 1995 in der Europäischen Union.

Österreich grenzt an Deutschland und Tschechien im Norden, die Slowakei und Ungarn im Osten, Slowenien und Italien im Süden und die Schweiz und Liechtenstein im Westen.

Die Amtssprache in Österreich ist Deutsch, wobei in den Grenzregionen auch die Sprachen der Anrainerstaaten gesprochen werden. Englisch ist im Geschäftsbereich ebenfalls absolut üblich.

Wirtschaft / Infrastruktur

Österreich mit seiner gut entwickelten Marktwirtschaft und einer hohen Lebensqualität bietet ein gutes und stabiles soziales Klima sowie Kontinuität im Politik-, Wirtschafts- und Finanzbereich. Innere Sicherheit sowie politische und gesellschaftliche Stabilität sind uneingeschränkt gegeben. Attraktive Rahmenbedingungen durch eine hoch entwickelte Infrastruktur sind ebenso gewährleistet. Des weiteren besticht Österreich durch seine zentrale Lage innerhalb Europas und durch die Nähe zu den Wachstumsmärkten Mittel- und Osteuropa.

Bankwesen

Der Bankplatz Österreich genießt ein international hohes Ansehen, gewährleistet durch eine progressive Finanzpolitik und liberale Gesetzgebung, sowie durch eine innovationsstarke Bankenlandschaft. Eine Vielzahl von österreichischen Banken vor allem im Westen Österreichs (Raum Salzburg, Jungholz, Kleinwalsertal, Bregenz sowie natürlich in Wien) verfügen über eine überdurchschnittliche Fach- und Produktkompetenz sowie qualifizierte Dienstleistungsangebote rund um den Finanzsektor.

4. LUXEMBURG

Region:	Europa
Hauptstadt:	Luxemburg
Fläche:	2.586 km^2
Einwohner:	ca. 430.000
Währung:	EURO
Zeitzone:	MEZ
Sprachen:	Luxemburgisch, Französisch, Deutsch
Ethn. Gruppen:	Luxemburger (70 %), Portugiesen (10 %, Italiener (5 %), Franzosen (4 %)
Religionen:	Christen (98 %)
Staatsform:	Konstitutionelle Monarchie (seit 1866)
Urbanisierung:	89 %

Hintergrund / Geschichte / Geografie

Laut Wiener Vertrag von 1815 wurde das Großfürstentum Luxemburg innerhalb des Deutschen Bundes gegründet. 1867 erlangte Luxemburg Unabhängigkeit von Deutschland und wählte die Verfassungsmonarchie mit legislativer Macht in den Händen eines demokratisch gewählten Parlaments als Regierungsform aus. Das Großherzogtum – Mitglied der EU – ist eine konstitutionelle Monarchie mit einer großen politischen Stabilität. Das Rechtssystem beruht auf dem Napoleonischen Kodex und ist somit weitgehend dem belgischen und dem französischen Rechtssystem ähnlich.

Das Großfürstentum Luxemburg, das von der Größe her vergleichbar ist mit dem Saarland, liegt in Westeuropa zwischen Belgien, Frankreich und Deutschland. Die Bevölkerung beläuft sich auf ca. 430.000 Einwohner, von denen ca. 40 % Ausländer sind, größtenteils aus Ländern der Europäischen Union. Die Hauptstadt von Luxemburg heißt ebenfalls Luxemburg und ist Regierungssitz, sowie Geschäfts- und Finanzzentrum. Weit verbreitete Sprachen, vor allem in Geschäftskreisen, sind Französisch, Deutsch und Englisch, wobei Französisch die Amtssprache ist.

Wirtschaft / Infrastruktur

Luxemburg ist der Sitz einer Reihe wichtiger europäischer Einrichtungen wie der Europäischen Investitionsbank, dem Gerichtshof und dem Rechnungshof. Luxemburg verfügt über ein dichtes Netz von Nationalstraßen und Autobahnen und somit über eine ideale Infrastruktur. Die früher von Schwerindustrie und Landwirtschaft geprägte Wirtschaftsstruktur hat sich seit Beginn der 70er Jahre erheblich gewandelt. Vor dem absehbaren Rückgang der Bedeutung der Schwerindustrie hat die Luxemburger Regierung seit 1975 bewusst und erfolgreich eine Diversifizierungspolitik betrieben, neue Industrien angesiedelt und den Banken- und Versicherungssektor forciert. Die Nationalwährung Luxemburgs ist der Euro.

Ausländische Unternehmen entscheiden sich für den Standort Luxemburg, um die zentrale Lage, das günstige soziale Klima, die investitionsfreundliche Politik und das vorhandene Potenzial an qualifizierten Arbeitskräften zu nutzen.

Bankwesen

Weit über 150 Banken sind in der Hauptstadt des Großherzogtums registriert. Einige davon sind auch auf dem Inlandsmarkt tätig, doch der überwiegende Teil, bei dem es sich um Tochtergesellschaften oder Niederlassungen großer ausländischer Banken handelt, hat das Geschäft auf die internationalen Märkte ausgerichtet. Eine Anzahl von Firmen und Personen, die in der Beratung und der Vermittlung tätig sind (Vermögensverwalter, Wirtschaftsprüfer, Makler, Anwälte ...), vervollständigen das Bild des Finanzplatzes.

5. BELGIEN

Region:	Europa
Hauptstadt:	Brüssel
Fläche:	519 km²
Einwohner:	ca. 10,2 Mio.
Währung:	EURO
Zeitzone:	MEZ
Sprachen:	Flämisch, Französisch, Deutsch
Ethn. Gruppen:	Flamen (58 %), Wallonen (32 %), Deutsche (0,7 %)
Religionen:	Christen (76 %), Freisinnige (12 %), Muslime (2 %)
Staatsform:	Parlamentarische Monarchie (seit 1831)

Hintergrund / Geschichte / Geografie

Das Land Belgien gibt es erst seit 1830. Damals trennten sich die katholischen südlichen Niederlande vom protestantischen Norden, weil die sozialen Spannungen zu groß geworden waren. Doch viel hat sich in der Zwischenzeit nicht geändert: Die sechs Millionen holländisch sprechenden Flamen fühlen sich sprachlich und kulturell von den drei Millionen französischsprachigen Wallonen dominiert. Dagegen ist die Arbeitslosenquote unter den Wallonen weit höher und sie fühlen sich wirtschaftlich benachteiligt.

Doch trotz aller kleineren Schwierigkeiten ist Belgien einer der wenigen Vielvölkerstaaten auf der Welt ohne ernsthafte ethnische Probleme. Selbst die kleine Minderheit von 70.000 Deutschsprachigen im Raum Eupen/Malmédy hat ihre gesicherten Rechte.

Wirtschaft / Infrastruktur

Belgien ist Mitglied in einer großen Zahl von Wirtschaftsorganisationen. Zusammen mit Luxemburg bildet es die Belgisch-Luxemburgische Wirtschaftsunion; ferner ist es Gründungsmitglied von EU, OECD, GATT/WTO und einer Vielzahl anderer Wirtschaftsorganisationen.

Angesichts der Telekommunikationsinfrastruktur, der geografischen Lage und der Verkehrsinfrastruktur sowie der Fluganbindungen und des wirtschaftlichen wie politischen Umfelds ist Belgien als „Lagerstelle" für Vermögenswerte absolut geeignet und eine ideale Ergänzung.

Bankwesen

Vor bestimmten deutschen Feiertagen und vor den meisten Wochenenden sind die Tageszeitungen im Rheinland gefüllt mit Anzeigen belgischer Banken. Neben den Öffnungszeiten fehlt nicht der Hinweis auf deutschsprachiges Personal und individuelle Beratung. Da die Banken auch kleinere Beträge gerne betreuen, ist Belgien still und heimlich zum Luxemburg des Mittelstands geworden.

Mittlerweile sind, beispielsweise im Grenzort Eupen, alle großen Banken des Landes vertreten. Das strenge Bankgeheimnis (das ähnlich wie in Luxemburg und Österreich geregelt ist) und die Möglichkeit, die Fahrt zur Bank mit einem Familienausflug zu verbinden, sorgen für große Nachfrage. Daher bieten die Institute auch ein umfangreiches Angebot mit den unterschiedlichsten Möglichkeiten an.

6. GIBRALTAR

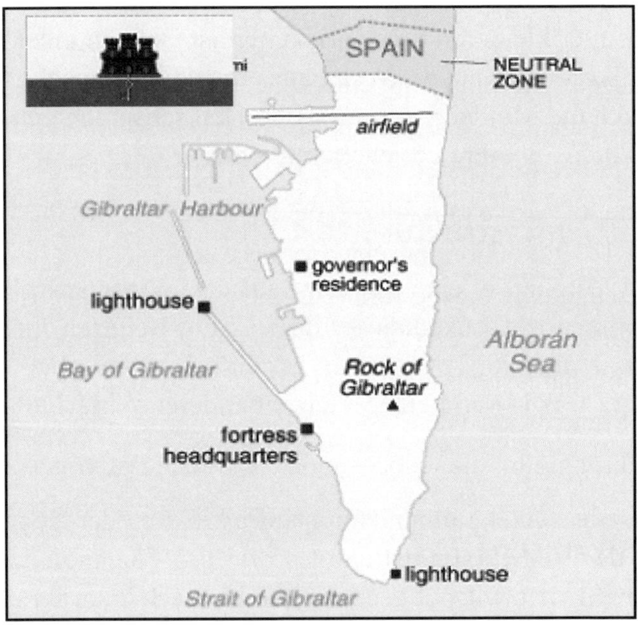

Region:	Europa
Hauptstadt:	Gibraltar
Fläche:	6,5 km^2
Einwohner:	ca. 30.000
Währung:	Gibraltar-Pfund
Zeitzone:	MEZ

Sprachen:	Englisch, Spanisch
Ethn. Gruppen:	Gibraltarenos, Briten, Marokkaner
Religionen:	Christen, Anglikaner, Muslime
Staatsform:	Dominion (sich selbst regierender Teil Großbritanniens) mit weitestgehender Autonomie seit 1965
Urbanisierung:	97 %

Hintergrund / Geschichte / Geografie

Gibraltar ist eine Halbinsel mit einer Fläche von ca. 6,5 Quadratkilometern an der Südspitze Spaniens und bekannt unter anderem für seinen 426 Meter hohen Felsen. Gibraltar liegt zwischen den beiden Kontinenten Europa und Afrika und gilt als Wachposten der Einfahrt ins Mittelmeer. Seit 1713 ist Gibraltar eine britische Kolonie und hat seit 1965 laut Verfassung eine eigene Regierung. Die Amtssprache ist Englisch, aber die meisten der ca. 30.000 Einwohner sind zweisprachig und sprechen sowohl spanisch als auch englisch. Die offizielle Währung ist das Britische Pfund, auch wenn es mit dem Gibraltar-Pfund eine eigene Landeswährung gibt, die jedoch an das Britische Pfund gekoppelt ist.

Wirtschaft / Infrastruktur

Gibraltar ist ein politisch und wirtschaftlich stabiles Land. Seine Souveränität ist durch die Verfassung von Gibraltar bestimmt. In dieser verpflichtet sich Großbritannien, keine Abkommen einzugehen, durch die die Einwohner von Gibraltar entgegen ihres ausdrücklichen freien und demokratischen Wunsches der Souveränität eines anderen Staates unterstellt werden. Großbritannien ist weiterhin für die Verteidigung, für außenpolitische Beziehungen und die innere Sicherheit zuständig. Das Land hat ein sehr gut ausgebautes Kommunikationsnetz und verfügt über einen zuverlässigen Flugverkehr.

Bankwesen

Die Regierung von Gibraltar hat sich zum Ziel gesetzt, aus dem kleinen Staat ein internationales Finanzzentrum zu machen. In Gibraltar haben sich eine Vielzahl bedeutender europäisch und international tätiger Banken, Buchhaltungsfirmen und Versicherungsgesellschaften angesiedelt. Finanzexpertise für alle Arten von internationalen Bankgeschäften ist somit mehr als ausreichend vorhanden.

7. Weißrussland (Belarus)

Region:	Europa
Hauptstadt:	Minsk
Fläche:	207.600 km²
Einwohner:	ca. 10,2 Mio.
Währung:	Belarus-Rubel

Zeitzone:	MEZ
Sprachen:	Weißrussisch, Russisch
Ethn. Gruppen:	Weißrussen (78 %), Russen (13 %), Polen (4 %), Ukrainer (3 %)
Religionen:	Christen (70 %)
Staatsform:	Präsidiale Republik (seit 1991)
Urbanisierung:	71 %

Hintergrund / Geschichte / Geografie

Weißrussland (Belarus) gehört als souveräner Staat der Gemeinschaft Unabhängiger Staaten (GUS) an und ist seit 1991 unabhängig von Russland, wobei der wirtschaftlichen Kooperation mit Russland nach wie vor strategische Bedeutung zukommt. Belarus liegt im nördlichen Osteuropa und grenzt im Nordwesten an Litauen und Lettland, im Norden und Osten an die Russische Föderation. Nachbar im Süden ist die Ukraine, im Westen Polen. Drei Viertel der Gesamtbevölkerung sind Weißrussen, darüber hinaus leben Ukrainer, Juden, Polen und Litauer im Land. Die meisten Weißrussen gehören der römisch-katholischen Kirche an. Die in Weißrussland begonnenen Reformprozesse dürften dem Land zu einem politisch und sozial weitgehend stabilen Status verhelfen.

Wirtschaft / Infrastruktur

Belarus hatte durch die schwierige Umstellung auf ein marktwirtschaftliches System große wirtschaftliche Probleme, mittlerweile sind aber sehr positive Signale zur erkennen, die sich auch in einer erhöhten Wirtschaftsleistung niederschlagen. Zu einem sehr bedeutenden Faktor des Wirtschaftswachstums wurde die Orientierung der Wirtschaft auf Außenmärkte. Die Infrastruktur in den Bereichen Verkehr und Telekommunikation ist gut und wird fortlaufend verbessert.

Bankwesen

Anlegern stehen nationale wie internationale Bankinstitute zur Verfügung, die eine Vielzahl von Bankdienstleistungen anbieten. Die Geschäftssprache der Banken neben Russisch ist Englisch. Bei Niederlassungen von deutschen Banken sind auch deutschsprachige Mitarbeiter anzutreffen.

Das Bankensystem ist stabil und einzelne Institute haben sich spezialisiert auf internationale **Private-Banking-** und **Wealth-Management-**Dienstleistungen. Auch Online Banking ist mittlerweile bei vielen Instituten etabliert.

8. Großbritannien (UK)

Region:	Europa
Hauptstadt:	London
Fläche:	244.100 km^2
Einwohner:	ca. 58,8 Mio.

Währung:	Britisches Pfund
Zeitzone:	MEZ
Sprachen:	Englisch, Walisisch, Gälisch
Ethn. Gruppen:	Engländer (81,5 %), Schotten (9,6 %), Iren (2,5 %), Waliser (2 %), Nordiren (1,8 %)
Religionen:	Christen (80 %), Muslime (11 %)
Staatsform:	Parlamentarische Monarchie (seit 1921)
Urbanisierung:	89 %

Hintergrund / Geschichte / Geografie

Die Britischen Inseln sind eine Gruppe von über 4000 Inseln einschließlich Großbritannien und Irland. Das Vereinigte Königreich von Großbritannien und Nordirland (UK) schließt ein: England, Schottland, Wales und Nordirland. Es liegt im Nordwesten Europas.

Das Vereinigte Königreich von Großbritannien und Nordirland hat eine Verfassungs- und Erbschaftsmonarchie. Die legislative Macht übt das britische Parlament aus, es besteht aus zwei Häusern – dem Oberhaus (House of Lords) und dem Unterhaus (House of Commons).

Wirtschaft / Infrastruktur

Großbritannien ist in wirtschaftlicher und finanzieller Hinsicht ein absolut innovatives und leistungsstarkes Land und zählt aufgrund liberaler Gesetze sowie einer stabilen Wirtschafts- und Finanzpolitik zu den für Kapitalanleger interessantesten Regionen in Westeuropa. Großbritannien verfügt über exzellente Telekommunikations- und Verkehrsanbindungen. Nicht nur über optimale Flug- und Fährverbindungen ist das Land bestens erschlossen, sondern mittels des Eurotunnels auch für Zug- und Autoverkehr gut erreichbar.

Bankwesen

London ist eines der führenden Weltzentren im Bankwesen, im Versicherungsbereich und sonstigem Finanzservice. Es liegt zwischen New

York und Tokio und ist somit das derzeitig „dritte Bein" des Weltkapitalmarkts. Eine Vielzahl international tätiger Banken hat mittlerweile ihre Europazentrale nach London verlegt und das Angebot an Investmentbanken, Privatbanken und Direktbanken bietet Lösungsmöglichkeiten für alle Anlegerbedürfnisse. Das englische Gesellschaftsrecht bietet umfangreiche Gestaltungsmöglichkeiten für international tätige Kapitalanleger. Wer zusätzlich differenzieren und diversifizieren möchte, dem bieten assoziierte Gebiete wie die Kanalinseln (siehe Guernsey, Jersey) oder die Isle of Man weitere Handlungsalternativen.

9. ESTLAND

Region:	Europa
Hauptstadt:	Tallinn
Fläche:	45.100 km^2
Einwohner:	ca. 1,48 Mio.
Währung:	Estnische Krone
Zeitzone:	MEZ+1
Sprachen:	Estnisch, Russisch
Ethn. Gruppen:	Esten (65 %), Russen (28 %)
Religionen:	Russisch Orthodoxe, Protestanten
Staatsform:	Parlamentarische Republik (seit 1991)
Urbanisierung:	69 %

Hintergrund / Geschichte / Geografie

Estland ist der nördlichste der drei baltischen Staaten und eines der liberalsten Länder innerhalb der EU. Das Land grenzt im Norden und Westen an die Ostsee, im Osten an Russland und im Süden an Lettland. Die Hauptstadt Tallinn liegt im Norden am Finnischen Meerbusen und ist nur 60 Kilometer von Finnland entfernt. Zahlreiche Flüsse bilden ein weit verzweigtes Netz an Wasserwegen.

Nach Jahrhunderten der dänischen, schwedischen, deutschen und russischen Hoheit erreichte Estland 1918 die Unabhängigkeit. Es wurde 1940 gewaltsam in die UdSSR eingegliedert. Es gewann seine Freiheit und Unabhängigkeit 1991 durch den Zusammenbruch der Sowjetunion zurück.

Wirtschaft / Infrastruktur

Eine prosperierende Unternehmerschicht sowie eine westlich orientierte liberale Gesetzgebung geben mittlerweile viele Impulse für Innovationen und Wachstum. Die Esten gehen mit großem Elan und viel Optimismus die Herausforderungen der Zukunft an.

Die Verkehrs- und Fluganbindungen werden ständig ausgebaut und gemeinsam mit seinen Nachbarstaaten Lettland und Litauen hat Estland eine ideale geografische Lage im neuen östlichen Europa.

Bankwesen

In Estland haben neben nationalen Banken mittlerweile viele ausländische Institute Niederlassungen oder Repräsentanzen. Sie bieten neben ihren eigenen Finanzprodukten umfangreiche Dienstleistungen – auch online – an. Die baltischen Republiken entwickeln sich aufgrund liberaler Rahmenbedingungen zunehmend zu Anlage- und Investitionsregionen für russische Investoren, die Kapitalvermögen bei Banken in diesen Ländern platzieren.

Das Bankensystem ist weitgehend stabil und etabliert. Einzelne Institute sind spezialisiert auf internationale **Private-Banking-** und **Wealth-Management**-Dienstleistungen. Auch Online Banking ist mittlerweile bei vielen Instituten möglich.

10. SCHWEIZ

Region:	Europa
Hauptstadt:	Bern

Fläche:	41.293 km²
Einwohner:	ca. 7,4 Mio.
Währung:	Schweizer Franken
Zeitzone:	MEZ
Sprachen:	Deutsch, Französisch, Italienisch
Ethn. Gruppen:	Schweizer (84 %), Italiener (5,6 %), Spanier (2,1 %), Deutsche (1,8 %), Türken (1,3 %)
Religionen:	Christen (81 %), Konfessionslose (12 %), Muslime (4,5 %)
Staatsform:	Parlamentarische Bundesrepublik (seit 1848)
Urbanisierung:	68 %

Hintergrund / Geschichte / Geografie

Die Schweiz – offiziell Schweizer Eidgenossenschaft – ist eine föderalistische Republik und in Kantone unterteilt. Die Verfassung gestattet es den Kantonen, sämtliche Vollmachten auszuüben, die der Bundesregierung nicht delegiert werden. Die Kantone genießen also weitgehende Selbstautonomie, was dazu führt, dass es in den verschiedenen Teilen durchaus unterschiedliche gesellschaftsrechtliche und steuerrechtliche Regelungen gibt.

Im Norden grenzt das Land an Deutschland, im Westen an Frankreich, im Süden an Italien und im Osten an Österreich und Liechtenstein.

Wirtschaft / Infrastruktur

Die Schweiz ist ein hoch entwickeltes, modernes High-Tech-Land mit besten Verkehrs- und Fluganbindungen sowie allen modernen Kommunikationsmöglichkeiten. Klein an Fläche, arm an Rohstoffen, aber reich an Ideen und initiativen Menschen, hat es die Schweiz verstanden, in ausgewählten Märkten führende Positionen aufzubauen. Der Finanzsektor ist ein besonders eindrucksvolles Beispiel dafür. Die exzellenten Rahmenbedingungen kommen hierbei zum Tragen. Hohe Rechtssicherheit und ein moderates Steuersystem tragen das Ihre zu einem berechenbaren Wirtschaftsstandort bei. Man schätzt, dass ca. 30 % der grenzüberschreitend investierten Privatvermögen in der Schweiz verwaltet werden.

Bankwesen

Die Schweiz hat einen der weltweit größten Privatbank-Sektoren. Neben den zwei größten Banken, der Credit Suisse und der UBS, sind eine Fülle von hochspezialisierten Privat- und Spezialbanken tätig.

Für Investoren bieten die in den Großstädten Zürich, Basel und Genf liegenden Banken eine sichere und recht konservative Investitionsstrategie, die sich auf politische Stabilität und strenge Vertraulichkeit in Bankgeschäften stützt.

Die meisten Schweizer Banken verfügen über ein Netz an Kooperationspartnern, über einen exzellenten Wertpapierverwaltungsservice und sonstige spezialisierte Bankdienstleistungen.

Discountbroker und Direktbanken sind in der Schweiz mittlerweile ebenfalls zahlreich vorhanden. Mehrsprachige und meist hervorragend ausgebildete Mitarbeiter runden dieses Bild ab.

11. KANALINSELN *Guernsey, Jersey*

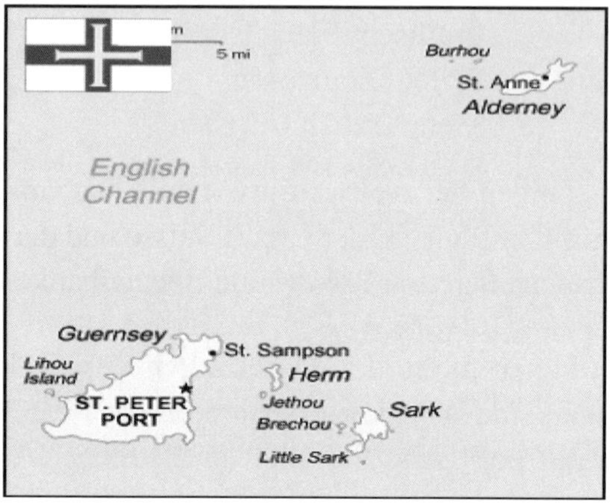

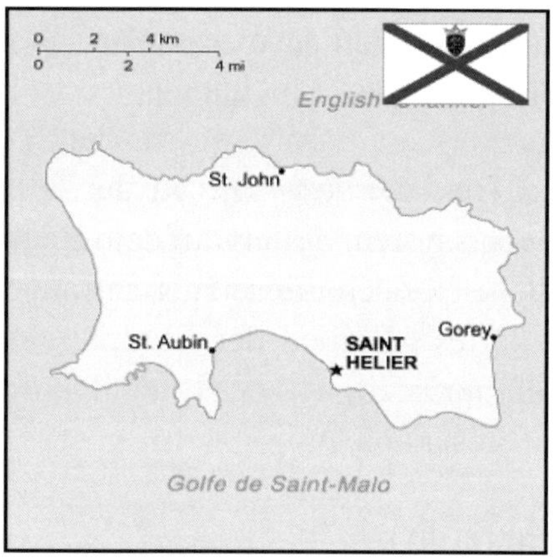

Region:	Europa
Hauptstadt:	St. Helier, St. Peter Port
Fläche:	194 km^2
Einwohner:	ca. 147.000
Währung:	Pfund Sterling

Zeitzone:	MEZ-1
Sprachen:	Englisch, Französisch
Ethn. Gruppen:	Briten, Franzosen
Religionen:	Mehrheitlich Christen
Staatsform:	Britisches Kronterritorium seit 1106 mit Selbstverwaltung

Hintergrund / Geschichte / Geografie

Guernsey und Jersey liegen in der Nähe der Nordwestküste Frankreichs (20 km entfernt) und 160 km vom Süden Englands entfernt und sind beliebte Touristenziele. Die Inseln sind von Großbritannien weitgehend unabhängig und autonom, stehen aber noch unter dem Einfluss der britischen Krone. Sie haben eigenständige demokratische Regierungen und Steuersysteme. Lediglich in der Außen- und Sicherheitspolitik dominiert die britische Regierung. Im Unterschied zu kolonialen und abhängigen Überseeterritorien Großbritanniens haben sich zwischen den normannischen Inseln und der britischen Krone einzigartige Beziehungen etabliert. Das Rechtssystem basiert auf dem Englands, wobei einige Aspekte auch an die französische Gesetzgebung angelehnt sind. Die Inseln sind ein assoziiertes Mitglied der Europäischen Staatengemeinschaft und sind somit nur bezüglich der Einhaltung von Sonderabkommen mit der EU von dieser abhängig.

Wirtschaft / Infrastruktur

Die Haupteinnahmequellen der Inseln sind Finanzdienstleistungen und Tourismus. Die beiden Hauptinseln Jersey und Guernsey haben einen Flughafen mit regelmäßigen Flugverbindungen nach London und Paris. Aufgrund der Ausrichtung auf den Tourismus ist das Verkehrsnetz hervorragend ausgebaut. Auch an das britische Digitalnetz sind die Inseln angeschlossen. Dank ihrer Nähe zum kontinentalen Europa und zu Großbritannien sind die Inseln in einer besonders günstigen Lage. Die englische Sprache wird bei allen Finanz- und Geschäftstätigkeiten benutzt, offizielle Sprache ist jedoch – beispielsweise am Gerichtshof – Französisch. Auch deutschsprachige Mitarbeiter in den Banken sind vorhanden. Neben dem Britischen Pfund gibt es auf den Inseln auch eine eigene Währung. Devisengeschäfte werden in der Regel nicht kontrolliert.

Bankwesen

Mehr als 100 Banken haben Niederlassungen auf Guernsey und Jersey, darunter auch einige deutsche Geldinstitute. Beide Inseln bieten sämtliche Dienstleistungen an, die man von einem spezialisierten Finanzplatz erwarten kann. Dabei nimmt Jersey die führende Rolle ein. Guernsey ist weniger weit entwickelt, versucht jedoch, dies durch zusätzliche Anreize zu kompensieren. Gehobene Dienstleistungen und Services im Vermögensmanagement sowie Online-Banking-Möglichkeiten runden das Bild ab und machen die Inseln zu einem idealen und etablierten Finanzplatz.

12. ZYPERN

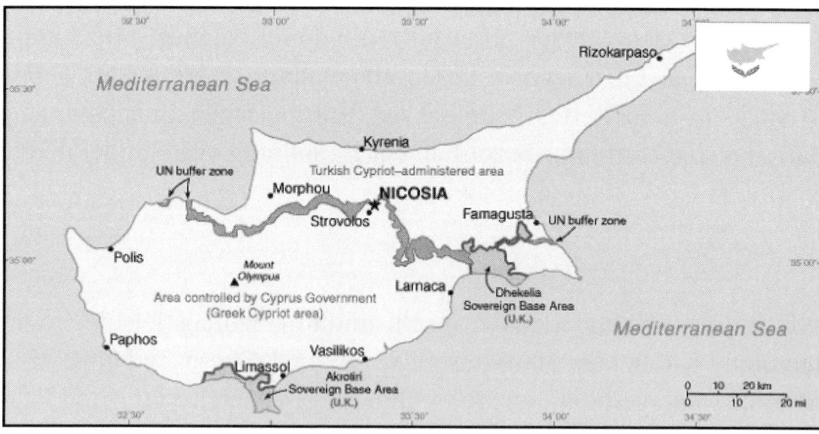

Region:	Naher Osten
Hauptstadt:	Nikosia
Fläche:	9.251 km^2
Einwohner:	ca. 780.000
Währung:	Zypern-Pfund
Zeitzone:	MEZ+1
Sprachen:	Griechisch, Türkisch, Englisch
Ethn. Gruppen:	Griechische Zyprioten (78 %), Türkische Zyprioten
Religionen:	Christen (82 %)
Staatsform:	Präsidiale Republik (seit 1960)
Urbanisierung:	68 %

Hintergrund / Geschichte / Geografie

Zypern liegt im Nordostteil des Mittelmeeres an der Kreuzung der Wege nach Europa, Asien und Afrika und ist in dieser Region die größte Insel. Ihre Fläche beträgt über 9.000 Quadratkilometer und sie liegt 65 Kilometer von der Türkei, 96 Kilometer von Syrien, 385 Kilometer von Ägypten und ca. 980 Kilometer von Athen entfernt. Zypern hat ein günstiges Klima und ca. 300 Tage Sonnenschein im Jahr. Die Amtssprachen Zyperns sind Griechisch, Englisch und Türkisch. Englisch ist insbesondere im Geschäftsbereich verbreitet. Zypern wurde 1960 von Britannien unabhängig. 1974 hat dic Türkei das Land erobert und 40 % seines nördlichen Territoriums besetzt. Das politische System ist mittlerweile nach dem Modell westlicher Demokratien aufgebaut. Bürgerrechte werden geachtet und Privatgeschäfte genießen alle Entwicklungsmöglichkeiten. Zypern hat ebenso wie die Kanalinseln das Abkommen über eine assoziierte Mitgliedschaft im Europarat unterzeichnet.

Wirtschaft / Infrastruktur

Zypern verfügt über ausgezeichnete Flugverbindungen mit vielen Orten der Welt. Es gibt eine Vielzahl regelmäßiger Linienflüge in Nachbarländer, insbesondere im Sommer. Ein ausgezeichnetes Autobahnnetz gewährleistet den Verkehr auf der Insel. Das Land verfügt über ein gut ausgebautes Telekommunikationssystem und exzellente Post- und Kurierdienste.

Zyperns Wirtschaft beruht auf dem System des freien Unternehmens. Die Regierung spielt eine regulierende beziehungsweise planende, aber dennoch liberale Rolle und stellt der Wirtschaft öffentliche Ressourcen zur Verfügung. Innerhalb der letzten Jahre zeigte Zyperns Wirtschaft ein bemerkenswertes Wachstum.

Zypern ist ein zentral gelegener und interessanter Standort für international tätige Investoren, es verfügt über ein angenehmes Klima und ein liberales Gesellschaftsrecht. Die Republik Zypern wurde am 1. Mai 2004 in die Europäische Union aufgenommen und soll ab 2007 zum EU-Vollmitglied werden.

Bankwesen

Die Geschäftsbanken in Zypern haben Korrespondenzbanken in den meisten Großstädten der Welt und Transaktionen können in allen führenden Währungen erfolgen. Die Zentralbank von Zypern ist zuständig für die Formulierung und Inkraftsetzung währungspolitischer Maßnahmen. Sie beaufsichtigt die Banken, verwaltet die Devisenreserven, gibt Geldscheine heraus und fungiert als Banker und Finanzagent der Regierung. Die Regeln des Business Banking orientieren sich am britischen Modell. Einzelne Banken beginnen sich gezielt und professionell auf Dienstleistungen für vermögende ausländische Kapitalanleger zu spezialisieren und bereits eine breite Angebotspalette haben.

13. SAN MARINO

Region:	Europa
Hauptstadt:	San Marino
Fläche:	61,2 km^2
Einwohner:	ca. 27.000
Währung:	EURO
Zeitzone:	MEZ
Sprachen:	Italienisch
Ethn. Gruppen:	San-Marinesen (77 %), Italiener (22 %)
Religionen:	Christen (95 %)
Staatsform:	Parlamentarische Republik (seit 1600)
Urbanisierung:	90 %

Hintergrund / Geschichte / Geografie

San Marino ist ein Zwergstaat am Osthang des Apennins und eine der ältesten Republiken der Welt. Es grenzt an die italienischen Regionen Emilia-Romagna (im Norden und Osten) und Marken (im Süden und Westen). Der Zwergstaat besteht aus der Hauptstadt gleichen Namens und acht Gemeinden.

Die Republik San Marino mit einer Größe von gut 61 Quadratkilometern existiert bereits seit 1599. Erstmals urkundlich erwähnt wurde San Marino bereits im Jahr 885. San Marino war und ist unabhängig. Die ca. 24.000 San-Marinesen leben hauptsächlich vom Tourismus, der über 50 Prozent der jährlichen Haushaltseinnahmen ausmacht. San Marino ist ein souveräner Staat unter der Schutzherrschaft Italiens.

Wirtschaft / Infrastruktur

Zwischen San Marino und Italien besteht eine Zollunion, zwischen San Marino und der EU eine Handels- und Zollunion. Das Land wird von Italien durch Subventionen unterstützt. Italien ist außerdem der Haupthandelspartner San Marinos. San Marino gehört zu den wenigen Staaten, die Vollbeschäftigung garantieren. Auch die medizinische Versorgung ist kostenlos und die Verkehrsanbindungen sind ideal. Kommunikationsmöglichkeiten sind ebenfalls bestens ausgebaut und neben Italienisch ist Englisch Geschäftssprache.

Bankwesen

In San Marino sind neun Banken tätig, die sich hauptsächlich auf das Binnengeschäft konzentrieren, während die internationalen Transaktionen den italienischen Banken obliegen. Als Lagerstellen für Vermögenswerte können diese Banken jedoch integriert werden wie beispielsweise die Banca di San Marino, die auch Online und Private-Banking-Dienstleistungen anbietet.

14. MONACO

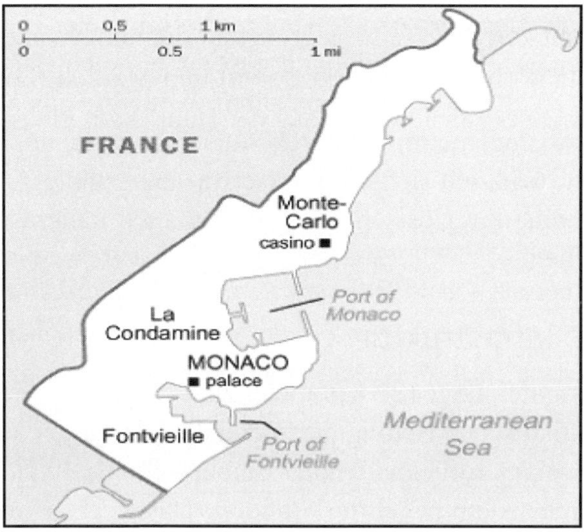

Region:	Europa
Hauptstadt:	Monaco-Ville
Fläche:	1,95 km²
Einwohner:	ca. 32.000
Währung:	EURO
Zeitzone:	MEZ
Sprachen:	Französisch, Monegassisch
Ethn. Gruppen:	Monegassen (19 %), Franzosen (32 %), Italiener (20 %)
Religionen:	Christen (90 %)
Staatsform:	Konstitutionelle Erbmonarchie (seit 1962)
Urbanisierung:	100 %

Hintergrund / Geschichte / Geografie

Der Zwergstaat an der französischen Riviera ist seit 1918 unabhängig von Frankreich. Das nur knapp zwei Quadratkilometer große Fürstentum mit seinen ca. 32.000 Einwohnern ist der am dichtesten besiedelte Stadtstaat der Welt. In den letzten Jahren wurde die aus allen Nähten platzende Tourismusmetropole durch Aufschüttungen um einige Hektar vergrößert, wodurch sich die Lage etwas entspannte. Die offizielle Landessprache ist Französisch, es wird aber auch italienisch und englisch gesprochen.

Wirtschaft / Infrastruktur

Wegen seiner guten Lage (20 Kilometer zum Flughafen Nizza), der angenehmen klimatischen Bedingungen und der geregelten Strukturen ist Monaco trotz einer zurückhaltenden Einbürgerungspraxis und des hohen Kostenniveaus ein begehrter Standort. Das Rechts- und Gerichtssystem entspricht europäischem Standard. Die Haupteinnahmequellen Monacos sind Steuern auf wirtschaftliche Transaktionen sowie diverse andere Steuerquellen (Casino, Briefmarken, Münzen, Tabaksteuer). Der Handel stellt den größten Wirtschaftszweig Monacos dar, gefolgt von der Tourismusbranche, dem Immobiliengeschäft, dem Industriesektor sowie dem Bank- und Finanzwesen, das einen großen Anteil am Gesamtumsatz hat. Die Zahl der in Monaco beschäftigten Personen übersteigt die Einwohnerzahl mittlerweile deutlich. Ein großer Teil der Staatsausgaben wird für den Ausbau der Infrastruktur verwendet, die geprägt wird durch ein einzigartiges Verkehrsleit- und Logistiksystem. Monaco weist im Telekommunikationssektor eine führende Stellung auf, das Fürstentum ist in der Entwicklung neuester Kommunikationstechniken äußerst fortschrittlich und teilweise führend (UMTS).

Bankwesen

Mit weit mehr als 40 Banken und einer Vielzahl von Finanzgesellschaften nimmt der Banksektor eine vorrangige Stellung in den wirtschaftlichen Aktivitäten des Fürstentums ein. Ungefähr die Hälfte aller Gelder, die in Monaco veranlagt sind, gehören Nicht-Residenten. Die hochspezialisierten Banken sind auf vermögende Privatkunden ausgerichtet und decken das komplette Spektrum und alle Ansprüche ab, die ein international tätiger Investor hat.

15. ISLE OF MAN

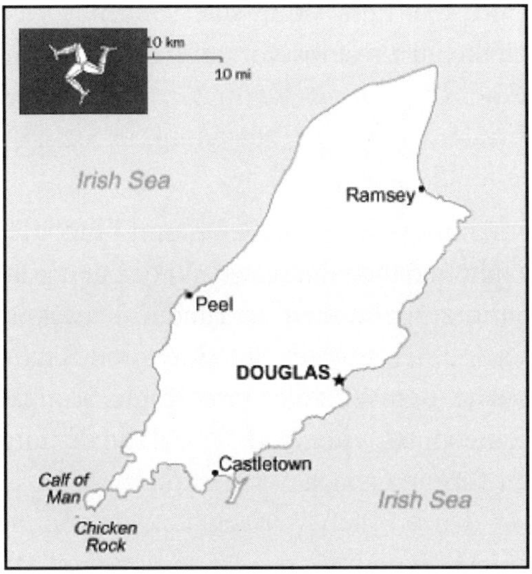

Region:	Europa
Hauptstadt:	Douglas
Fläche:	572 km²
Einwohner:	ca. 75.000
Währung:	Britisches Pfund
Zeitzone:	MEZ-1
Sprachen:	Englisch
Ethn. Gruppen:	Mehrheitlich Briten
Religionen:	Mehrheitlich Christen
Staatsform:	Britisches Kronterritorium seit 1158 mit Selbstverwaltung

Hintergrund / Geschichte / Geografie

Die Isle of Man liegt in der Irischen See, ungefähr gleich weit entfernt von England, Schottland und Irland. Das Territorium der Insel beträgt ca. 572 Quadratkilometer mit circa 75.000 Einwohnern. Etwa ein Drittel der Bevölkerung wohnt in der Hauptstadt Douglas und seiner Umgebung. Die Amts- und Alltagssprache ist Englisch. Ein Charakterzug der Isle of Man ist ihre sehr hohe politische Stabilität. Der verfassungsmäßige Status der Insel ist ein selbstverwaltetes Territorium der britischen Krone, obwohl die Königin/der König Großbritanniens ihr Staatsoberhaupt ist. Großbritannien ist auch zuständig für Sicherheit und auswärtige Angelegenheiten der Insel.

Vor über 1.000 Jahren haben die ersten Wikinger die Insel besiedelt und dort ein Zweikammernparlament gegründet. Dieses ist heute noch Gegenstand des besonderen Stolzes der Einwohner, da es eines der ältesten Rechtssysteme der Welt ist. Die Regierung lässt sich von der englischen Gesetzgebung leiten und die Urteile der englischen Gerichte haben Gültigkeit für die Gerichte der Insel.

Die Isle of Man ist ein ausgezeichnetes Territorium für die Umsetzung gesellschaftsrechtlicher Strukturen.

Wirtschaft / Infrastruktur

Es gibt eine tägliche Luftverbindung vom Flughafen Ronaldsway (der im Süden der Insel in der Nähe von Douglas liegt) mit London, Manchester, Birmingham, Cardiff, Liverpool und Glasgow. Auf der Insel gibt es sehr gute Verkehrs- und Telekommunikationsverbindungen. Das Autobahnnetz auf der Insel entspricht den höchsten Weltstandards und ist über 800 Kilometer lang. Die wichtigsten Trassen verbinden alle Großstädte. Das Eisenbahnsystem dient hauptsächlich dem Tourismus. Neben Tourismus und Landwirtschaft wachsen auch Industrieinvestitionen und begleitende Finanztätigkeiten. Die Insel hat ihre eigene Währung, die an das Britische Pfund gekoppelt ist.

Bankwesen

Auf der Insel haben sich rund 70 Banken und Finanzgesellschaften sowie fast 200 Versicherungen niedergelassen, die sich auf internationale Finanztransaktionen und Vermögensanlagen spezialisiert haben. Die Regierung setzt dabei verstärkt auf den Ausbau der Insel zu einem internationalen Finanzzentrum. Die Isle of Man ist eine reizvolle Alternative zu den Kanalinseln.

16. MALTA

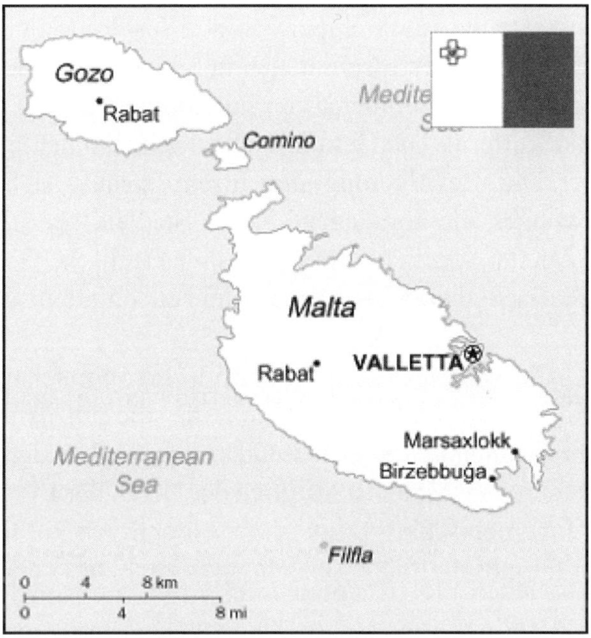

Region:	Europa
Hauptstadt:	Valletta
Fläche:	316 km^2
Einwohner:	ca. 390.000
Währung:	Lira (lm)

Zeitzone:	MEZ
Sprachen:	Maltesisch, Englisch
Ethn. Gruppen:	Malteser (96 %), Briten (2 %)
Religionen:	Christen (91 %)
Staatsform:	Parlamentarische Republik (seit 1974)
Urbanisierung:	89 %

Hintergrund / Geschichte / Geografie

Die Republik Malta ist ein Archipel von drei Inseln: Malta, Gozo und Comino. Die Maltesischen Inseln liegen in Südeuropa in der Mitte des Mittelmeeres circa 100 Kilometer von Italien und circa 300 Kilometer von Nordafrika entfernt. Die Gesamtfläche der Inseln beträgt 316 Quadratkilometer. Die Bevölkerung der Inseln beläuft sich auf circa 390.000 Einwohner, die vorwiegend in den Städten leben. Die Hauptstadt ist La Valetta. Amtliche Sprachen sind Englisch (Geschäftsprache) und Maltesisch, daneben sprechen viele auch italienisch.

Malta ist ein selbstständiger Staat mit politischer, wirtschaftlicher und sozialer Stabilität. Die Parlamentsdemokratie, die auf dem britischen Modell beruht, ist auch in politischer und kultureller Hinsicht fester Bestandteil Westeuropas. Malta ist Mitglied der UNO, der EU und der britischen Staatengemeinschaft. Dank seiner blockfreien Politik unterhält der Inselstaat freundschaftliche Beziehungen zu vielen Ländern.

Das legislative System basiert auf dem Napoleonischen Kodex, aber das britische Recht hat es vor allem im Finanz- und Gesellschaftsrecht stark beeinflusst.

Wirtschaft / Infrastruktur

Tourismus ist neben dem Finanzsektor und dem Schiffsbau eine der Haupteinnahmequellen. Nach Auflösung des englischen Militärstützpunktes 1979 stand Malta vor der Aufgabe, eine Reihe von Konversionsprogrammen zur Umorientierung der Wirtschaft des Landes umzusetzen. Heute verfügt Malta über hoch qualifizierte und anpassungsfähige Arbeitskräfte, die bereit sind, die komplexesten technologischen Aufgaben zu lösen. Darin liegt neben zunehmenden Direktinvestitionen und günstigen Rahmenbedingungen ein Erfolgsfaktor der Insel.

Bankwesen

Die über jahrhundertelange Erfahrungen verfügenden Banken Maltas erweitern und verbessern fortlaufend ihre Dienst- und Serviceleistungen. Die zahlreichen international agierenden Finanzinstitute sind auf Erhaltung ihrer führenden Rolle bei allen umfassenden Veränderungen auf dem Weltmarkt bestens eingestellt und vorbereitet.

Sämtliche Private-Banking-Dienstleistungen werden von einer Vielzahl von Firmen angeboten.

17. PORTUGAL (MADEIRA)

Region:	Europa
Hauptstadt:	Lissabon (Portugal) – Funchal (Madeira)
Fläche:	91.982 km^2 (Portugal)
Einwohner:	ca. 9,9 Mio. (Portugal)
Währung:	EURO
Zeitzone:	MEZ-1
Sprachen:	Portugiesisch
Ethn. Gruppen:	Portugiesen (99 %)
Religionen:	Christen (96 %)
Staatsform:	Parlamentarische Republik (seit 1976)
Urbanisierung:	37 %

Hintergrund / Geschichte / Geografie

Madeira ist ein Archipel von Inseln vulkanischer Herkunft im Atlantik, 100 Kilometer vom Festland Portugals und 870 Kilometer von Nordafrika entfernt. Der Name des Archipels stammt vom Namen seiner größten Insel Madeira ab. Die Fläche der zu Portugal gehörenden Insel beträgt circa 800 Quadratkilometer mit einer Bevölkerung von weniger als 300.000 Einwohnern. Die Nationalsprache ist Portugiesisch. Englisch wird im geschäftlichen Alltag beziehungsweise im internationalen Handel verwendet. Die Inselgruppe Madeira wurde im 15. Jahrhundert von portugiesischen Seeleuten entdeckt und ist gesetzlicher und politischer Teil Portugals.

Nach 1976 wurde Madeira dank politischer Umbrüche in Portugal zu einer autonomen Region mit eigenem Parlament und einer lokal gewählten Regierung. Ungeachtet des autonomen Status von Madeira gelten die meisten von der zentralen Regierung beziehungsweise dem portugiesischen Parlament verabschiedeten Gesetze und Anordnungen auch auf dem Territorium von Madeira. Somit sind Rechtssicherheit und Kontinuität gewährleistet.

Wirtschaft / Infrastruktur

Die Infrastruktur auf Madeira ist sehr gut ausgebaut. Täglich gibt es mehrere Flüge nach Lissabon, der Hauptstadt von Portugal. Der Flughafen von Lissabon ist ein internationales Verkehrszentrum. Es gibt auch Direktflüge in andere europäische Metropolen und ein gut ausgebautes Schifffahrtsnetz. Das Telefonnetz ist mit dem Festland Portugals verbunden durch Kabel- und Satellitenverbindungen, sodass beispielsweise direkte Internetzugriffe problemlos möglich sind. Post- und Kurierdienste ermöglichen die sehr schnelle Zustellung von Sendungen auf das Festland Portugals. Madeiras Wirtschaft ist geprägt durch Tourismus und Finanzdienstleistungen.

Die Europäische Kommission hat zur Förderung Madeiras als Randgebiet Europas mit Insellage eine Freihandelszone (IBCM International

Business Centre Madeira) genehmigt, die es ermöglicht, Firmen zu guten Bedingungen zu gründen. Diese Struktur soll Arbeitsplätze schaffen, Investitionen fördern und damit im Endeffekt die Notwendigkeit europäischer Subventionen für Madeira senken. Firmen, die in dieser Freihandelszone registriert sind, können mit anderen Ländern steuergünstig Handel treiben und ihre Dienstleistungen anbieten.

Bankwesen

Das Bankensystem in Portugal ist gut geregelt und unterliegt der strengen Kontrolle der Bank von Portugal. Von Madeira aus kann man internationale Vermögenstransaktionen einfach, zügig und unkompliziert mit der ganzen Welt abwickeln. Als Mitglied der EU hat Portugal sich dabei den internationalen Standards angepasst. Neben anderen renommierten international tätigen Banken unterhalten auch alle größeren deutschen Banken Niederlassungen auf Madeira mit einem umfangreichen Service- und Dienstleistungsangebot.

OFFSHORE

1. **USA (Delaware)**
2. **Belize**
3. **Panama**
4. **British Virgin Islands**
5. **China (Hongkong)**
6. **Malaysia (Labuan)**
7. **Singapur**
8. **Caym an Islands**
9. **Bahamas**
10. **Vereinigte Arabische Emirate (Dubai)**
11. **Bermudas**
12. **Seychellen**
13. **Mauritius**
14. **Vanuatu**
15. **Turks and Caioo Islands**

1. USA (DELAWARE)

Region:	Nordamerika
Hauptstadt:	Washington D.C.
Fläche:	9.363.520 km^2
Einwohner:	ca. 281 Mio.
Währung:	US-Dollar
Zeitzone:	MEZ-6
Sprachen:	Englisch
Ethn. Gruppen:	Weiße (74 %), Schwarze (12 %) Hispanos (10,5 %), Asiaten (3,3 %)
Religionen:	Christen (85 %)
Staatsform:	Präsidiale Bundesrepublik (seit 1787)
Urbanisierung:	77 %

Hintergrund / Geschichte / Geografie

Delaware ist ein flächenmäßig kleiner Bundesstaat – die Staatsgröße entspricht der des Schweizer Kantons Bern –, der an der Ostküste der Vereinigten Staaten von Amerika, zwischen New York und Washington (District of Columbia) liegt. Die Bevölkerung Delawares beträgt circa. 800.000 Einwohner, am dichtesten ist der Bezirk New Castle besiedelt. Die Vereinigten Staaten von Amerika hatten nie eine Amtssprache, jedoch ist Englisch selbstverständlich immer die wichtigste Sprache des Landes gewesen. Die Immigranten von den Britischen Inseln, die den amerikanischen Staat gegründet haben, haben englisch gesprochen. Heute gehört auch Spanisch zu den meist gesprochenen Sprachen der USA.

Delaware wird der erste Bundesstaat der USA genannt, da seine Regierung 1787 als erste die Verfassung der Vereinigten Staaten von Amerika angenommen hat. Trotz der einheitlichen Verfassung der Vereinigten Staaten hat jeder Bundesstaat einschließlich Delaware eine bestimmte innere Unabhängigkeit und Selbstverwaltung. Verteidigung, Außenpolitik, Emission von Banknoten, Post, höhere Ebenen der Rechtssprechung, innere Sicherheit – all dies liegt im Zuständigkeitsbereich der Bundesregierung. Die Gesetzgebung der USA – und damit auch Delawares – beruht auf dem englischen Gewohnheitsrecht.

Wirtschaft / Infrastruktur

Die USA sind nach wie vor die wichtigste Wirtschaftsnation der Welt, diese Position stärkt und prägt auch die Wirtschaft Delawares. Wilmington mit seiner hoch entwickelten Chemieindustrie ist das Geschäftszentrum Delawares. Knapp 50 % aller Gesellschaften, deren Aktien an der New Yorker Börse gehandelt werden, sind in Delaware domiziliert (eingetragen). Zu den bekanntesten gehören sicherlich der Chemie-Riese Dupont und General Electric.

Die Währung ist der US-Dollar. Beste Verkehrs- und Kommunikationsverbindungen sind selbstverständlich.

Bankwesen

Durch seine geografisch günstige Lage in geringer Entfernung zu den sündhaft teuren und nicht besonders steuerfreundlichen Metropolen New York, Philadelphia und Washington D.C. ist der Staat besonders für Unternehmen aus der Banken- und Versicherungsbranche als Firmensitz interessant. Delaware gilt heute als eines der führenden Finanzzentren der USA und die Auswahl an Bankinstituten ist riesengroß.

2. BELIZE

Region:	Mittelamerika
Hauptstadt:	Belmopan
Fläche:	22.696 km^2
Einwohner:	ca. 200.000
Währung:	Belize-Dollar
Zeitzone:	MEZ-7
Sprachen:	Englisch, Spanisch
Ethn. Gruppen:	Mestizen (44 %), Kreolen (31 %), Maya (8 %)
Religionen:	Christen (91 %)
Staatsform:	Parlamentarische Monarchie im Commonwealth (seit 1981)
Urbanisierung:	47 %

Hintergrund / Geschichte / Geografie

Belize (bis 1973 Britisch-Honduras) ist ein malerisches und noch weitgehend unentdecktes Urlaubsparadies. Das Land liegt in Zentralamerika an der Südwestküste der Halbinsel Yukatan in der Karibik. Es hat eine Fläche von circa 23.000 Quadratkilometern und grenzt im Norden an Mexiko, im Westen beziehungsweise im Süden an Guatemala. Die Hauptstadt ist Belmopan, aber das wichtigste Geschäftszentrum ist Belize-City, das an der Ostküste neben dem wichtigsten internationalen Flughafen liegt. Belize hat circa 200.000 Einwohner, von denen circa 60.000 in Belize-Citiy wohnen. Die Amts- und Alltagssprache ist Englisch.

Belize wurde zu einer Kolonie der britischen Krone im Jahre 1862 und im Jahre 1981 erlangte es die Unabhängigkeit. Heute ist Belize ein unabhängiges demokratisches Land mit einer stabilen Regierung und Mitglied der britischen Staatengemeinschaft. Die Gesetzgebung beruht auf dem englischen Gewohnheitsrecht und ist auf der Grundlage der früheren Gesetzgebung der Britischen Jungfern-Inseln aufgebaut.

Wirtschaft / Infrastruktur

Die Haupteinnahmen Belizes kommen aus dem Tourismus. Tropischer Urwald, traumhafte Strände und Naturschutzgebiete mit reicher Flora und Fauna machen Belize zu einem Anziehungspunkt für Touristen aus der ganzen Welt.

Die Finanzindustrie leistet einen beträchtlichen Beitrag zum Nationaleinkommen. Die amtliche Währung ist der Belize-Dollar. Die Regierung unterstützt die wirtschaftliche Entwicklung des Landes und fördert ausländische Investitionen. Belize bietet mittlerweile eine exzellente Infrastruktur, hervorragende Kommunikationsmöglichkeiten und Flugverbindungen.

Bankwesen

Eine große Anzahl internationaler Banken und Finanzdienstleister hat sich seit der Verabschiedung der Gesetze für Financial Institutions (1995) und dem Offshore Banking Act (1996) in Belize angesiedelt. Zunehmend entwickelt sich der Bankplatz auch zu einer Konkurrenz für Panama und immer mehr US-Amerikaner mehren und sichern ihre Vermögenswerte mittlerweile in Belize.

3. PANAMA

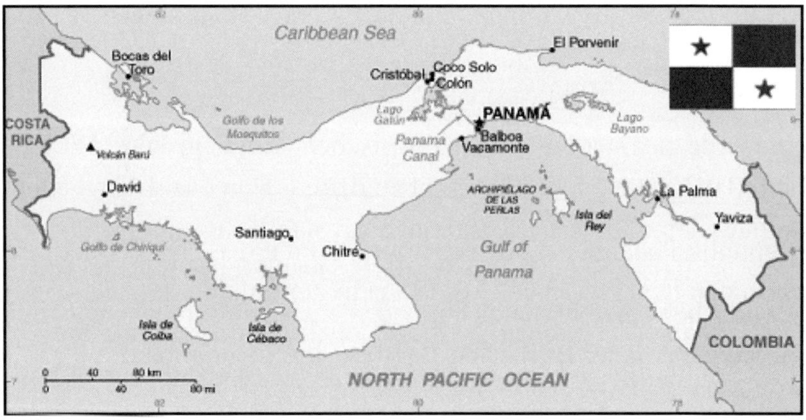

Region:	Mittelamerika
Hauptstadt:	Panama-Stadt
Fläche:	75.517 km^2
Einwohner:	ca. 2,9 Mio.
Währung:	Balboa
Zeitzone:	MEZ-6
Sprachen:	Spanisch, Englisch
Ethn. Gruppen:	Mestizen (64 %), Schwarze, Mulatten (14 %)
Religionen:	Christen (90 %), Muslime (5 %)
Staatsform:	Präsidiale Republik (seit 1972)
Urbanisierung:	56 %

Hintergrund / Geschichte / Geografie

Die Republik Panama hat ein Territorium von circa 75.500 Quadratkilometern und liegt zwischen Costa Rica in Zentralamerika und Kolumbien in Südamerika. Panamas Küste reicht vom Atlantik bis zum Pazifik. Auch aufgrund seiner geografischen Lage stellt Panama das wichtigste Verbindungsglied zwischen Nord- und Südamerika dar. Seine Hauptstadt Panama-Stadt liegt an der Pazifikküste an der Mündung des Panama-Kanals. Das Land hat eine Bevölkerungszahl von circa 2,9 Millionen Einwohnern, von denen etwa eine Million in Panama-Stadt leben. Amts- und Alltagssprache ist Spanisch. Englisch wird in den Städten gesprochen und vor allem im Geschäfts- und internationalen Handelsbereich benutzt. Panama-Stadt wurde im August 1515, fast hundert Jahre vor Entstehung einer ersten Siedlung in Nordamerika, durch die Engländer gegründet. Bis 1821 ist Panama spanische Kolonie gewesen, danach wurde es ein Teil von Simon Bolivars Gran Colombia. 1903 hat Panama die Beziehungen zu Kolumbien abgebrochen und ist eine unabhängige Republik geworden. Panamas Verfassung verankert die republikanische Regierungsform. Das Gesetz in Panama beruht auf dem spanischen Zivilkodex, wobei aber das auf dem Delaware-Modell basierende Gewohnheitsrecht vor allem im Gesellschaftsrecht starken Einfluss hat.

Wirtschaft/Infrastruktur

Mit modernen Transportsystemen zu Wasser, zu Lande und in der Luft sowie exzellenten Telekommunikationsverbindungen besitzt Panama eine der am weitesten entwickelten Infrastrukturen der Karibik und Mittelamerikas. Die freie Wirtschaftszone, die gemeinsam mit den Freihandelszonen in Dubai und Hongkong führend ist, befindet sich auf der Karibik-Seite und gilt als das (Handels-) Tor zwischen Asien und Amerika. Die in der freien Handelszone abgewickelten Geschäfte werden durch ein steuerrechtliches Sonderabkommen geregelt. Die Einfuhr aus allen Teilen der Welt und die Ausfuhr von Importwaren in andere Länder ist von allen in Panama geltenden Import- und Exportsteuern freigestellt. Die amtliche Währung ist der Balboa, der gemäß dem Geldabkommen mit den USA von 1904 neben dem US-Dollar Gültigkeit hat und frei konvertierbar ist. In Panama gibt es neben den US-Dollar-Scheinen keine eigenen Banknoten.

Bankwesen

Panama-Stadt bietet dem internationalen Anleger ein Bankenzentrum mit über 150 nationalen und internationalen Banken aller Größenordnungen. Auch die Dresdner Bank und mehrere Schweizer Banken sind beispielsweise mit großen Filialen präsent – ein Zeugnis von Stabilität. Panama-Banken bieten dabei eine vielfältige Dienstleistungspalette an und unterliegen einer modernen Bankenregulierung. Hoch qualifizierte Fachleute sind auch in der Anwalts- und Treuhandbranche vertreten.

4. BRITISH VIRGIN ISLANDS

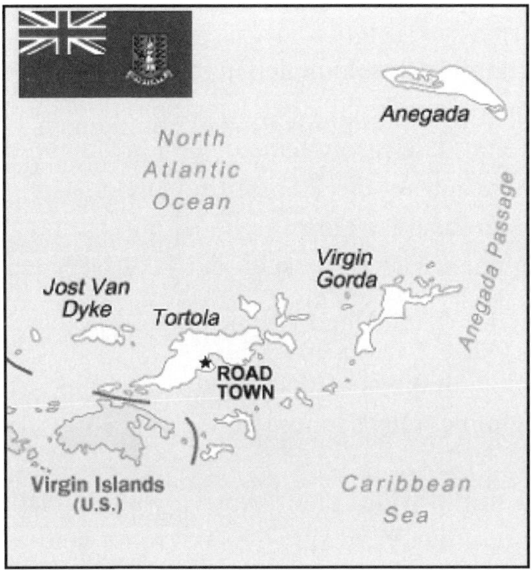

Region:	Karibik
Hauptstadt:	Road Town
Fläche:	153 km^2
Einwohner:	ca. 20.000
Währung:	US-Dollar
Zeitzone:	MEZ-5
Sprachen:	Englisch
Ethn. Gruppen:	Schwarze, Mulatten, Weiße
Religionen:	Mehrheitlich Christen
Staatsform:	Kronkolonie mit innerer Autonomie seit 1977

Hintergrund / Geschichte / Geografie

Die Britischen Jungfern-Inseln (der englische Ländername ist British Virgin Islands, BVI) liegen in Westindien, dem Ostteil der Karibik.

Dies ist eine Gruppe von kleineren Inseln und Korallenriffen (circa 100) im Nordteil des Archipels der sogenannten Kleinen Antillen, östlich von Puerto Rico gelegen.

Die Britischen Jungfern-Inseln liegen nordwestlich der Jungfern-Inseln der USA und sind davon durch einen Kanal mit der Breite von nur fünf Kilometern getrennt. Die Inseln haben eine Fläche von circa 153 Quadratkilometern und nur an die 20.000 Einwohner. Die größte und am meisten bevölkerte Insel ist Tortola. Sie ist durch eine Brücke mit der Insel Beef verbunden. Die Hauptstadt der BVI ist Road Town an der Südküste in der Nähe des Sir-Frances-Drake-Kanals. Amts- und Alltagssprache auf den BVI ist Englisch. Die Britischen Jungfern-Inseln wurden 1493 von Kolumbus entdeckt und waren einst ein strategisches Rückzugsgebiet von englischen und holländischen Piraten.

Die Inseln sind mittlerweile eine selbstverwaltete britische Kolonie. Das Ministersystem der Verwaltung funktioniert seit der Verabschiedung der Verfassung von 1977. Der von der britischen Krone ernannte Gouverneur ist für die Verteidigung und innere Sicherheit zuständig sowie für Außenpolitik, zivilrechtliche Angelegenheiten, Gerichts- und Finanzverwaltung. Die Regierungspolitik ist dabei liberal und stabil.

Wirtschaft/Infrastruktur

Die Wirtschaft gedeiht wie in nur wenigen Ländern der Karibik-Region und ist stark vom Tourismus abhängig, der circa ein Viertel des Nationaleinkommens einbringt. Zwischen den USA und den Inseln gibt es eine exzellente Flugverbindung mit einer Vielzahl von Linienflügen. Kreuzfahrt- und Frachtschiffe legen in den Häfen wöchentlich an.

Die Telekommunikationsinfrastruktur ist hervorragend ausgebaut. Die BVI haben eine gut entwickelte Geschäfts- und Experten-Infrastruktur und die Regierung fördert aktiv die Entwicklung von Finanzgeschäften mit modernsten Möglichkeiten.

Die amtliche Währung auf den BVI ist der US-Dollar.

Bankwesen

Der Boom des Bankensystems begann vor allem in der Zeit, als viele Fachleute, insbesondere Anwälte und Treuhänder in der Zeit des Noriega-Regimes Panama verließen. ihre Büros auf den BVI einrichteten und dorthin ausgewandert sind. Zahlreiche nationale und internationale Banken von der holländischen ABN Amro Bank bis zur Liechtensteinischen VP Bank haben Niederlassungen auf den BVI und sind auf alle Geschäftsbereiche der modernen Vermögenssteuerung spezialisiert.

5. China (Hongkong)

Region:	Asien
Hauptstadt:	Peking
Fläche:	ca. 9,5 Mio. km^2 (China)
Einwohner:	ca. 1,3 Mrd. (China)
Währung:	Yuan (Renminbi)
Zeitzone:	MEZ+7
Sprachen:	Chinesisch
Ethn. Gruppen:	Han-Chinesen (92 %), Zhuang (1,4 %), Hui (0,8 %)
Religionen:	Volksreligionen (20,1 %), Buddhisten (6 %), Muslime (2 %)
Staatsform:	Sozialistische Volksrepublik
Urbanisierung:	32 %

Hintergrund / Geschichte / Geografie

Hongkong (duftender Hafen) liegt im ostchinesischen Meer. Hongkong besteht aus einer großen Zahl von Inseln und einem Kontinentteil mit der Gesamtfläche von circa 1066 Quadratkilometern. In der ehemaligen britischen Kolonie leben circa sieben Millionen Menschen, die hauptsächlich chinesischer Abstammung sind. Die Stadt ist damit einer der bevölkerungsreichsten Orte der Welt.

Amtssprachen sind Englisch und Chinesisch, wobei Englisch im geschäftlichen Bereich und in der Politik verwendet wird, während Chinesisch in der Industrie und im nationalen Handel Anwendung findet.

Die Insel Hongkong, die Halbinsel Zjulun und andere neue Territorien wurden 1842 für eine unbegrenzte Zeit laut dem Vertrag von Nankin an Britannien übergeben. Im Jahre 1898 wurden sie für 99 Jahre von Großbritannien an China verpachtet. Bis zum 01. Juli 1997 war Hongkong eine Kolonie der britischen Krone. Der Gouverneur, der von der Königin/dem König ernannt wurde, leitete die Regierung.

Gemäß dem chinesisch-britischen Abkommen vom Dezember 1984 wurde Hongkong am 01. Juli 1997 wieder an China zurückgegeben. Es ist derzeit eine Administrative Sonderregion (ASR) innerhalb der Republik China, mit eigener Gesetzgebung und eigenem Exekutiv- und Rechtssystem, das garantiert im Laufe von 30 Jahren nicht verändert werden kann.

Hongkong gilt als Tor zu China und profitiert angesichts der Umbrüche und der Öffnung Chinas hin zur westlichen Welt.

Wirtschaft/Infrastruktur

China modernisiert seine Wirtschaft und gerade hier kommt Hongkong eine führende Rolle zu. Gemäß der Philosophie „ein Land – zwei Systeme" bleiben in Hongkong das kapitalistische System, die Gesetzgebung und der Lebensstil unberührt erhalten. Das Land bleibt ein freier Hafen mit freiem Kapitalzufluss und frei konvertierbarer Währung – dem Hongkong-Dollar, der offiziell an den US-Dollar gebunden ist.

Des weiteren verfügt Hongkong über ausgezeichnete Verkehrsanbindungen, eine hochtechnologische Infrastruktur und eine ideale geografische Lage in der asiatischen Welt.

Bankwesen

Hongkong ist in Südostasien ein führendes Geschäfts- und Finanzzentrum. Neben New York, London und Tokio stellt Hongkong eines der größten Finanzzentren der Welt dar. Es gibt weit mehr als 160 lizenzierte Banken, wobei über 130 Auslandsbanken in Hongkong Niederlassungen haben. Darüber hinaus haben weit über 200 Bankvertretungen eine Lizenz für die Annahme von Einlagen. Es gibt ausgezeichnete Möglichkeiten zur Inanspruchnahme diverser Expertenleistungen.

6. Malaysia (Labuan)

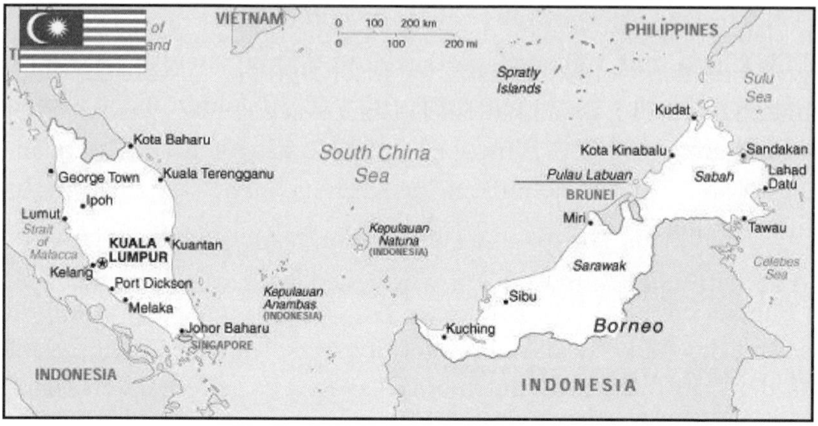

Region:	Ostasien
Hauptstadt:	Kuala Lumpur
Fläche:	329.758 km^2
Einwohner:	ca. 22,2 Mio.
Währung:	Ringgit
Zeitzone:	MEZ+7
Sprachen:	Bahasa Malaysia, Chinesisch
Nationalitäten:	Malaien (58 %), Chinesen (26 %), Inder (7 %)
Religionen:	Muslime (53 %), Buddhisten (17,3 %), Chin. Volksreligion (12 %), Hindus (7 %), Christen (6,5 %)
Staatsform:	Parlamentarische Volksmonarchie (seit 1963)
Urbanisierung:	57 %

Region:	Ostasien
Hauptstadt:	Singapur
Fläche:	618 km^2
Einwohner:	ca. 3,6 Mio.
Währung:	Singapur-Dollar
Zeitzone:	MEZ+7
Sprachen:	Englisch, Malaiisch, Chinesisch
Ethn. Gruppen:	Chinesen (77 %), Malaien (14 %), Inder (8 %)
Religionen:	Buddhisten (34 %), Taoisten (20 %), Muslime (15 %)
Staatsform:	Parlamentarische Republik (seit 1959)
Urbanisierung:	annähernd 100 %

Hintergrund / Geschichte / Geografie

Die Republik Singapur liegt auf der Insel Singapur und einer Gruppe von kleineren Inseln südlich der Halbinsel Malacca. Von Malacca wird Singapur durch die Johore-Meerenge getrennt und von Indonesien durch die Singapur-Meerenge. Das Gesamtterritorium des Landes beträgt über 618 Quadratkilometer und seine Bevölkerung beläuft sich auf 3,6 Millionen Einwohner. Knapp 80 % der Einwohner sind chinesischer Abstammung, die restlichen 20 % sind überwiegend Malaysier und Inder. Menschen verschiedener Nationalitäten und Religionen leben weitestgehend harmonisch in dem politisch stabilen Land. Die Hauptstadt heißt auch Singapur und ist eines der größten Ballungsgebiete Südostasiens. Die Staatssprachen sind Englisch (das auch im Alltag am häufigsten benutzt wird) sowie Chinesisch und Malaysisch.

Die Republik Singapur gehört zur britischen Staatengemeinschaft. Bis 1963 war Singapur eine Kolonie Großbritanniens. In den Jahren 1963 bis 1965 wurde Singapur Mitglied der Föderation Malaysia. Die sozialwirtschaftliche Entwicklung des Landes unterliegt einer wachsamen Kontrolle der Regierung Singapurs. Diese Strategie einer permanenten

Planung und strikten Verwaltung hat zur Etablierung eines der politisch stabilsten und korruptionsärmsten Länder der Welt geführt. Infolge enger Beziehungen mit Großbritannien gilt im Land das System des Gewohnheitsrechts.

Wirtschaft / Infrastruktur

Dank seiner strategisch günstigen Lage an den wichtigsten See- und Luftwegen Asiens ist Singapur ein Zentrum der Geschäfts- und Investitionstätigkeit der Region. Im Land ist die Infrastruktur exzellent entwickelt. Es gibt moderne Telekommunikationsmittel und ein modernes Verkehrsnetz u.a. mit modernsten Autobahnsystemen. Im Land gibt es Flug- und Seehäfen. Häfen im wahrsten Sinne des Wortes, d. h. Zoll- und Einfuhrgebühren werden auf viele Artikel nicht erhoben. Im Land gibt es einen regionalen Knotenflughafen, über den Flüge zu weit über 100 Zielorten erfolgen.

Singapurs Regierung schafft sehr gute Bedingungen für ausländische Investoren, indem sie ihnen wesentliche steuerliche und finanzielle Begünstigungen bietet. Dies ist somit ein idealer Rahmen für die Gründung von Holdinggesellschaften oder der Eröffnung von Firmenhauptquartieren. Außerdem bietet sich Singapur als Basis für Auslandsinvestitionen in die sich aktiv entwickelnde Wirtschaft anderer Länder Asiens, wie zum Beispiel China, Indien, Vietnam oder Thailand an.

Die lokale Währung ist der Singapur-Dollar.

Bankwesen

Singapur ist eines der führenden internationalen Finanzzentren. Vertreter der größten internationalen Banken, Finanzinstitute, Gesellschaften zur Verwaltung von Investitionen, Buchführungs- und Anwaltsfirmen sind bereit, internationalen Investoren ein weites Spektrum an Serviceleistungen anzubieten.

8. CAYMAN ISLANDS

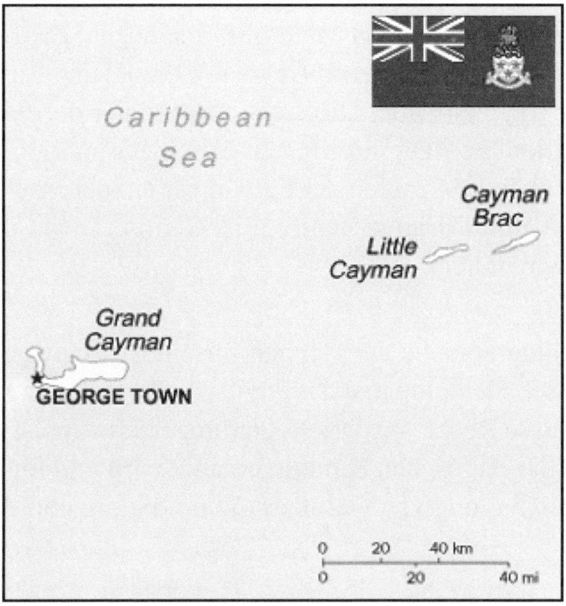

Region:	Karibik
Hauptstadt:	George Town
Fläche:	259 km^2
Einwohner:	ca. 36.000
Währung:	Cayman Dollar
Zeitzone:	MEZ-6
Sprachen:	Englisch
Ethn. Gruppen:	Schwarze, Mulatten, Weiße
Religionen:	mehrheitlich Christen
Staatsform:	Kronkolonie mit beschränkter Selbstverwaltung seit 1959

Hintergrund / Geschichte / Geografie

Die Cayman-Inseln sind eine Inselgruppe in der Karibik (Westindien), die circa 1.150 km südlich von Miami/Florida liegen. Zu den Inseln gehören die Große Cayman (Grand Cayman), die Kleine Cayman (Little Cayman) und Cayman-Brac. Die Gesamtfläche der drei Inseln beträgt 259 Quadratkilometer. Die drei Inseln haben zusammen circa 36.000 Einwohner, wobei der Großteil der Einwohner auf der Insel Grand Cayman lebt. Das administrative Zentrum ist George Town, das ebenfalls auf Grand Cayman liegt.

Amts- und Alltagssprache der Cayman-Inseln ist Englisch. Die Inseln sind eine britische Kolonie und das englische Parlament behält sich daher das legislative Recht vor. Das Regierungsoberhaupt ist der Gouverneur, der von der englischen Königin ernannt wird und für die gesamte Zivilsphäre, Einhaltung von Gesetzen, Verteidigung und Außenpolitik zuständig ist.

Das Gewohnheitsrecht auf den Cayman Inseln beruht auf dem englischen Gewohnheitsrecht (common law).

Wirtschaft / Infrastruktur

Die Wirtschaft ist hoch entwickelt. Auf den Inseln ist praktisch die gesamte arbeitsfähige Bevölkerung berufstätig, wobei die meisten Einwohner in der Tourismus- oder der Finanzbranche beschäftigt sind. Auf den Inseln sind auch die tropische Landwirtschaft, die holzverarbeitende Industrie und die Fischerei hoch entwickelt.

Es gibt ausgezeichnete weltweite Kommunikationsmöglichkeiten. Gut entwickelt ist auch das System der Luftverbindungen. Fluggesellschaften wie Cayman Airways oder die großen amerikanischen, sowie weitere internationale Fluggesellschaften steuern die Insel an. Die Caymans liegen nur eine Flugstunde von Miami entfernt und sind auch ein beliebter Ankerpunkt für Kreuzfahrtschiffe.

Die amtliche Währung der Inseln ist der Cayman-Dollar. Es gibt keine Devisenkontrollen und auch sonst keine gravierenden Einschränkungen für Fonds oder Trusts auf den Caymans.

Bankwesen

Auf den Cayman-Inseln ist das Angebot an Anwalts-, Finanzprüfer- und Bankendienstleistungen ausgezeichnet. Die Verbundenheit mit Großbritannien garantiert politische Stabilität.

Die Cayman-Inseln sind ein wichtiges Finanzzentrum. Viele Finanzinstitute haben die Cayman-Inseln als Domizil gewählt und es sind über 500 Banken dort registriert. Gerade eine Vielzahl von Hedgefonds nutzt die Inseln als Domizil.

9. BAHAMAS

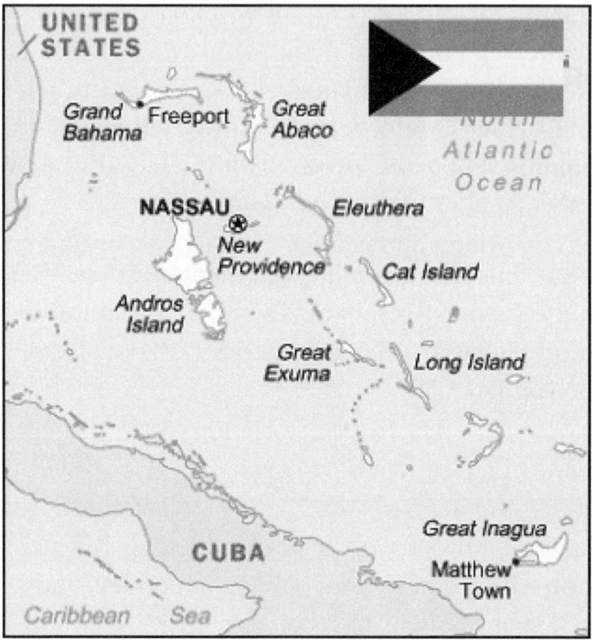

Region:	Mittelamerika
Hauptstadt:	Nassau
Fläche:	13.878 km^2
Einwohner:	ca. 310.000
Währung:	Bahama-Dollar
Zeitzone:	MEZ-6
Sprachen:	Englisch
Ethn. Gruppen:	Schwarze (85 %), Weiße (12 %), Asiaten, Hispanier
Religionen:	Christen (95 %),
Staatsform:	Parlamentarische Monarchie (seit 1973)
Urbanisierung:	87 %

Hintergrund / Geschichte / Geografie

Die Bahamas sind eine Gruppe von ca. 700 Inseln und 2300 Korallenriffen im Atlantik, die ein Territorium von knapp 14.000 Quadratkilometern erschließen und südlich von Palm Beach (Florida) beziehungsweise nördlich von Haiti und Kuba liegen. Die Hauptstadt Nassau liegt auf New Providence, die eine Fläche von 215 Quadratkilometern einnimmt. Die zweitgrößte Stadt Freeport liegt auf Grand Bahama, deren Fläche 1.370 Quadratkilometer beträgt. Freeport liegt nur 60 Kilometer von Miami entfernt. Nur 20 der Inseln sind bewohnt. Die Bahamas haben circa 310.000 Einwohner.

Die Amts- und Alltagssprache ist Englisch.

St. Salvador war die erste Insel der Neuen Welt, die von Kolumbus 1492 entdeckt worden ist. Die Bahamas haben seit dem 17. Jahrhundert eine Vertretungsform der Staatsmacht und sind somit die älteste demokratische Republik auf der westlichen Halbkugel. Bis 1973 waren die Inseln eine britische Kolonie. Das politische und legislative System ist dem britischen sehr ähnlich. Der von der britischen Regierung nominierte Generalgouverneur ist für Verteidigung, Außenpolitik und innere Sicherheit der Bahamas zuständig. Der gewählte Ministerpräsident leitet die Regierung. Auf den Inseln gelten die Gesetze, die vom britischen Parlament verabschiedet worden sind, sowie das auf dem britischen common law aufbauende Gewohnheitsrecht.

Wirtschaft / Infrastruktur

Die Grundlage der Wirtschaft auf den Bahamas bildet die Tourismusindustrie, die über die Hälfte aller Einnahmen des Staates einbringt, sowie Finanz- und Handelstätigkeiten. Die wichtigsten Industriebranchen sind Förderung und Verarbeitung von Erdöl, Erdgas und Aragonit. Die Landwirtschaft spielt eine untergeordnete Rolle.

Die Bahamas verfügen über ausgezeichnete Telekommunikationseinrichtungen. Die Inseln sind mittels regelmäßiger Flugverbindungen mit den wichtigsten internationalen Flughäfen verbunden. Außer dem Internationalen Flughafen in Nassau auf der New Providence Insel gibt es Flugpisten in Freeport sowie über 50 Geschäftsflughäfen.

Die Regierung fördert internationale Investitionen mit einer liberalen Gesetzgebung.

Die auf den Inseln gebräuchliche Währung ist – neben dem US-Dollar – der Bahama-Dollar.

Bankwesen

Auf den Inseln gibt es ein exzellentes Netz international agierender Banken. Circa 400 Bankinstitute haben die Bahamas als Domizil gewählt. Sie unterliegen damit der Bank- und Trustverordnung von 1965. Weltweit agierende Finanzdienstleister und Fonds koordinieren häufig ebenfalls von den Bahamas aus ihre Geschäftstätigkeiten.

10. Vereinigte Arabische Emirate (Dubai)

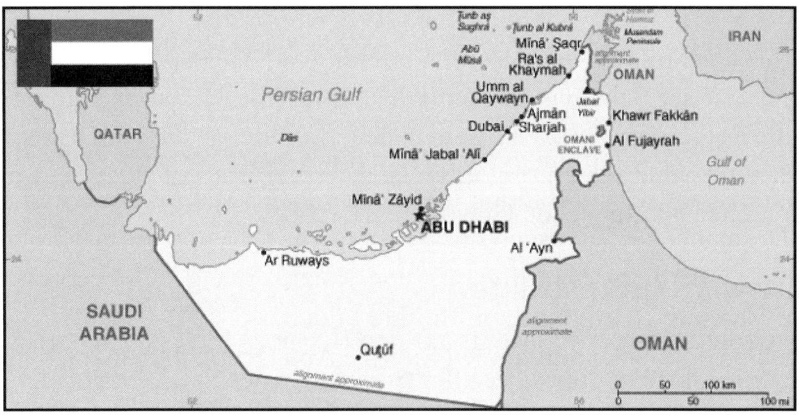

Region:	Naher Osten
Hauptstadt:	Abu Dhabi
Fläche:	83.600 km^2
Einwohner:	ca. 2,4 Mio.
Währung:	Dirham
Zeitzone:	MEZ+3
Sprachen:	Arabisch, Englisch
Nationalitäten:	Araber (87 %), Pakistani, Inder (10 %), Iraner (2 %)
Religionen:	Muslime (96 %)
Staatsform:	Föderation von 7 Emiraten (seit 1971)
Urbanisierung:	85 %

Hintergrund / Geschichte / Geografie

Die Vereinigten Arabischen Emirate liegen an der Südküste des Persischen Golfes und umfassen circa 83.600 Quadratkilometer mit ca. 2,4 Millionen Einwohnern. Die Hauptstadt ist Abu Dhabi. Im Jahre 1968 kündigte Großbritannien die Auflösung seiner Stützpunkte „östlich von Suez" an. Daraufhin unterzeichneten die Herrscher von sieben kleinen Emiraten sowie von Bahrain und Katar einen Föderationsvertrag. Am 2. Dezember 1971 wurden die Vereinigten Arabischen Emirate unabhängig, allerdings ohne Bahrain und Katar, die eigene Wege gingen. Die Vereinigten Arabischen Emirate bilden seit ihrer Unabhängigkeit eine Föderation der autonomen Emirate Abu Dhabi, Ajman, Dubai, Fujairah, Ras al Kaimah, Sharjah und Um Al Quwain. Dieser Föderation kann nach der provisorischen Verfassung von 1971 jedes arabische Land beitreten.

Wichtigstes Machtorgan ist der Oberste Rat, der sich aus den Herrschern der einzelnen Emirate zusammensetzt. Die bedeutendsten Emirate Abu Dhabi und Dubai besitzen ein Vetorecht.

Die einzelnen Emirate verfügen über eigene Verwaltungen, die selbst Budgethoheit haben und von der Zentralregierung weitgehend unabhängig sind.

Wirtschaft/Infrastruktur

Der Anteil des Erdöls und Erdgases am Bruttoinlandsprodukt (BIP) betrug im Jahre 2002 nur noch ca. 30 Prozent, nachdem er Anfang der Neunzigerjahre noch nahezu 50 Prozent des BIP ausmachte. Die Verantwortlichen haben erkannt, dass die auf der Ölförderung basierenden Einnahmequellen zeitlich begrenzt sind und daher durch nachhaltige Investitionen ersetzt werden müssen. So fördern die Emirate massiv die Ansiedlung ausländischer Unternehmen und Investoren in Freihandelszonen und bieten diesen exzellente Rahmenbedingungen. Die wichtigsten Pluspunkte sind die hochmoderne Infrastruktur, die liberale Wirtschaftsverfassung mit unbeschränktem Kapital- und Gewinntransfer, Steuerbefreiungen, niedrige Zölle, minimale Lohnkosten und qualifizierte Arbeitskräfte. Weitere Vorteile liegen in der politischen Stabilität, dem modernen Gesundheits- und Bildungswesen, der hohen sozialen und religiösen Toleranz sowie im allgemein hohen Lebensstandard.

Die Währung ist der Dirham.

Bankwesen

In Dubai entsteht ein Internationales Finanzzentrum namens „Dubai International Financial Centre“ (DIFC). Vertreter der internationalen Bankenwelt planen umfangreiche Tätigkeiten am Bankplatz Dubai. So hat beispielsweise die HSBC Niederlassungen in Dubai und Abu Dhabi, aber auch die Deutsche Bank, die schweizerische Julius Bär und zahlreiche weitere internationale Banken sind vor Ort oder werden demnächst vor Ort sein. Auch weitreichende Kooperationen mit etablierten Weltbörsen sind in Planung. Um dem Finanzzentrum von Anfang an internationale Reputation zu verleihen, hat man eine unabhängige Aufsichtsbehörde geschaffen, die DIFC Regulatory Authority.

11. BERMUDAS

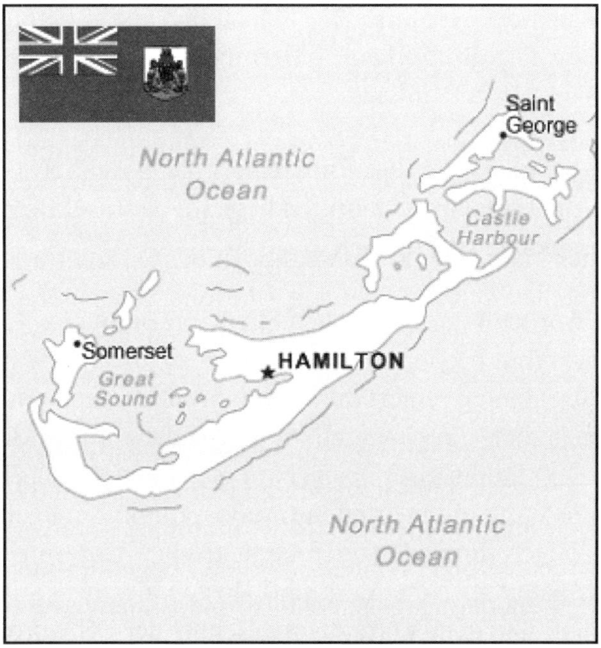

Region:	Nordamerika
Hauptstadt:	Hamilton
Fläche:	53 km²
Einwohner:	ca. 63.500
Währung:	Bermuda-Dollar
Zeitzone:	MEZ-5
Sprachen:	Englisch, Portugiesisch
Ethn. Gruppen:	Schwarze, Mulatten, Weiße
Religionen:	Mehrheitlich Christen
Staatsform:	Kronkolonie mit innerer Autonomie seit 1968

Hintergrund / Geschichte / Geografie

Die Bermuda-Inseln bestehen aus circa 150 kleineren Koralleninseln im Nordwesten des Atlantik. Die Fläche der Inseln beträgt 53,3 Quadratkilometer. Die größte Insel – Bermuda – ist die Spitze eines erloschenen Unterwasser-Vulkans.

Die Inseln haben ca. 64.000 Einwohner, hauptsächlich Europäer und Afrikaner. Die Hauptstadt Hamilton liegt auf der Insel Bermuda. Amts- und Alltagssprache ist Englisch.

Die Inseln wurden vom spanischen Seemann Bermudes 1522 entdeckt und sind nach ihm benannt. Bis heute sind sie die älteste britische Kolonie. Großbritannien regiert die Bermudas über einen ernannten Gouverneur. Bezüglich ihrer inneren Angelegenheiten sind die Bermudas jedoch seit 300 Jahren ein selbstverwaltetes Land. Großbritannien verantwortet die Verteidigung und die Außenpolitik. Zugleich können die Bermudas wegen ihrer günstigen strategischen Lage im Nordatlantik (wesentlich näher zu New York und Bosten als zur Karibik) von der Nachbarschaft und dem Verteidigungsschutz der USA profitieren.

Verwaltet werden die Bermudas von einer gewählten Versammlungskammer. Das legislative System beruht auf dem englischen common law, das gemäß dem Verfassungsrecht der Bermudas von 1968 modifiziert wurde. Dies gewährt eine stabile Politik und Gesetzgebung.

Wirtschaft / Infrastruktur

Die Bermudas sind eines der Länder mit dem höchsten Pro-Kopf-Einkommen der Welt. Die Verantwortlichen nützen erfolgreich die günstige geografische Lage der Inseln und bieten hervorragende Tourismus- und Finanzservices. Der Industriesektor ist klein, und die Möglichkeiten für die Landwirtschaft sind durch Mangel an Boden eingeschränkt. 80 Prozent aller Lebensmittel werden eingeführt.

Die Inseln haben ausgezeichnete Fluganbindungen, eine auch sonst gut ausgebaute Verkehrsinfrastruktur und ein modern erschlossenes Telekommunikationssystem. Die Anbindung der Außen- und Sicherheitspolitik an Großbritannien sorgt für eine hohe soziale und wirtschaftliche Stabilität.

Die Rechtssprechung erfolgt nach dem englischen common law. Landeswährung ist der Bermuda-Dollar, welcher pari an den US-Dollar gekoppelt ist.

Bankwesen

Neben zahlreichen niedergelassenen international tätigen Banken sind auf den Bermudas Versicherungsgeschäfte (**Captives**) hoch entwickelt. Nach London und New York sind die Bermudas das wichtigste Zentrum für Versicherungsgeschäfte.

12. SEYCHELLEN

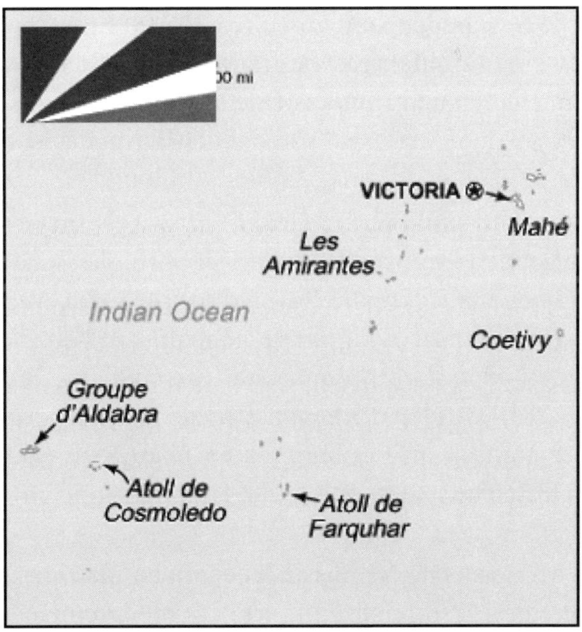

Region:	Afrika
Hauptstadt:	Victoria
Fläche:	455 km^2
Einwohner:	ca. 80.000
Währung:	Seychellen-Rupie
Zeitzone:	MEZ
Sprachen:	Französisch, Englisch, Kreolisch
Ethn. Gruppen:	Kreolen (90 %), Inder (5 %), Madagassen (3 %)
Staatsform:	Präsidiale Republik (seit 1976)
Urbanisierung:	60 %

Hintergrund / Geschichte / Geografie

Die Seychellen sind eine Inselgruppe von 115 kleinen Inseln und Korallenriffen im Indischen Ozean nördlich von Madagaskar. Die Gesamtfläche der Inseln beträgt 455 Quadratkilometer. Die größte Insel Mahe hat die Fläche von 143 Quadratkilometern mit der Hauptstadt Victoria. Die Seychellen sind von circa 80.000 Einwohnern bevölkert. Die meisten sind Nachfahren von französischen Siedlern von Kreolen, britischen Seeleuten und Handelsleute aus Indien, China und dem mittleren Osten.

Die Amtssprachen sind Englisch und Französisch. Im Geschäftsbereich wird hauptsächlich Englisch benutzt. Der portugiesische Reiseforscher Vasco da Gama entdeckte die Seychellen 1498. Im August 1770 sind Franzosen auf die Insel St. Anna gekommen und haben dort eine erste Siedlung gegründet. Zwei Jahre später entstand eine Siedlung auf der Insel Mahe. 1814 wurden die Seychellen zusammen mit Mauritius nach dem Pariser Vertrag an Großbritannien übergeben (davor waren die Seychellen britische und französische Kolonie zugleich).

Erst 1960 wurden erste Verfassungsreformen durchgesetzt. Die Seychellen wurden 1976 unabhängig von Großbritannien und das Land setzt seitdem seine wirtschaftliche, soziale und politische Entwicklung fort. Heute sind die Seychellen eine unabhängige Präsidentschaftsrepublik, die der britischen Staatengemeinschaft angehört. 1993 wurde eine neue Verfassung verabschiedet, mit dem Ziel die Seychellen zu einem internationalen Geschäftszentrum zu entwickeln. Das Zivilrecht basiert auf dem Zivilkodex von Napoleon Bonaparte, während die Körperschaftsgesetze und das Strafrecht sich auf das englische Gewohnheitsrecht stützen.

Wirtschaft / Infrastruktur

Die Wirtschaft der Seychellen basiert im Wesentlichen auf Tourismus und Fischerei. Die industrielle Fischerei spielt eine ständig wachsende Rolle. Sie erzielt Gewinne aus der Fischwarenproduktion, aber auch aus der Lizenzvergabe an ausländische Fischereischiffe. Ein weiterer wichtiger Wirtschaftsfaktor ist beispielsweise der Export von Kokosnüssen und Zitrusfrüchten.

Die Seychellen haben ein hoch entwickeltes System von Fluglinien. Der internationale Flughafen mit drei Kilometer langen Pisten sowie die modernen Passagier- und Güterflugzeuge zählen zu den besten im Indischen Ozean. Der Hafen von Victoria ist mit moderner Infrastruktur ausgestattet und damit tauglich für den internationalen Fracht- und Kreuzfahrtschiffsverkehr.

Eine der modernsten Telekommunikationssysteme wurde mittlerweile ebenfalls auf den Inseln installiert. Die amtliche Währung ist die Seychellen Rupie.

Bankwesen

Die sich rasch entwickelnde Finanzbranche, die Gründung der internationalen Geschäftszone und neue fortschrittliche Gesetze, die vor allem die Gründung von Gesellschaftsstrukturen und Investitionen vor Ort vereinfachen, sind wichtige Faktoren der Wirtschaftsentwicklung. Vielversprechend ist die Verankerung einer freien Wirtschaftszone. Immer mehr internationale Banken und Versicherungsgesellschaften gründen auf den Seychellen Tochtergesellschaften und Niederlassungen, die den Kunden Expertenhilfe zusammen mit den örtlichen Geschäfts-, Prüfungs- und Anwaltsfirmen bieten.

13. MAURITIUS

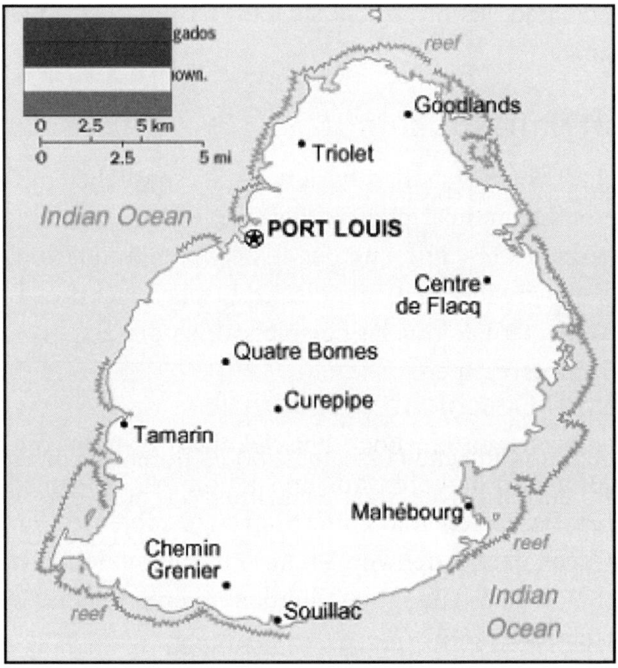

Region:	Afrika
Hauptstadt:	Port Louis
Fläche:	2.040 km^2
Einwohner:	ca. 1,2 Mio.
Währung:	Rupie
Zeitzone:	MEZ+3
Sprachen:	Englisch, Kreolisch, Hindi u.a.
Ethn. Gruppen:	ndo-Pakistani (68 %), Kreolen (27 %), Chinesen (3 %), Weiße (3 %)
Religionen:	Hindus (52 %), Christen (29 %), Muslime (17 %)
Staatsform:	Republik (seit 1992)
Urbanisierung:	100 %

Hintergrund / Geschichte / Geografie

Mauritius liegt im Indischen Ozean ca. 800 Kilometer von der Ostküste Madagaskars entfernt. Der Staat Mauritius vereinigt eine Inselgruppe mit der Gesamtfläche von 2.040 Quadratkilometern. Die größte Insel ist Mauritius mit 1.865 Quadratkilometern.

Die Inseln haben 1,2 Millionen Einwohner, die hauptsächlich europäischer, afrikanischer, indischer und chinesischer Abstammung sind. Dies hat eine einzigartige Vermischung von Rassen, Kulturen und Religionen herbeigeführt. Mauritius ist stolz darauf, dass unterschiedliche Kulturen friedlich nebeneinander leben und sich wechselseitig ergänzen, was eine unverwechselbare neue – mauritische – Kulturformation geschaffen hat. Die Hauptstadt von Mauritius ist Port Louis. Die Staatssprache von Mauritius ist Englisch, aber die Bevölkerung ist hauptsächlich zweisprachig und spricht sowohl englisch als auch französisch.

Die Briten regierten Mauritius 158 Jahre lang bis zum 12. März 1968. An diesem Tag wurde das Land unabhängig im Rahmen der britischen Staatengemeinschaft. Davor war Mauritius lange im Besitz der Holländer. Die Republik Mauritius hat einen Präsidenten, der Staatsoberhaupt und Oberbefehlshaber zugleich ist. Die Exekutivmacht bleibt dem Premierminister vorbehalten, der die Regierung leitet.

Ein stabiles Verhältnis zum politischen Mehrparteiensystem zeichnet das Land aus. Die Gesetzgebung orientiert sich am Vorbild des britischen common law.

Wirtschaft / Infrastruktur

Mauritius ist ein Agrar-Industrie-Land, das von Auslandsinvestitionen abhängig ist. Die wichtigsten Wirtschaftsbranchen sind die verarbeitende Industrie, der Tourismus sowie die Landwirtschaft, die ihre Einkünfte aus dem Anbau von Zuckerrohr, Tabak und Früchten sowie aus Tierhaltung und Fischfang erzielt. Außerdem gibt es noch Erdölverarbeitungsbetriebe, Diamantenverarbeitung und Betriebe der elektrotechnischen Industrie. Die wichtigsten ausländischen Handelspartner von Mauritius sind u. a. Großbritannien, Frankreich, Deutschland und Bahrain. Die Fluganbindungen und der Seeverkehr von und nach Mauritius sind bestens ausgebaut und das Kommunikationsnetz entspricht modernstem Standard. Die Lokalwährung ist die Mauritische Rupie.

Bankwesen

Die Finanzbranche ist auch aufgrund einer liberalen Wirtschafts- und Finanzpolitik stark im Kommen und eine Vielzahl von ausländischen Banken haben sich bereits auf der Insel angesiedelt. Sie betreiben dort internationales Banking auf höchstem Niveau. Gerade französische Banken wie die BNP Paribas sind präsent und seit langem auf Mauritius international tätig.

14. VANUATU

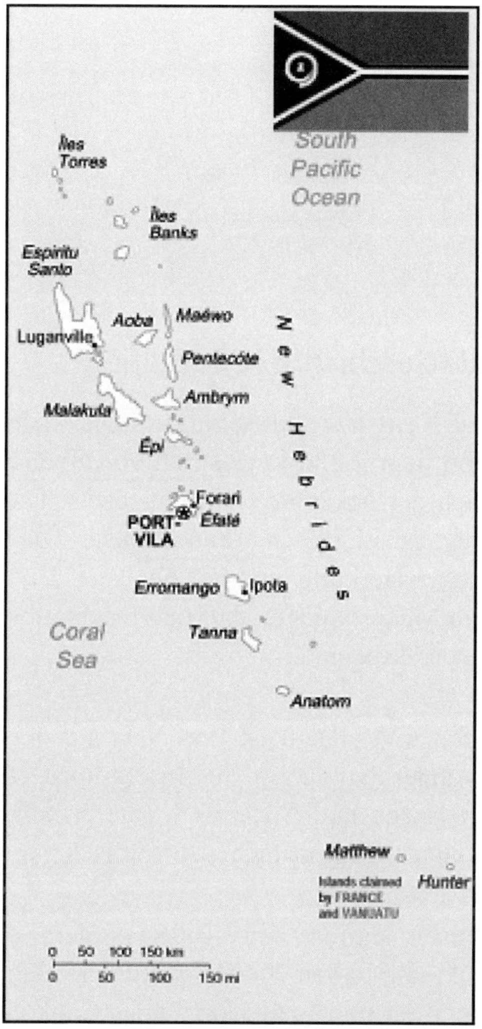

Region:	Ozeanien
Hauptstadt:	Port Vila
Fläche:	12.189 km^2

Einwohner:	ca. 200.000
Währung:	Vatu
Zeitzone:	MEZ+10
Sprachen:	Englisch, Französisch, Bislama
Ethn. Gruppen:	Melanesier (98 %)
Religionen:	Christen (77 %)
Staatsform:	Parlamentarische Republik (seit 1980)
Urbanisierung:	20 %

Hintergrund / Geschichte / Geografie

Vanuatu ist eine Kette aus 80 Inseln im südwestlichen Teil des Pazifik. Die Inselgruppe liegt 2.250 km östlich von Sydney (Australien) und 800 km westlich der bekannten Fidschi-Inseln. Die Landesfläche des Archipels beträgt ca. 12.189 Quadratkilometer. Die Inseln sind vorwiegend vulkanischer Herkunft und die höchsten Berge sind über 1.800 Meter über dem Meeresspiegel. Auf den Inseln gibt es ca. 60 Vulkane, wovon zehn noch aktiv sind.

Die Hauptstadt von Vanuatu ist Port Vila auf der Insel Efate. Circa 200.000 Einwohner bevölkern die Inselgruppe. Amtssprachen sind Englisch, Französisch und Bislamisch (die örtliche Hybrid-Sprache). Die Geschäfts- und Alltagssprache ist Englisch.

Die Vanuatu-Inseln sind im Jahre 1606 von dem spanischen Seemann P. Siros entdeckt und in den 70er Jahren des 18. Jahrhunderts von dem berühmten Seefahrer und Entdecker James Cook erschlossen worden. Letzterer hat ihnen den Namen „Neue Hybriden“ gegeben. Die Neuen Hybriden wurden zum einzigen Territorium der Welt, das von verschiedenen Staaten verwaltet wird. Dieses Verwaltungsabkommen wurde durch die Londoner Konvention vom 20. Oktober 1906 zwischen Großbritannien und Frankreich getroffen. Dieser Vertrag erklärte die Inseln zur „Region gemeinsamer Interessen“. Nach langem Kampf um die

Vorherrschaft zwischen Großbritannien und Frankreich, an dem sich auch andere Nationen (zum Beispiel Australien) beteiligten, erlangten die Inseln erst am 30. Juli 1980 die Unabhängigkeit. Zu diesem Zeitpunkt wurde die Verfassung angenommen und die Republik Vanuatu gegründet.

Auf Vanuatu herrscht eine parlamentarische Demokratie. Staatsoberhaupt ist der Präsident, der aber nur sehr beschränkte exekutive Vollmachten hat. Die legislative Macht ist durch eine Kammer, das Parlament, vertreten, die sich aus vom Volk gewählten Abgeordneten zusammensetzt.

Das politische und rechtliche System von Vanuatu folgt in vielem dem britischen System. Die Parlamentsdemokratie beruht auf dem Westminster-System, die Gesetzgebung basiert auf dem Gewohnheitsrecht Englands.

Laut Verfassung gelten in Vanuatu beim Fehlen entsprechender Anordnungen des Parlaments englische Gesetze, falls sie nicht kurzfristig aufgehoben werden oder mit dem unabhängigen Status der Republik unvereinbar sind.

Wirtschaft / Infrastruktur

Vanuatu verfügt über moderne Telekommunikation und eine sehr gute Infrastruktur. Ausgezeichnete Flugverkehrswege verbinden Vanuatu mit den größten Städten Australiens und Neuseelands. Es gibt zwei internationale Flughäfen. Der Hauptflughafen Bowerfield liegt sechs Kilometer von der Hauptstadt Port Vila entfernt. Über mehrere Seerouten aus Australien, Europa, Neuseeland, den USA und Japan werden die Inseln regelmäßig mit Waren aller Art versorgt. Vanuatu dient aufgrund seiner idealen geografischen Lage auch als Handels- und Umschlagplatz für Güter. Im Land gibt es ein hoch entwickeltes Autobahnnetz mit über 1.500 Kilometern Länge.

Die Wirtschaft des Landes ist immer noch durch die Landwirtschaft geprägt. Über die Hälfte der berufstätigen Bevölkerung ist in dieser Branche beschäftigt. Holzproduktion und Fischerei tragen zum Einkommen der Inseln bei. In den letzten Jahren entwickelten sich der internationale Handel, Industriebranchen, Bankservice, Seefahrt und Tourismus sehr schnell.

Die lokale Währung ist der Vatu. Alle wichtigen Nationalwährungen können auf Vanuatu deponiert und in beliebige andere Währungen konvertiert werden.

Bankwesen

Neue Perspektiven der Wirtschaftsentwicklung entstanden bereits im Jahre 1971 mit der Einführung eines Zentrums für Finanzdienstleistungen. Heute ist es eine der wichtigsten Quellen staatlicher Einnahmen. Die Eröffnung eines Offshore-Finanzzentrums hat darüber hinaus zur Schaffung neuer Arbeitsplätze und zur Entwicklung der Infrastruktur geführt. Diese Faktoren sowie die Qualität der Bank-, Anwalts-, Buchführungs- und sonstigen Finanz- und Geschäftsdienstleistungen machen Vanuatu zu einem idealen Bankplatz in der Region Ozeanien.

15. TURKS AND CAICOS ISLANDS

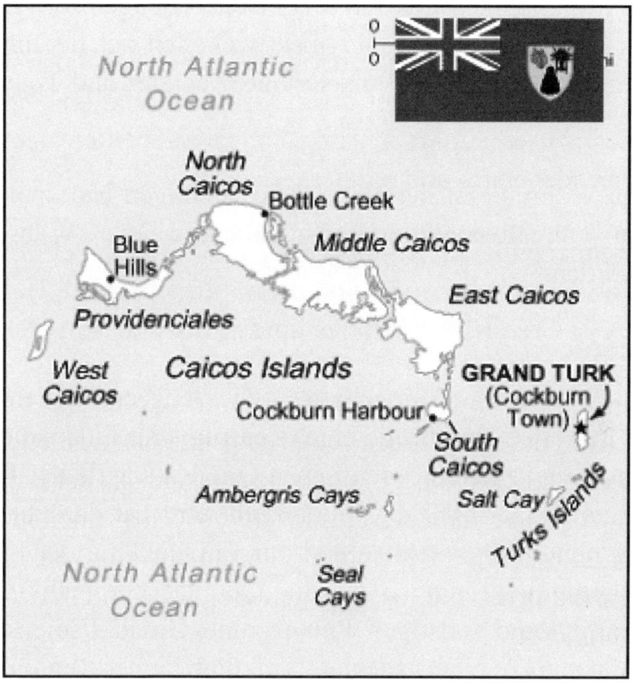

Region:	Karibik
Hauptstadt:	Cockburn Town
Fläche:	430 km^2
Einwohner:	ca. 19.000
Währung:	US-Dollar
Zeitzone:	MEZ-6
Sprachen:	Englisch, Kreolisch
Ethn. Gruppen:	Schwarze, Mulatten
Religionen:	Mehrheitlich Christen (90 %)
Staatsform:	Kronkolonie mit beschränkter Autonomie (seit 1973)

Hintergrund / Geschichte / Geografie

Die Inseln Turks und Caicos (TCI) sind eine Gruppe aus über 30 kleineren Inseln im Nordatlantik. Sie liegen circa 950 Kilometer südöstlich von Miami und circa 50 Kilometer nordwestlich der Bahamas. Die Gesamtfläche der Inseln beträgt etwa 430 Quadratkilometer. Besiedelt sind nur sechs Inseln – Grand Turk, Südcaicos, Mittelcaicos, Nordcaicos, die Providenciales und Salt Cay.

Die Einwohnerzahl der Inseln Turks und Caicos beträgt nur circa 19.000. Die Bewohner sind vorwiegend afrikanischer Herkunft. Die Hauptstadt ist Grand Turk. Alltags- und Amtssprache ist Englisch.

Die Inseln sollen von Christopher Columbus während seiner ersten Seereise 1492 entdeckt worden sein. Historiker erforschten, dass spanische Seeleute 1512 auf die TCIs gekommen sind. Zu der Zeit waren die Inseln von Awarake-Indianern besiedelt. 1678 begannen hier britische Umsiedler, die von den Bermudas gekommen waren, Salz zu fördern. 1766 haben die Briten die Inseln gegen spanische und französische Ansprüche verteidigt.

Die Inseln gehörten lange zu Jamaika. 1962 ist Jamaika aus der West-Indischen Föderation ausgetreten, und die Inseln gehörten fortan zu den Bahamas. 1973 wurden die Turks und Caicos zu einem selbstverwalteten Protektorat der britischen Krone. Seither ist Großbritannien für Verteidigung und Außenpolitik verantwortlich. Die Inseln werden von einem durch Britannien ernannten Gouverneur verwaltet. Das Staats- und Regierungssystem ist ähnlich dem englischen und besteht aus zwei Häusern – dem Oberhaus und dem Unterhaus. Das legislative System basiert auf dem englischen Gewohnheitsrecht mit lokalen Modifikationen.

Wirtschaft / Infrastruktur

Die Infrastruktur ist hervorragend entwickelt. Es gibt ein modernes Telekommunikationssystem, das direkte Telefonverbindungen in alle Welt gewährleistet. Des Weiteren gibt es regelmäßige internationale

Flugverbindungen. Die geografische Nähe zu den USA ist ideal für eine internationale Geschäftstätigkeit unter attraktiven Rahmenbedingungen. Viele Klienten der ansässigen Banken sind somit auch US-Amerikaner.

Die Wirtschaft der Inseln Turks und Caicos basiert unter anderem auf Fischerei und Landwirtschaft wobei der internationale Tourismus immer wichtiger wird als Einnahmequelle für die Inseln.

Die auf den Inseln benutzte Währung ist der US-Dollar.

Bankwesen

Die Inseln Turks und Caicos sind eine stabile Finanzzone mit modernem Bankensystem. Die ansässigen Institute bieten eine vielfältige Dienstleistungspalette an – von Online Banking über Lösungen im Vermögensmanagement bis zu Treuhand- und Versicherungsservice. Hoch qualifizierte Fachleute haben sich auf den Inseln niedergelassen und nutzen die ideale geografische Lage.

Geo-Crossing-Modell

Geo-Crossing-Modell

(Integration der fünf Dimensionen ins private Vermögensmanagement)

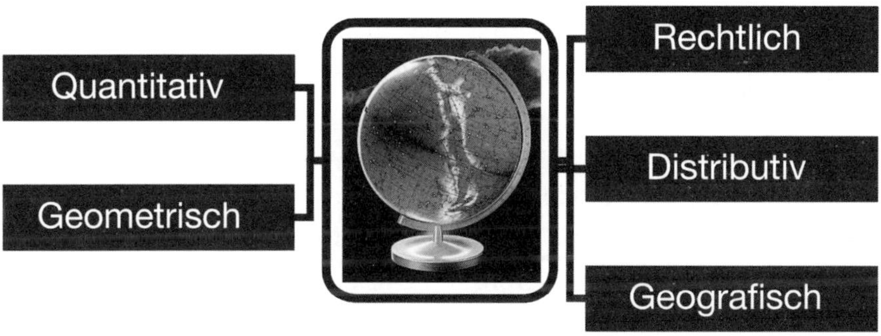

Umsetzungsmöglichkeiten in der Praxis

Ein professionelles, unabhängiges, ganzheitliches und integriertes Risikomanagement für vermögende Privatkunden wird mehr und mehr zu einem zentralen Erfolgsfaktor im sich verschärfenden Wettbewerb um diese Klientel. Dies bietet Anbietern von Private-Banking-Dienstleistungen eine exzellente Differenzierungsmöglichkeit gegenüber konkurrierenden Bankinstituten. Gerade Anbieter, die auf eigene Produkte (Hausprodukte) verzichten und eine offene und breite Produktpalette anbieten, sind dabei eindeutig im Vorteil.

Vermögensverwalter stehen vor der Herausforderung, einer immer anspruchsvolleren Kundenschicht die bestmöglichen Produkte und Konzepte anbieten zu müssen. Dabei ist zu beobachten, dass sich das Produktangebot bei einigen Vermögensverwaltern in erster Linie danach richtet, welche organisatorischen Kapazitäten zur Verfügung stehen, welche Mitarbeiterstrukturen sowohl im Private Banking als auch im Produktresearch vorliegen und welche Margenvorgaben eine Rolle spielen. Mit nur wenigen Mitarbeitern in den Bereichen Produktresearch beziehungsweise Produktmanagement ist es nun einmal nicht möglich, die Vielzahl der am Markt angebotenen Produkte zu analysieren und die besten herauszufiltern.

Eine so genannte **Open Architecture,** also eine offene Produktpalette, bedeutet auch einen gestiegenen Koordinations- und Schulungsaufwand für den Vertrieb. Jeder einzelne im Vertrieb tätige Mitarbeiter muss also fortlaufend über die besten Produkte, die am Markt verfügbar sind, informiert sein. Außerdem muss er diese Produktstrukturen auch beherrschen und für seine Kunden individuell einsetzen. Um hierbei nicht den Überblick zu verlieren, sollten Berater in ihrer Tätigkeit unterstützt werden durch **Best-Buy**-Listen. Dies sind interne Empfehlungslisten, auf denen die Research-Abteilung die augenblicklich empfohlenen Produkte für die Kundenberater zusammenstellt.

Lassen Sie sich bei einem Beratungsgespräch einmal eine solche Empfehlungsliste – falls vorhanden – zeigen. Fragen Sie dann auch gezielt nach, von wem, wie oft und nach welchen Kriterien diese Liste erstellt wird.

Leider findet sich auf derartigen Empfehlungslisten nämlich oftmals eine Vielzahl von eigenen Produkten der Banken. Dafür sind in erster Linie betriebswirtschaftliche Überlegungen der Anbieter ausschlaggebend, denn bei Hausprodukten sind die Erträge für die Bank weitaus höher als beim Einsatz von Fremdprodukten. Da dies natürlich einen direkten Einfluss auf die zu erwartende Performance hat, ist es in der Regel besser, Anbieter auszuwählen, die eine offene Produktarchitektur haben und auf den Einsatz von eigenen Produkten im Standardproduktbereich verzichten.

Kompetenter und strukturierter Einsatz alternativer Investments

Gerade vor dem Hintergrund der starken Vernetzung der Wirtschafts- und Finanzmärkte müssen die Aspekte der Vermögensdiversifikation und der optimierten Risikosteuerung auch durch unterschiedliche Produktstrukturen noch größere Beachtung finden. Mit so genannten alternativen Investments können relativ unabhängig von klassischen Wertpapieranlagen attraktive Renditen erzielt werden. Eine Beimischung dieser Anlageformen zu den konventionellen und klassischen Anlageformen wie Aktien, Renten und Immobilien führt neben dem Einsatz von strukturierten Produkten nicht nur zu einer Verstetigung der Erträge, sondern kann – je nach Auswahl und Einsatz – auch die Vermögensrendite nach Steuern erheblich erhöhen.

In das Segment der alternativen Investments gehören beispielsweise Hedgefonds, **Private Equity,** Rohstoffe, Schiffs- oder Medien-Beteiligungen, aber auch Zweitmarktpolicen, Kunst, Numismatik oder ökologische Projekte. Zu beachten gilt es hierbei, dass mit diesen Anlagen nicht nur attraktive Vorteile, sondern auch spezifische Risiken (Intransparenz, erhöhte Abhängigkeit vom Know-how des Managements) verbunden sind. Der kompetenten Beratung bei der Auswahl dieser Investments kommt damit eine alles entscheidende Bedeutung zu.

Gerade alternative Investments bieten aber auch optimierte Chancen/Risiko-Profile, die gerade die nachstehenden Erwartungen erfüllen können:

Einsatzmöglichkeiten alternativer Investments

- Steueroptimierung
- Vermögenserhalt
- Geringe Korrelation zu traditionellen Investments
- Hohe Nachsteuerrenditen und hoher Cashflow nach Steuern
- Geringe Kapitalbindung
- Hohe Flexibilität
- Schneller, kalkulierbarer Kapitalfluss
- **Portfolio Insurance**

Aktives versus passives Managment? Beides – der Lösungsansatz heißt Core Satellite!

Eine Risikodiversifikation durch unterschiedliche Investmentstile ist durchaus sinnvoll. Man vermeidet so die Gefahr, allzu negativ von einer Stilrotation erwischt zu werden. Für die Gewichtung der einzelnen Investmentansätze ist letztlich das Risikoprofil des Investors entscheidend. Der Investor muss eine klare Strategie entwickeln und entscheiden, welche Ansätze jeweils in welcher Gewichtung am besten in die eigene Strategie passen. Glaubt der Anleger an **Markteffizienz** werden für ihn passive Mandate erste Wahl sein. Glaubt er aber, dass es **Anomalien** gibt, die einige Marktteilnehmer ausnutzen könnten, und ist der Investor in der Lage einen erfolgreichen Aktiv-Manager zu finden, sollte er aktiven Mandaten ein großes Gewicht geben.

Neuerdings tendiert der Markt dazu, ein strategisches System anzuwenden, mit dem sich Portfolios von Spezialprodukten zusammenstellen lassen. Man spricht von „Portable-Alpha-Strategien“ oder „Core-Satellite-Ansätzen“, wenn die Investoren die Märkte nach dem Grad der Markteffizienz differenzieren.

Investoren vergeben bei diesem Ansatz passive Mandate, verwenden Derivate oder Indexzertifikate für den Bereich (vermuteter) effizienter Märkte (den so genannten Core-Anlagen) und nutzen aktive Mandate für Anlagen in weniger effizienten Märkten, um dort Alpha (=aktive oder Überschussrendite) generieren zu lassen (die so genannten Satelliten).

Mit anderen Worten will der Investor mit einem Core-Satellite-Ansatz sein gesamtes Risiko (gemessen am sogenannten **Tracking Error**) ausschließlich auf die Märkte aufteilen, in denen man sich Zusatzerträge erhofft und die das Zusatzrisiko rechtfertigen. In Märkte, die man für effizient hält, soll ohne diese Abweichung investiert werden um direkt d. h. annähernd eins zu eins zu partizipieren.

Beim Core-Satellite-Ansatz wird ein Teil des Vermögens in einen Kern von passiven Mandaten investiert, die dem Gesamtportfolio eine gewisse Grundstabilität geben sollen. Häufig ist dieser Kern dabei risikoavers investiert, um Verpflichtungen mit relativ sicheren, dafür aber niedrigeren Erträgen abdecken zu können. Dieser Kern wird ergänzt durch aktiv gemanagte Mandate aus potenziell weniger effizienten Nicht-Kernmärkten (Satelliten) oder durch mit speziellen Investmentansätzen gemanagte Produkte, die Zusatzerträge generieren sollen. Die Kernmandate kommen oft aus dem klassischen und etablierten Aktienmarktsegment (Standardaktien, etablierte Indizes) beziehungsweise bestehen aus Staatsanleihen und Pfandbriefen. Ergänzt werden diese um Randinvestments in Small Caps (Aktien mit geringer Marktkapitalisierung), in Strategie-Investments (zum Beispiel Strategiezertifikate), in Emerging Markets, Unternehmensanleihen oder Hedgefonds. Hier hofft man von Marktineffizienzen zu profitieren und Überschussrenditen zu erzielen, die die Gesamtrendite des Portfolios steigern.

CORE-SATELLITE-AUFTEILUNG

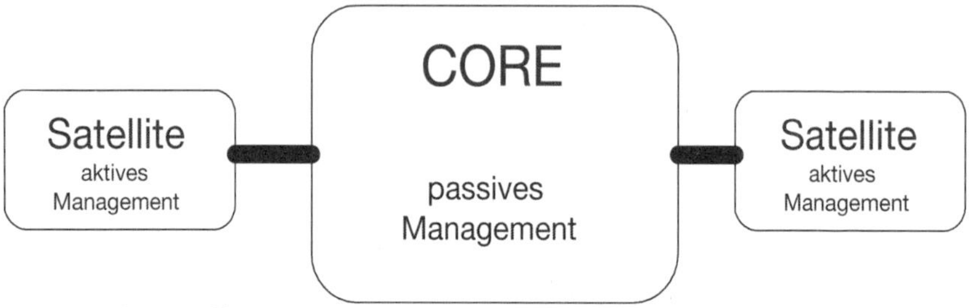

CORE: Nahezu effiziente Märkte mit passivemManagement
SATELLITE: Weniger effiziente Märkte mit aktivem Management

Kundenbedürfnisse als Entscheidungsgrundlagen

Bei der Auswahl der Produkte spielt somit ein umfassendes Verständnis der Bedürfnisse des Anlegers eine grundlegende Rolle. Dabei sollten Lösungen angeboten werden, die auf einzelnen Produkten aufbauen und in einem individuell zugeschnittenen Geo-Crossing-Modell mit rechtlichen, distributiven und geografischen Komponenten der Depotführung ergänzt werden.

Die Umsetzung eines Geo-Crossing-Modells bedeutet die sinnvolle Kombination von innovativen Anlageprodukten, unter Beachtung einer Core-Satellite-Strategie in unterschiedliche, auf den Kapitalanleger abgestimmte Zielgesellschaftsformen (Stiftungen, IBCs, Corporations, Limiteds, Trusts usw.).

In diesen – aus Risikomanagement-Sicht „geschützten Zellen" – werden die Vermögenswerte von international und mehrdimensional agierenden Investoren rechtlich separat voneinander gehalten. Jede Zelle besitzt ihre eigenen getrennten Vermögensbestandteile und haftet nur für die beinhalteten Werte.

Um dennoch unter den verschiedenen Vermögensmanagern keine ungewollten Risiken und Renditenachteile entstehen zu lassen, wird mittels einer Aggregation/Konsolidierung der enthaltenen Assets das Gesamtvermögen kontrolliert, optimiert und gesteuert. So erreicht man ein effizientes und mehrdimensionales Vermögensmanagement.

Wealth Manager und vor allem so genannte Family Offices setzen diese Konsolidierung bereits professionell um.

Die Hauptintention sollte immer das Steigern der Erträge und das Minimieren der Risiken sein. Erst danach folgt die Optimierung der Steuerbelastung!

Private Banking moderner Prägung Wealth Management & Family Office

Herausforderung: Veränderte Kundenbedürfnisse

Je größer ein Vermögen ist, desto vielseitiger sind die Anlagemöglichkeiten, die dem Investor zur Verfügung stehen. Was aus Risikomanagementgesichtspunkten sinnvoll ist, attraktiv und aussichtsreich erscheint, stellt sich im Nachhinein oft als verwirrend und unprofitabel heraus.

So kommen verschiedene Studien zu dem Ergebnis, dass gerade große Vermögen häufig nicht optimal strukturiert sind, dies nicht zuletzt deshalb, weil Anleger Vermögenswerte ungeplant und ohne ganzheitliches Konzept im Laufe der Zeit erwerben. Es ist daher kaum verwunderlich, dass sich die Ansprüche von vermögenden Privatpersonen an Banken,

Finanzdienstleister oder Vermögensverwalter immer stärker verändert haben.

Zwar steht das Asset Management des Finanzvermögens weiterhin im Mittelpunkt des Interesses, doch gewinnt daneben fundiertes Fachwissen in der strategischen Gesamtvermögenssteuerung und -strukturierung sowie in sämtlichen Belangen der Vermögensanlage zusehends an Bedeutung.

Gerade Anbieter von **Private-Banking-** und **Wealth-Management-**Dienstleistungen sollten auf diese Entwicklung reagieren. So genannte **Family-Office-**Dienstleistungen bringen dabei Ordnung und Struktur in die Lebens- und Finanzplanung (**Financial Planning**) sowie die Nachfolgeplanung (**Estate Planning**) von Unternehmen wie Privatpersonen.

Nachhaltiges Wachstum braucht Freiheit und Unabhängigkeit

Ein wesentlicher Grund für die nicht optimale Ausschöpfung von Vermögenspotenzialen ist die Tatsache, dass oft die einzelnen Fachberater des Kunden isoliert tätig sind. Somit fehlt eine integrierte Betrachtung des Gesamtvermögens. Damit werden die Auswirkungen der verschiedenen Investitionsentscheidungen auf das bereits vorhandene Vermögen nicht berücksichtigt. Die Folgen dieser Vorgehensweise sind fatal: Neben einer unterdurchschnittlichen Anlageperformance kann es zur Bildung von Klumpenrisiken oder zu einer unnötigen Erhöhung der Risiken im Allgemeinen kommen.

Bei vielen Wertpapierdepots ist beispielsweise – trotz erheblicher Risiken und nach Berücksichtigung von Steuern und Inflationsraten – gerade einmal der Vermögenserhalt sichergestellt. Dabei ließen sich schon durch vergleichsweise geringe, aber strategische Eingriffe in die bestehenden Vermögensstrukturen deutliche Renditesteigerungen bei gleichzeitig reduzierten Risiken erzielen.

Gerade beim Thema Risiko ist folgendes zu beobachten: Bedingt durch die fehlende Abstimmung gehen Anleger bei Anlageentscheidungen unbewusst vermeidbare Risiken ein. Ergänzend ist festzustellen, dass keine Vorsorge für einen möglichst unbelasteten Übergang des Vermögens an die nachfolgenden Generationen beziehungsweise Erben getroffen wird. Einen Lösungsansatz kann hier der das Konzept des Family Office bieten.

Lernen von Family Offices

Im Jahr 1838 gründete die äußerst vermögende amerikanische Familie Morgan das „House of Morgan“ mit dem ausschließlichen Zweck, das Vermögen der eigenen Familie zu betreuen und zu verwalten. Damit legten die Morgans den Grundstein für eine Form der Vermögensverwaltung, die bis heute als Family Office bezeichnet wird. Es besteht kein Zweifel daran, dass es sinnvoll ist, für die Verwaltung und Erhaltung eines sehr großen Vermögens ein eigenes Unternehmen (Besitzgesellschaft) zu gründen. Die Stärke des Konzepts liegt in der ausschließlichen Konzentration auf die Bedürfnisse eines einzelnen Kunden – und das bei vollkommener Unabhängigkeit.

Echte Family Offices, die nur einer einzigen Familie dienen, sind eher selten geworden. Meist handelt es sich heute um Bankbereiche, Anwaltskanzleien oder spezialisierte Vermögensverwalter, die mehrere Mandanten betreuen. Diese Art der Family Offices bezeichnet man als so genannte Multi User Family Offices. Rund ein Drittel davon sind Bankentöchter und kommen ursprünglich aus dem Asset-Management-Bereich. Ein weiteres Drittel ist aus Anwaltskanzleien beziehungsweise Wirtschafts- und Steuerberatungsbüros entstanden, die selbst keinen Bezug zum Vermögensverwaltungsgeschäft haben und diese Aufgabe an externe Anbieter (Banken, Vermögensmanager) delegieren.

Die professionelle Strukturierung und Kontrolle nimmt den größten Stellenwert in der Arbeit eines Family Offices ein, wenn auch die Tätigkeit der Manager eines Family Offices weit darüber hinausgeht. Eine genaue Kenntnis über die Vermögens- und Lebensverhältnisse des zu betreuenden Mandanten sind hierfür ebenso unerlässlich wie Diskretion im Umgang mit allen sensiblen persönlichen Daten, die der Mandant im Rahmen der Zusammenarbeit preisgibt.

Offenheit und Vertrauen bei höchster Diskretion

Ein Rechtsanwalt kann seine Klienten nur dann optimal und zielführend beraten, wenn er umfassend über die Verhältnisse seines Mandanten informiert ist. Ein Arzt ist nur dann in der Lage eine kompetente Diagnose zu stellen, wenn er ebenfalls eine umfassende Analyse macht und der Patient ihn in aller Offenheit informiert. Damit ist der Arzt in der Lage eine passende Therapie zu verordnen, die dem Patienten wirklich hilft. Dies bedeutet also: Der Mandant und der Patient müssen ihren Anwalt oder Arzt in schonungsloser Offenheit – gegenüber sich selbst und gegenüber anderen – informieren und ihm vertrauen. Arzt und Anwalt müssen sich darauf verlassen können, dass ihnen nichts verschwiegen und verheimlicht wird. Der Mandant oder Patient muss hingegen auf die Einhaltung der Schweigepflicht vertrauen. Würden die Inhalte von Gesprächen und die gemeinsam gewonnenen Erkenntnisse Dritten oder gar der Öffentlichkeit bekannt, könnte materieller oder immaterieller Schaden mit gravierenden Auswirkungen entstehen.

Eine solche Offenheit nach innen bedingt einen unbedingten Gehcimnisschutz im Außenverhältnis. Klient wie Patient müssen sich darauf verlassen können, dass Anwalt oder Arzt die ihnen anvertrauten Geheimnisse unbedingt für sich behalten. Der Staat sorgt dabei mit seiner Gesetzgebung dafür, dass sie die Geheimnisse nicht nur bewahren dürfen (Arzt und Anwalt haben vor Gericht ein so genanntes Zeugnisverweigerungsrecht, das heißt sie können eine Aussage verweigern), sondern auch bewahren müssen. Wenn sie das Vertrauen ihres Mandanten oder Patienten verletzen, machen sie sich im Gegenzug strafbar und somit schadensersatzpflichtig.

Im Bankbereich und speziell für ein Family Office gilt nun ebenfalls der Grundsatz: Ohne absolute Offenheit ist keine effiziente Beratung möglich und ohne Geheimnisschutz wird der Kunde nicht offen sein.

Wichtigste Voraussetzungen für die kompetente und umfassende Beratung in Vermögensangelegenheiten sind also Vertrauen, Offenheit und Diskretion.

Die wichtigste Voraussetzung für diese Faktoren ist ein Rechtssystem (in erster Linie Bankgeheimnis), das sicherstellt, dass die Informationen beim Berater der Geheimhaltung unterliegen. Man denke beispielsweise an den Kunden, der seiner Schwiegertochter misstraut und für den Fall seines Ablebens eine Struktur sucht, mittels der sein Sohn und seine Enkel wirtschaftlich abgesichert werden, ohne dass die Schwiegertochter Einfluss auf Investition und Verwendung des Kapitals nehmen kann. Selbstverständlich muss sich dieser Mandant darauf verlassen können, dass zu seinen Lebzeiten sein Sohn und dessen Frau von dieser Planung nichts erfahren. Andernfalls wird das Verhältnis zu Sohn und Schwiegertochter belastet zu einem Zeitpunkt, an dem noch gar nicht feststeht, ob die Struktur jemals Anwendung findet und operativ wird. Ein weiterer denkbarer Fall wäre ein Unternehmer, der von seiner schweren Erkrankung in Kenntnis gesetzt wird. Dieser muss Vorsorge treffen für den Fall seines Ablebens, will aber nicht, dass seine Familie oder seine Mitarbeiter davon erfahren, solange die Erkrankung nicht sichtbar ist und eine Chance auf Genesung besteht. In diesen und zahllosen anderen Fällen wird ein Vermögensanleger seinen Berater nur ins Vertrauen ziehen, wenn die Geheimhaltung und somit der Vertrauensschutz sichergestellt ist.

Gerade in Deutschland existiert dieses absolute Bankgeheimnis spätestens seit dem 1. April 2005 nicht mehr. Dies birgt einen erheblichen Standortnachteil für Investoren, die dem Schutz der Privatsphäre höchste Priorität geben.

Kompetenz und Zielorientierung

Das Ziel eines Family Offices ist es, unerwünschten Entwicklungen vorzubeugen und die aktuelle Vermögenssituation, nicht zuletzt unter Rendite- und Risikogesichtspunkten zu optimieren. Gerade bei großen Familienvermögen wird durch Anwendung institutioneller und professioneller Strukturen – beispielsweise durch die Vergabe und Überwachung von Spezialmandaten an unterschiedliche Vermögensmanager bei gleichzeitiger Schaffung von Holdinggesellschaften – eine bessere Steuerung des Vermögens in dem hier beschriebenen, umfassenden Sinne erfolgen. Darüber hinaus gelingt es, im Rahmen einer Vermögensübertragungsstrategie die nachfolgenden Generationen in den Vermögensverbund einzubinden und hierdurch schrittweise an den verantwortungsvollen Umgang mit den Familienwerten heranzuführen.

Als Hauptkriterien für Handlungsempfehlungen sollte ein Anbieter von Family-Office-Dienstleistungen stets die persönlichen Wünsche und Ziele des Kunden in den Mittelpunkt stellen. Diese Ziele zu erkennen und mit fachlicher Kompetenz den Mandanten zu begleiten, ist die Hauptaufgabe, denn eine mangelnde Analyse und Umsetzung erhöht wiederum Risiken deutlich und schmälert die Substanz beziehungsweise Renditeaussichten des Gesamtvermögens.

Lösungsansatz: Modulares System

Ein modernes Family Office sollte ein modulares System verschiedener Leistungselemente (Experten-Netzwerk) sein. Diese werden individuell – auf Kundenbedürfnisse zugeschnitten – miteinander kombiniert. Dies kann eine einzelne Bank nicht oder nur in den seltensten Fällen leisten, da Einzelinteressen (eigene Produkte, Vertriebserträge, fehlende umfassende Beratungskompetenz/Beraterhaftung, Konzentration auf Kerngeschäftsfelder usw.) und fehlende Beratungs- und Netzwerkstrukturen oftmals hinderlich sind. Oftmals werden in Banken einheitliche Musterportfolios gebildet, um den Beratern eine Hilfestellung für den Vertrieb dieser Einheitsdepots an Kunden zu geben. Diese Depots werden häufig mit margenstarken Produkten oder mit Hausprodukten befüllt, die die Erträge der Bank steigern. Standard- oder Musterportfolios sind fast immer zum Nachteil des Kunden. Viele Banker haben sich dabei mittlerweile weg vom Berater, hin zum (Produkt-)Verkäufer entwickelt.

Da jedes Vermögen und jeder Anleger eine individuelle Struktur hat, ist nur durch Hinzuziehen von unterschiedlichen Experten eine individuelle und unabhängige Betreuung und Beratung sicherzustellen. Leistungen wie beispielsweise die Vermögensstrukturberatung (Financial Planning, Wealth Management), die Planung der Vermögensnachfolge (Estate Planning), ein Portfolio-Performance Reporting (Rendite/Risiko-Kontrolle), die Analyse unterschiedlicher Produkte und Produktstrukturen (von Anlageprodukten hin zu gesellschaftsrechtlichen Dienstleistungen) sollten bei einem professionellen ganzheitlichen Vermögensmanagement hierbei je nach Kundenbedarf einzeln oder in Paketlösungen angeboten werden.

Ein solch modulares System ist die Basis für eine Unabhängigkeit der Beratungsdienstleistungen und für die Objektivität von Produktempfehlungen. Darüber hinaus hilft es, ein hohes Maß an Kostentransparenz zu gewährleisten.

Was beinhalten diese modularen Komponenten nun im Einzelnen?

Vermögensstruktur-Analyse und -Beratung

Strategische Finanzplanung sollte die Zukunft so vorhersehbar wie möglich machen. So ambitioniert die Marketingprospekte und die Aussagen einer Vielzahl von Anbietern hierbei sind – an einem professionellen Planungsinstrument, das sich mit allen aktuellen Informationen und individuellen Bedürfnissen auseinandersetzt, mangelt es oftmals. Wie aber kann man seine Zukunft seriös planen, wenn kein genaues Bild von der Gegenwart vorhanden ist? Damit Vermögen im Laufe der Zeit bestmöglich verwaltet werden und arbeiten, ist eine strukturierte Planung unerlässlich. Dies erspart eine Vielzahl von möglichen Nachteilen, wie beispielsweise unnötige Kosten, Renditeeinbußen oder Vermögensverluste, versteckte Risiken, aber auch Zeitverschwendung. Zeit ist ein ganz entscheidender Faktor. Entweder Sie nutzen diese Zeit für Ihre operativen Geschäftstätigkeiten, mit denen Sie Ihr Geld verdienen und zusätzlich Ihre Vermögenswerte mehren, oder Sie haben mehr Zeit für Ihre individuelle Lebensgestaltung und somit eine deutliche

Erhöhung der Lebensqualität. Dem Zitat von Heinz Brestel (bekannter Finanzpublizist) „Es ist oftmals besser einen Tag über sein Geld nachzudenken, als einen Monat dafür zu arbeiten“ kommt hierbei auch eine besondere Bedeutung zu. Ich bin der Ansicht, jeder sollte sich auf das konzentrieren, was er am besten kann (Kernkompetenzen) und für alle anderen Aufgaben sollte er entsprechende Experten (Netzwerk-Partner) hinzuziehen.

Dieser Lehrsatz gilt dabei nicht nur für Unternehmen oder Anbieter von Finanzdienstleistungen, sondern für wirklich jeden von uns in einer Welt mit immer komplexeren Strukturen. Wir müssen unsere Lebensverhältnisse dabei auf diese Strukturen anpassen und abstimmen, um auch künftig erfolgreich zu bleiben.

Bei der Strukturierung von Privatvermögen sollten innerhalb der Vermögensstrukturberatung alle relevanten Rahmenbedingungen beachtet und umgesetzt werden. Hierzu zählen die persönlichen Ziele und die Art der bestehenden Vermögensgegenstände (beispielsweise liquide Anlagen, Immobilien, unternehmerische Beteiligungen, Kunstgegenstände, Sammlungen usw.) genauso wie die Vernetzung der Planungsbereiche (quantitative Vermögensstreuung, geometrische Vermögensstreuung, distributive Strukturierung, rechtliche Strukturierung und geografische Diversifikation). Aus Risikomanagementsicht ist es wichtig, dass dabei gegenseitige Wechselwirkungen im Hinblick auf Rendite, Risiko, Liquidität und Lebensplanung beziehungsweise Lebensgestaltung beachtet werden. Dies ist nur möglich, wenn entsprechende Fachberater wie beispielsweise Vermögensberater, Rechtsanwälte, Steuerberater, Wirtschaftsprüfer und Gutachter in die Prozesse einbezogen werden. Der Status Quo (also die gegenwärtige Situation des Anlegers) sollte beim Privatanleger wie beim Unternehmen mit einer Bilanz veranschaulicht werden. Dies wird erreicht durch die Ausarbeitung und Darstellung einer privaten Vermögensbilanz, einer Gewinn- und Verlustrechnung und einer Liquiditätsbetrachtung für den Risikofall. Diese Daten und Dokumente dienen dann als Grundlage für Handlungsalternativen.

Verfügt ein Anleger neben den privaten Vermögenswerten über unternehmerisch geprägtes Vermögen, z. B. in Form von aktiven (wesentlichen) Unternehmensbeteiligungen (Inhaber einer Einzelfirma, GmbH, OHG, GbR usw.), so entsteht aufgrund dieser komplexeren Struktur ein erhöhter Vermögensmanagementaufwand beziehungsweise ein noch größerer Beratungsbedarf.

Viele Unternehmer haben beispielsweise keine Vorstellung davon, welchen Wert ihr Unternehmen überhaupt hat. Eine Unternehmensbewertung (Wertindikation) im Rahmen einer Unternehmerfinanzplanung gibt hierbei einen ersten und wichtigen Anhaltspunkt. Für die Nachfolgegestaltung (**Estate Planning**) ist zusätzlich eine Betrachtung nach steuerlichen Bewertungsvorschriften notwendig. Hierbei sollten verschiedene Wege der Unternehmensnachfolge aufgezeigt werden: familienintern/familienextern, Trennung von Unternehmensführung und Kapital, entgeltliche/unentgeltliche Übertragung von Unternehmensanteilen.

Allergrößte Bedeutung kommt dabei dem richtigen Verhältnis von Eigen- und Fremdkapital zu. Es ist zu beobachten, dass sehr viele Unternehmer dazu neigen, wesentliche Bestandteile ihres Vermögens in das Unternehmen zurückzuführen beispielsweise in Form von Gewinnvorträgen oder Gesellschafterdarlehen. Aus Risikomanagementsicht ist dies nicht optimal und es wird hierbei keine Trennung von Besitz (Privatvermögen) und Betrieb (Unternehmen) vorgenommen. Besitz und Betrieb sollten durch eigene Gesellschaften getrennt werden, denn sonst wird privates Vermögen nur unzureichend geschaffen und abgesichert. Dies hat dann zur Folge, das Entscheidungs- und Handlungsspielräume verengt werden und nicht selten liquide Mittel für Erbschaftssteuerzahlungen im Todesfall nicht ausreichen oder sogar überhaupt nicht vorhanden sind.

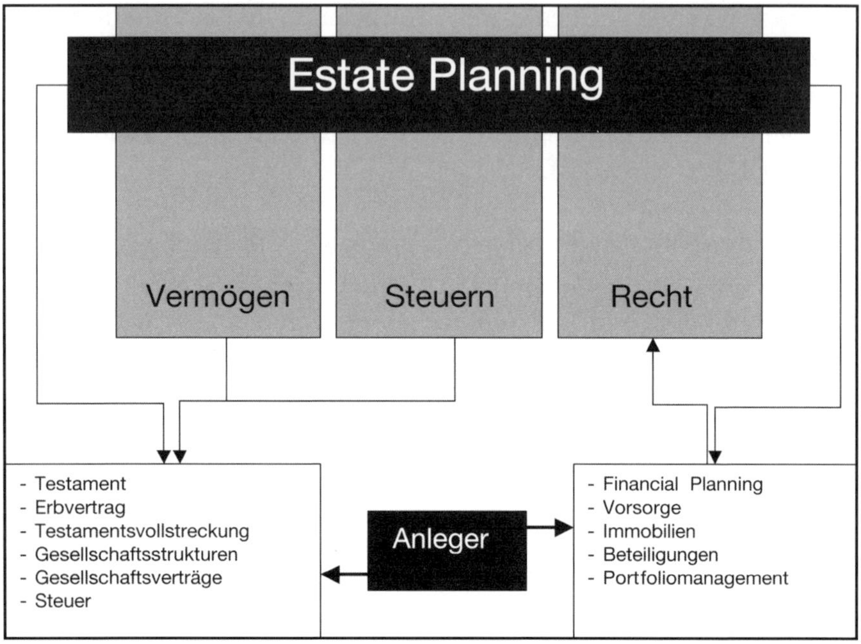

Die demografischen Entwicklungen vieler Länder und Regionen sorgen für ein hohes Erbschaftsvolumen, das künftig noch weiter ansteigen wird. Was auf den ersten Blick wie ein Geldsegen wirkt, bringt jedoch auch viele Probleme mit sich. Insbesondere der unternehmerische Bereich ist beispielsweise aufgrund der in Deutschland vorherrschenden mangelnden Vorbereitung des Vermögensübergangs betroffen. Viele Firmen müssen nach dem Tod des Inhabers aufgrund fehlender Regelungen beispielsweise einen Verwalter einsetzen oder Konkurs anmelden. Privatpersonen sehen sich mit Szenarien konfrontiert, die nie im Sinne des Erblassers gewesen wären. Auch diese Risiken müssen gemanagt werden – dies birgt ein großes Potenzial für die entsprechenden Anbieter. Ein Risikomanagementansatz hierfür ist die Umsetzung eines effizienten **Estate Planning.**

Im Rahmen der geplanten Unternehmensnachfolge muss somit oftmals Vermögen bereitgestellt werden, das den nicht am Unternehmen beteiligten Erben als Ausgleichsposition (Pflichtanteil) dienen soll. In diesem Zusammenhang ist es primäre Aufgabe des Estate Planning Wege aufzuzeigen, wie privates Vermögen geschaffen werden kann, ohne dass die Belange des Unternehmens vernachlässigt werden. Unter Hinzuziehung von Experten sollten des Weiteren Mandanten bezüglich der Auswirkungen bestehender testamentarischer und gesellschaftsrechtlicher Regelungen beraten werden. Gemeinsam mit Rechtsanwälten, Treuhändern, Wirtschafts- und Steuerprüfern sollte der Vermögensmanager somit individuelle Optimierungsmöglichkeiten aufzeigen.

Estate Planning – strukturierte Gestaltung des Vermögensübergangs innerhalb der Familie und nicht an den Staat

Vermögenswerte im hohen zweistelligen Milliarden-Euro-Bereich werden beispielsweise allein in Deutschland jährlich vererbt. Vor diesem Hintergrund gehört eine rechtzeitige und strukturierte Übergabe des aufgebauten Vermögens zu den wichtigsten Zielen einer umfassenden Vermögensplanung. Dabei geht es nicht nur um den Erbfall, sondern in erster Linie um eine schrittweise Übertragung zu Lebzeiten. Je größer das Vermögen und je internationaler seine Diversifizierung ist, desto schwieriger gestaltet sich auch die Übertragung. Dies gilt für den vermögenden Privatanleger ebenso wie für den Unternehmer.

Wird eine rechtzeitige Planung der Vermögensnachfolge versäumt, so drohen im Erbfall oftmals böse Überraschungen. Die Ferienimmobilie in Spanien beispielsweise wird nach spanischem Recht vererbt, das deutsche Ehegattentestament wird jedoch nicht anerkannt. Es empfiehlt sich also dafür ein separates Testament anzufertigen. Es kommt beispielsweise auch vor, dass der vorgesehene Unternehmensnachfolger nicht sofort in das Unternehmen eintreten kann, weil Gesellschafterverträge und Testament nicht aufeinander abgestimmt sind. Die möglichen daraus resultierenden Abfindungsansprüche gegenüber dem Unternehmen können zu Liquiditätsengpässen führen und bei den anspruchsberechtigten Erben kann es schließlich zu unnötig hohen erbschaftsteuerlichen und gegebenenfalls auch einkommensteuerlichen Belastungen kommen. Familienstreitigkeiten sind infolge unklarer Strukturierungen ebenfalls vorprogrammiert. All dies kann leicht vermieden werden, wenn der Vermögensinhaber rechtzeitig mit der Planung beginnt.

Gemeinsam mit Vermögensmanagern und Rechtsspezialisten hat ein Family Office die Aufgabe, den aktuellen Status Quo der Vermögensnachfolge zu analysieren und Optimierungsvorschläge zu unterbreiten. Im Privatbereich geht es dabei in der Regel um eine zweckgerechte Verteilung des Vermögens und die Harmonisierung internationaler Erbrechtsordnungen. In einigen Fällen ist es sinnvoll, **Stiftungen** oder spezielle Lebensversicherungsmodelle (beispielsweise eine **liechtensteinische Lebensversicherung**) in die Vermögensnachfolge einzubeziehen.

Im unternehmerischen Bereich stehen häufig familienpsychologische Fragen im Vordergrund. Erst in zweiter Linie geht es darum, rechtliche und steuerliche Fragen ausführlich zu behandeln, um Vermögenswerte im Idealfall generationenübergreifend arbeiten zu lassen.

Family Office light

Das Family Office hat wie beschrieben die Aufgabe eine ganzheitliche und somit umfassende und konsolidierte Betrachtung der Vermögenswerte für den Investor vorzunehmen. Bei einem **Family Office light** kann auf Wunsch des Kunden auch eine Konzentration ausschließlich auf spezielle Segmente des Vermögens gelegt werden. Ein Wertpapier-, Versicherungs-, Immobilien- oder Beteiligungsportfolio wird hierbei als ausgewähltes Segment analysiert und bewertet. Auf Basis dieser Teil- beziehungsweise Themenbestandsbewertung werden daraufhin Handlungsempfehlungen und Optimierungsvorschläge abgeleitet.

Beispiele der Umsetzung für diese auch als Themen- oder Segmentfinanzpläne bezeichneten Auswertungen:

Segmentfinanzplan für Versicherungen

Muss – in Abhängigkeit von der individuellen Situation des Anlegers – zusätzlicher Versicherungsschutz geschaffen werden und gibt es auf der anderen Seite weniger sinnvolle, zu kündigende Verträge? Gerade hier sollte aufgezeigt werden, wie im Rahmen eines aktiven Risikomanagements bestimmte Risiken vermieden beziehungsweise transformiert werden können. Eine Alternative für manche Versicherungslösung ist beispielsweise durchaus eine gesellschaftsrechtliche Gestaltungsmöglichkeit, um Risiken zu steuern und zu optimieren.

Segmentfinanzplan für Immobilien

Neben liquidem Vermögen verfügen viele Anleger häufig über erhebliche Immobilienbestände. Transparenz besteht in diesem Anlagesegment jedoch selten. So sind den meisten Immobilienbesitzern weder Renditekennzahlen noch aktuelle Verkehrswerte oder Risiken ihrer Investitionen bekannt. Finanzierungskonstruktionen werden nicht geprüft und ebenso nicht den aktuellen Bedürfnissen angepasst. Auf Grundlage einer professionellen Immobilienauswertung können dann fundierte Entscheidungen getroffen werden, deren Ergebnisse wiederum in die Betrachtung der Gesamtsituation integriert werden.

Segmentfinanzplan für passive Beteiligungen

Hier wird das aktuelle Beteiligungsportfolio (beispielsweise geschlossene Beteiligungen wie Schiffs-, Medien- oder Immobilienfonds, aber auch passive Beteiligungen an anderen Unternehmen) des Kunden analysiert und nach Kennzahlen übersichtlich dargestellt, um auf dieser Grundlage wiederum Handlungsempfehlungen abzuleiten.

Kontrolle der Vermögensentwicklung

Damit alle Vermögenswerte perfekt ineinander greifen, bedarf es einer regelmäßigen genauen Überprüfung. Doch was in Unternehmen schon lange üblich ist, praktizieren private Vermögensinhaber (auch Unternehmer in ihrem Privatvermögen) noch immer viel zu selten.

Ebenso wie ein Controlling über das Wertpapiervermögen durch moderne Berechnungs- und Auswertungsmöglichkeiten erfolgt, kann nun analog zu den Segmentfinanzplänen auch ein Segmentcontrolling erfolgen, um die einzelnen Performancebeiträge eines jeden Vermögensbestandteils zu ermitteln und zu konsolidieren, So schafft man eine solide Entscheidungsgrundlage für Veränderungen und Optimierungen.

Zwei Möglichkeiten hierbei sind das Segmentreporting des Wertpapierdepots (Depot-Performance-Controlling und -Reporting) und das umfassende Gesamtvermögensreporting (Family-Office-Controlling und -Reporting).

Portfolio-Performance-Controlling und -Reporting

Das so genannte Portfolio-Performance-Controlling und -Reporting umfasst das gesamte Finanzvermögen des Mandanten, unabhängig davon, welche Bank oder welcher Vermögensverwalter mit der Verwaltung und Betreuung des Vermögens beauftragt ist. Das konsolidierte Wertpapiervermögen beinhaltet somit die Gesamtstruktur der Finanzvermögenswerte als Entscheidungsgrundlage. Im Zeitablauf lässt sich nun feststellen, welche Berater in welchen Bereichen (Aktien, Renten, Branchen usw.) die größten und nachhaltigsten Erfolge erzielt haben. Dies ermöglicht es dem Family Office, Teile des Vermögens dem jeweils besten Berater anzuvertrauen und auf diese Weise die Gesamtperformance des Gesamtvermögens zu steigern. Darüber hinaus werden auch Risiken aufgedeckt, die in den einzelnen Branchen oder Einzeltiteln beziehungsweise Produkten durch Über- beziehungsweise Untergewichtungen entstehen können oder entstanden sind.

Bei der Gestaltung dieser Berichte sollte sich das Family Office wiederum an den Wünschen und Bedürfnissen des Mandanten orientieren, sowohl im Hinblick auf Umfang wie auch auf die Häufigkeit der Reports. In der Regel genügen bei gut strukturierten Vermögen quartalsweise erstellte Auswertungen.

In diesem Zusammenhang unterstützt ein Family Office auch die private Buchhaltung des Kunden. Kopien aller Abrechnungen und Kontoauszüge werden erfasst und auf Vollständigkeit und Abrechnungsfehler hin geprüft. Des Weiteren wird auch die exakte Höhe aller Kosten und Spesen ermittelt. Hier zeigt sich beispielsweise, wie häufig das Wertpapiervermögen umgeschichtet wurde oder welche Margen bei Festgeldern gegenüber Interbankensätzen berechnet wurden. Zu hohe Provisionszahlungen und ungünstige Abrechnungskurse bei Wertpapiertransaktionen werden in diesen Auswertungen ebenfalls aufgedeckt und dargestellt.

Ein jährlich erstellter Steuerbericht sollte das Bild abrunden. Dieser erfasst alle steuerlich relevanten Buchungen und gleicht Erträgnisaufstellungen der Banken ab. Mögliche Fehler in diesen Aufstellungen werden dabei aufgedeckt und korrigiert, so dass der Steuerberater die Ergebnisse direkt in die Steuererklärung übernehmen kann.

Family-Office-Controlling und -Reporting

Diese Family-Office-Auswertung befasst sich nun mit der zusätzlichen Auswertung aller weiteren Vermögensklassen, wie beispielsweise Immobilien, aktive und passive unternehmerische Beteiligungen oder geschlossene Beteiligungen. Wie bei der Segmentfinanzplanung beschrieben, enthält ein spezieller Immobilienbericht beispielsweise Angaben zu den Verkehrswerten, die wichtigsten Daten zu den Mietverträgen, zu den Zahlungsvorgängen oder zum Stand der Abschreibungen. Diese Spezialberichte sollten dabei für alle Vermögensklassen eines Mandanten erstellt werden.

Anlagewerte, die in Vermögensverwaltungsgesellschaften oder Stiftungen verwaltet werden, sollten bei dieser Konsolidierung ebenfalls Beachtung finden.

Honorare statt versteckter Kosten

Eine Vielzahl von Vermögensverwaltern, in erster Linie aber Banken, bieten grundsätzlich kostenlose Beratungsdienstleistungen an. Der Gewinn des Anbieters ergibt sich dabei durch den Produktverkauf und die darin enthaltenen Gewinnmargen. Oftmals ist dem Anleger gar nicht bewusst, wie viel die Bank eigentlich an ihm verdient. In den Preisverzeichnissen der Banken stehen in der Regel nur die Gebühren für Kauf und Verkauf, Konto- und Depotführung, Vermögensverwaltungsgebühren sowie weitere Kosten für Service- und Dienstleistungen. Die so genannten „weichen Kosten", die in Produkte wie Fonds oder Zertifikate eingerechnet werden, sind dem Endkunden auf den ersten Blick nicht ersichtlich. Die Beratungsneutralität und die Unabhängigkeit des Kundenberaters sind dabei oftmals sehr eingeschränkt, da er von seinem Arbeitgeber Zielvorgaben für bestimmte – meist für die Bank sehr ertragreiche – Produkte vorgegeben bekommt und somit mehr ein Produktverkäufer als ein Vermögensberater ist.

Ein Family-Office-Anbieter hingegen sollte sein umfassendes Fachwissen und seine Dienstleistungspalette sowie sein Spezialistennetzwerk grundsätzlich vollkommen transparent dem Mandanten zur Verfügung stellen. Für die beratungsintensiven Leistungen, wie beispielsweise Vermögensstrukturberatung, Segmentfinanzpläne für Immobilien und Versicherungen, Planung der Vermögensnachfolge oder die Auswahl und Kontrolle von Vermögensverwaltern und Banken, sollte ein transparentes Preismodell bestehen. Dieses sollte deutlich aufzeigen, für welche einzelnen Leistungen welcher Vergütungsposten in Rechnung gestellt wird. Hier gilt, je komplexer und diversifizierter die Vermögenswerte sind, desto höher ist der Aufwand und folglich auch der Vergütungsanspruch.

Scheuen Sie sich nicht vor diesen Kosten, bei Banken mit Standardlösungen bezahlen Sie in der Regel weitaus mehr bei meist schlechterer Leistung. Die Kosten sind Ihnen nur nicht bewusst, da diese in der Regel nicht transparent sind und nicht offen ausgewiesen werden.

Sollten Mandanten Zusatzleistungen des Family Offices in Anspruch nehmen, sollten diese auch gesondert berechnet werden. Ebenso besteht bei etablierten Family-Office-Anbietern die Möglichkeit, neben einer punktuellen oder fallbezogenen Beratungsleistung ein dauerndes Beratungsmandat über einen längeren Zeitraum zu erteilen und somit die Leistungen über einen längeren Zeitraum in Anspruch zu nehmen. Diese Konstellation ist sicherlich die sinnvollste für beide Seiten, da Family Office sowie Mandant von lange andauernden und vertrauensvollen Partnerschaften – nachhaltig und zu beiderseitigem Vorteil – am meisten profitieren.

Erfahrungen zeigen, dass die Erstellung einer umfassenden und qualitativ hochwertigen Finanzplanung den außerordentlichen Einsatz eines kompetenten Finanzplaners und einer entsprechend leistungsfähigen Software bedingt.

Generell sollten die Vergütungen honorarbezogen sein, wie beispielsweise bei Anwälten üblich. Der Vergütungsanspruch bemisst sich also nach dem geleisteten Zeitaufwand, der auf Stundenbasis abgerechnet wird. Für einen solch umfangreichen Finanzplan zeigen Marktbeobachtungen, dass durchschnittlich (je nach Komplexität der Vermögenswerte und –strukturen) circa 50 Stunden an Erstellungszeit anfallen und ebenso die entsprechende Software fortlaufend auf dem aktuellen Stand der Steuergesetzgebung und der Finanzinstrumente (Produkte) gehalten werden muss.

Hierbei geben Honorare auch einen Anhaltspunkt, wie ernsthaft Finanzplanung unter den Gesichtspunkten der Kompetenz und Neutralität betrieben wird. Finanzplanung steht und fällt mit der Neutralität des Produktangebotes sowohl im Anlageproduktbereich wie auch bei den Service- und Dienstleistungsprodukten.

Gerade im Bereich der professionellen, reinen Vermögensverwaltungen liegt aus meiner Sicht auch die Zukunft bei Anbietern von honorarbasierten Vermögensverwaltungen. Über kurz oder lang sollten die Zeiten von „Produktverkäufern" zumindest im gehobenen Privatkundensegment ein Ende haben und die qualitativ hochwertige Beratung sowie die transparente Preisgestaltung im Mittelpunkt stehen.

Glossar

Abgeltungssteuer

Als so genannte Abgeltungssteuer werden beispielsweise Pauschalsteuern bezeichnet, mit der die weiteren Steueransprüche des Staates gänzlich erlöschen. Das heißt, durch die Einbehaltung wird die Steuerschuld des Steuerpflichtigen komplett abgegolten. Abgeltungssteuern werden im internationalen Steuerrecht häufig zur Verfahrensvereinfachung eingesetzt, etwa in Österreich die Steuer auf Kapitalvermögen. Abgeltungssteuern sind in der Regel unabhängig (Pauschal) von den individuellen Sätzen der Steuerpflichtigen und vereinfachen komplexe Steuersysteme.

ABS (Asset Backed Securities)

Ziel von ABS-Strukturen ist es, bisher nicht liquide Vermögensgegenstände in festverzinsliche handelbare Wertpapiere umzuwandeln (**Securisation**). Hierbei werden bestimmte Finanzaktiva eines Unternehmens in einen Forderungspool eingebracht, der treuhänderisch von einer Finanzierungsgesellschaft verwaltet wird. Banken können beispielsweise über die Emission von Asset Backed Securities Kredite aus ihrer Bilanz nehmen und am Markt verkaufen. Sie reduzieren dadurch ihre

Risikoaktiva und andere Investoren können sich andererseits einfach an diesen Kreditportfolios beteiligen.

Absolute Return

Unter Absolute Return versteht man die Zielsetzung, innerhalb eines bestimmten Anlagezeitraumes eine gewisse Mindestrendite zu erzielen – hier geht es also nicht wie beim Total return um das Maximum nach oben, sondern um das Minimum nach unten. Dieser Mindestertrag ist oftmals auch der Kapitalerhalt (Garantieprodukte) oder eine gewisse Grundverzinsung.

Siehe auch **Rendite**.

Aktiengesellschaft (AG)

Das Aktiengesetz des jeweiligen Landes bildet die gesetzliche Grundlage für Aktiengesellschaften (AGs). Die AG ist eine Kapitalgesellschaft mit eigener Rechtspersönlichkeit, also eine juristische Person.

In Deutschland beispielsweise sind die Organe der Gesellschaft die Hauptversammlung, der Aufsichtsrat und der Vorstand. Der Gewinn einer solchen Gesellschaft unterliegt der Körperschaftsteuer. Aktiengesellschaften können auch als **Holding-** oder **Domizilgesellschaften** eingesetzt werden

Alternative Investments

Alternative Investments oder „nicht-traditionelle Anlagen" sind Anlageformen, die sich von traditionellen Investments durch eigenständige Merkmale und Charakteristiken abgrenzen. Sie besitzen oftmals eine geringere Liquidität als traditionelle Anlagen und verfolgen das Ziel einer absoluten positiven Renditeentwicklung. Die erzielbaren Renditen (insbesondere im Verhältnis zu den eingegangenen Risiken) können bei einer breiten Risikostreuung innerhalb der alternativen Investments überdurchschnittlich sein. Die Grenzen zwischen traditionellen und nicht-traditionellen Investments verlaufen fließend. Die beiden weitaus bekanntesten Kategorien alternativer Investments sind Hedgefonds und Private-Equity-Produkte. Ein weiterer Vorteil von AIs ist auch die oftmals geringe Korrelation mit traditionellen Anlageformen.

Allfinanz

Viele Kreditinstitute sind bestrebt, ihren Kunden über die herkömmlichen Bankleistungen wie Einlagen, Kredite und Zahlungsverkehr hinaus weitere Finanzdienstleistungen unter einem Dach zu bieten. Dieses Ziel erfüllt das Allfinanz-Konzept: Danach können insbesondere Bauspar- und Versicherungsverträge von Tochtergesellschaften oder Kooperationspartnern der Banken über die Filialen vermittelt werden; auch ein Immobilien-Vermittlungsservice gehört oft zum Leistungsumfang. Ein besonders weites Feld der Zusammenarbeit insbesondere mit Versicherungen eröffnet sich für die Banken bei Konstruktion und Vertrieb komplexer Produkte der privaten Altersvorsorge. Unter Berücksichtigung dieser Komponenten wird zudem verstärkt ein umfassendes Vermögensmanagement (Portfolio Management) angeboten. Für Firmenkunden kommen Leasing und Unternehmensberatung, Finanzanlagenbetreuung, betriebliche Altersvorsorge sowie Vermittlung gewerblicher Immobilien hinzu.

Das Angebot verschiedener Anlage- beziehungsweise Finanzprodukte aus einer Hand ist mit größerer Bequemlichkeit für die Kunden verbunden und auch mit erhöhten Anforderungen an die Qualifikation der Kundenberater der Banken. Deren Aufgabe ist es, ein den individuellen Bedürfnissen der Kunden möglichst optimal entsprechendes Produktbündel zusammenzustellen.

Zu beachten ist, dass das „Alles-aus-einer-Hand-Konzept" Risiken schafft (vor allem systembedingte- und operationale Risiken!). Eine Verteilung auf mehrere Anbieter macht Sinn, das Vermögen sollte jedoch möglichst von alternativer, neutraler und unabhängiger Seite in seiner Gesamtheit beurteilt werden.

Anomalien (Finanzmarktanomalien)

Auf den ersten Blick sind Kapitalmärkte **effizient**. Alle zur Verfügung stehenden Informationen über ein Unternehmen, ein Land oder eine Währung sind im Kurs enthalten. Abweichend von dieser Annahme eines effizienten Marktes sind jedoch auch Verwerfungen an den Finanzmärkten möglich. Derartige Phänomene werden mit dem Begriff Finanzmarktanomalien bezeichnet, d. h. periodische Kurs- beziehungsweise Renditeschwankungen kommen vor. Wie die „Bauernregel" des Vermögensmanagements „Lege niemals alle Eier in einen Korb" sind Finanzmarktanomalien im Bereich der Behavioral Finance anzusiedeln. Eine der bekanntesten Regeln ist wohl „Sell in May and go away, but remember to come back in September".

Es gibt mittlerweile sogar Zertifikate, die im Mai umschichten von Aktien auf Renten und im September (statistisch der schlechteste Börsenmonat, nicht wie allgemein angenommen der Oktober) wieder Renten auf Aktien umschichten.

Anstalt des öffentlichen Rechts

Eine Anstalt des öffentlichen Rechts ist ein verselbstständigter Bestand von Sach- und Personalmitteln, der eine bestimmte Verwaltungsaufgabe erfüllen soll, zum Beispiel Rundfunkanstalten, kommunale Sparkassen, Bundesanstalt für Arbeit.

Eine Anstalt des öffentlichen Rechts nimmt keine Mitglieder auf, sondern der Zweck wird durch eine Benutzungsmöglichkeit gewährt.

Ausschlaggebend ist nicht die Bezeichnung der juristischen Person, sondern das Vorliegen der Voraussetzungen, da es Körperschaften gibt, die als Anstalten bezeichnet werden.

Eine Anstalt kann durch den Verwaltungsträger durch Gesetz oder aufgrund eines Gesetzes errichtet oder aufgelöst werden.

Innerhalb der Anstalt werden die Rechtsverhältnisse durch die Anstaltssatzung geregelt, die entweder vom Anstaltsträger oder von den Anstaltsorganen erlassen wird.

Das Verhältnis zum Benutzer der Anstalt wird durch die Benutzungsordnung geregelt und kann privatrechtlich oder öffentlich-rechtlich ausgestaltet werden.

Asset Allocation

Asset Allocation beschreibt die Aufteilung von Anlagemitteln und Vermögenswerten auf verschiedene Anlageformen. Anleger legen hierbei in einem Analyseprozess fest, wie und wann sie ihre liquiden Mittel in die jeweiligen Anlageklassen (zum Beispiel Aktien, Anleihen, Immobilien, alternative Investments usw.) investieren.

In dieser Publikation wird eine Erweiterung dieser klassischen Asset Allocation vorgenommen, um auch eine Aufteilung und Streuung der Vermögenswerte nach Anlageländern, Rechtsformen für die Anlagen, Anlagebanken, Rechtsräumen und Regionen vorzunehmen.

Asset Klassen

Siehe **Asset Allocation**

Asset Meltdown

Die sogenannte Asset-Meltdown-Hypothese geht davon aus, dass die starke Generation der Babyboomer um 2020/2030 in Rente gehen wird. Sie wird dann ihre Vermögenswerte veräußern, um mit den Erlösen einen Teil ihres Alterskonsums zu finanzieren. Die stark sinkende Nachfrage nach Finanzanlagen, lässt die Kapitalrenditen absinken und die Vermögen abschmelzen. In diversen Global-Aging-Studien wird analysiert, welche Auswirkungen die weltweite Bevölkerungsalterung auf die Arbeits-, Güter- und Kapitalmärkte hat.

Atypische stille Gesellschaft

Beteiligt sich ein Kapitalgeber an einem Unternehmen, so kann dies in der Form einer atypischen stillen Gesellschaft erfolgen. Für die steuerliche Anerkennung wird formell ein beim Notar dokumentiertes Gesellschaftsverhältnis (Notarvertrag) vorausgesetzt. Die vertraglich vereinbarte Zinszahlung beziehungsweise Gewinnbeteiligung ist dann bei der Firma, die kapitalmäßig unterstützt wird, als Betriebsausgabe absetzbar. Der atypisch stille Beteiligte wird allerdings nur dann zum so genannten **Mitunternehmer**, wenn er als Teilhaber Mitunternehmerrisiko trägt und eine Mitunternehmerinitiative entfalten kann. Das heißt, er muss am laufenden Gewinn und an den stillen Reserven des Unternehmens einschließlich eines zu ermittelnden Geschäftswertes beteiligt werden. Die Vereinbarung einer einfachen Globalabfindung bei Ausscheiden aus der Gesellschaft genügt nicht.

Andererseits kann ein atypischer stiller Gesellschafter und Mitunternehmer auch sein, wer nicht am Verlust, an den stillen Reserven und am Geschäftswert beteiligt ist, jedoch wie ein Unternehmer auf das Schicksal des Unternehmens Einfluss nehmen kann. Dies ist immer dann anzunehmen, wenn dem stillen Gesellschafter die Geschäftsführung des Unternehmens überlassen wird.

Ausfallrisiko

Das Ausfallrisiko gibt die Wahrscheinlichkeit an, mit der das Vermögen eines Anlegers (zum Beispiel 100.000 EUR) nach einer gewissen Zeit (beispielsweise 24 Monate) unter einen bestimmten Wert – auch Schwellenvermögen genannt – fällt. In diesem Zusammenhang interessiert, wie groß die Wahrscheinlichkeit ist, dass der Anleger nach einer gewissen Zeit weniger als das Anfangsvermögen besitzt. Somit ist das Anfangs- auch das Schwellenvermögen. Damit wird ausgedrückt, wie wahrscheinlich ein Kapitalverlust ist. Rechnet man 100 % minus das Ausfallrisiko, gibt dies an, wie sicher die Kapitalerhaltung ist.

Siehe auch **Value at Risk**.

Ausflaggen / Migration / Wohnsitzverlagerung

Seit den 70er Jahren sind allein aus Deutschland weit mehr als eine Million Bundesbürger ausgewandert. Ein Teil gleich bis nach Übersee, der andere Teil hauptsächlich in die Nachbarstaaten wie Österreich oder die Schweiz.

Dazu kommen die Sonnenhungrigen, die auf Inseln im Mittelmeer, im Atlantik, in Südostasien oder Ozeanien wechselten. Viele nutzen wärmere Klimazonen auch für Altersruhesitze. Inzwischen ist aus vereinzelten Wegzüglern eine große Gruppe geworden. Unternehmer, Handwerksmeister, Freiberufler und vermögende Privatiers suchen dabei nach Wegen, hohen Steuerbelastungen (Erbschaftsteuern, Vermögensteuern, Unternehmensteuern, Einkommensteuern usw.) zu entrinnen. Gibt es hierzu im eigenen Land keine entsprechenden Möglichkeiten, lassen sich mit einem Wegzug ins Ausland erhebliche Mobilitätsgewinne erwirtschaften und interessante Strukturierungsmöglichkeiten gestalten. Doch wer sich mit dem Gedanken trägt, seinen Wohnsitz ins Ausland zu verlegen, sollte dies nicht nur wegen der Steuerersparnis tun. Wenn Geld allein nicht glücklich macht, dann gilt dies ganz besonders für die Migration. Häufig kommt es zu Spannungen in den Familien und auf fremdem Boden wird nicht jeder heimisch. Manche Auswanderer werden einerseits unglücklich, andererseits müssen sie erfahren, dass es auch im neuen Domizilland Finanzämter gibt. Deshalb ist es notwendig, bereits vor dem großen Umzug die im Zielland gültigen Steuergesetze gemeinsam mit Experten genau zu prüfen, um sich nicht in eine andere Steuerabhängigkeit zu begeben. Generell sollte aber kein Wegzug aus rein steuerlichen Gründen erfolgen. Wichtigste Maxime ist Einkommen zu steigern, Risiken zu minimieren und dies in einem Land, in dem man neben idealen Rahmenbedingungen auch ein positives privates Umfeld hat. Nur dadurch ist eine deutliche Steigerung der Lebensqualität zu erreichen.

Ausländische Kapitalerträge

Wer sein Geld (als deutscher Staatsbürger beispielsweise) ganz offiziell im Ausland anlegt und Zinsen oder Dividenden kassiert, muss sie bei seinem deutschen Finanzamt regelmäßig melden und pflichtgemäß versteuern. Das Besteuerungsrecht für so genannte „Erträge aus Kapitalvermögen" liegt nämlich ausschließlich (für unbeschränkt Steuerpflichtige, d. h. dauerhaft in Deutschland wohnende Personen) beim deutschen Finanzamt. Wurde vorher im Anlageland bereits Steuer entrichtet, so muss dies nicht nachteilig sein. Je nach der **Doppelbesteuerungs-**Vereinbarung zwischen den Staaten (Anlagestaat und Bundesrepublik Deutschland) kommt die Anwendung zweier unterschiedlicher Steueranrechnungsverfahren in Frage. So kann zum Beispiel die bereits im Ausland bezahlte Quellensteuer auf die deutsche Einkommensteuer des Anlegers angerechnet werden, allerdings nur bis zur Höhe der entsprechenden deutschen Einkommensteuer.

Besteht dagegen mit dem Anlageland eine Vereinbarung über die so genannte „Freistellungsmethode" zur Vermeidung doppelter Steuer, so hat die deutsche Finanzverwaltung lediglich das Recht, die Steuer auf den so genannten **Progressionsvorbehalt** nachzubelasten.

Siehe auch **EU-Zinssteuer.**

Basel II

Kurzform für die geplante Baseler Eigenmittelverordnung, die ab 2007 in Kraft treten soll und heute bereits bei den Banken Anwendung findet. Unter anderem richten sich die Kreditzinsen von Banken dann nach der Bonität des Schuldners. Je besser die Bonität, desto geringer die Zinsbelastung und umgekehrt.

Behavioral Finance

„Psychologie der Finanzmärkte und Marktteilnehmer"

In den letzten Jahren ist zunehmend deutlich geworden, dass die Psychologie an den Finanzmärkten eine immer wichtigere Rolle spielt und somit auch den Einfluss rationaler Handlungen der Börsenakteure zurückdrängt. Mit Behavioral Finance hat sich ein neuer Forschungszweig herausgebildet, der psychologische und ökonomische Erkenntnisse konsequent zusammenführt. Die verhaltenswissenschaftliche Kapitalmarktforschung stellt die psychologische Analyse einzelner Menschen als Marktteilnehmer bewusst in den Mittelpunkt. Dabei werden Prozesse der Informationsverarbeitung sowie der Urteilsbildung und der Entscheidungsfindung untersucht. Nur so lassen sich z. B. das „unlogische“ oder „irrationale“ Verhalten von Anlegern und auch damit zusammenhängende Kursentwicklungen transparent und verständlich machen. Behavioral Finance ist aber deutlich mehr als nur Börsenpsychologie! Für Finanzdienstleister ist der Ansatz in vielen zentralen Fragen des Finanzmanagements und der Kundenberatung von enormer praktischer Bedeutung. Da es letztlich um das Verhalten von Menschen und Organisationen im finanzwirtschaftlichen Kontext geht, ändert sich auch die Terminologie von Behavioral Finance zu Financial Behavior.

Benchmark

Unter einer Benchmark versteht man eine Vergleichsgröße, anhand derer der Erfolg eines Portfoliomanagers gemessen wird. Dies können bei Aktienanlagen beispielsweise Indizes sein. Ein erfolgreicher Manager erwirtschaftet eine Rendite, die oberhalb seiner Benchmark liegt, durch aktives Management. So ist allerdings unter erfolgreichem Management auch eine Rendite von -10 Prozent zu sehen, wenn die Benchmark eine Entwicklung von -12 Prozent aufweist. Eine Entwicklung von +20 Prozent ist dann als wenig erfolgreich einzustufen, wenn die zugrunde gelegte Benchmark eine Entwicklung von +25 Prozent erzielt hat.

Beschränkte Steuerpflicht

Als beschränkt steuerpflichtig gelten Personen, die im Inland (Bundesrepublik Deutschland) keinen Wohnsitz oder keinen gewöhnlichen Aufenthalt haben. Mit ihren Einkünften, die sie im Inland beziehen, sind sie dann beschränkt steuerpflichtig. Die Steuerpflicht beschränkt sich auf die derzeit in § 49 EStG aufgeführten inländischen Einkünfte.

Hierzu zählen:
- Einkünfte aus einer im Inland betriebenen Land- und Forstwirtschaft
- Einkünfte aus Gewerbebetrieb (zum Beispiel, wenn im Inland eine Betriebsstätte oder eine ständige Vertretung existiert)
- Einkünfte aus selbstständiger Arbeit, wenn diese im Inland ausgeübt oder verwertet werden
- Einkünfte aus nichtselbstständiger Arbeit, wenn sie im Inland ausgeübt oder verwertet wird
- Einkünfte aus Kapitalvermögen
- Einkünfte aus Vermietung und Verpachtung
- sonstige Einkünfte im Sinne des § 22 EStG (deutsches Recht)

Best Buy, Best Select, Best of Breed (Empfehlungslisten)

Diese Begriffe stehen für einen produktneutralen Beratungs- und Betreuungsansatz von Banken und Vermögensverwaltern.

Experten (Produktresearch) filtern dabei aus dem Produktangebot an den internationalen Märkten nur Wertpapiere, Finanzprodukte und Anlageformen heraus, die überzeugen und in ihrer Produktkategorie die Besten und Effizientesten sind. Die Auswahl erfolgt anhand strenger Qualitätskriterien wie Investmentansatz, historische Wertentwicklung, Risikokennziffern, Qualität des Research und des Service, Marktreputation, Erfahrung sowie Kosten und Referenzkunden des Anbieters. Grundsätzlich sollte auch gelten: Rating vor Ranking, da gerade strukturierte Produkte rechtlich wie Anleihen zu bewerten sind und somit Bonitätsrisiken der **Emittenten** zu beachten sind. Der Kunde hat damit die Gewissheit, das am besten geeignete Produkt zur Lösung seiner individuellen Aufgabenstellung zu bekommen.

Siehe auch **Open Architecture**.

Beteiligung

Unter einer Beteiligung ist in der Regel eine unter gesellschaftsrechtlichen Bedingungen geregelte Kapitalhingabe an Kapital- oder Personengesellschaften und ihnen wirtschaftlich gleichstehende gesellschaftsähnliche Kapitalanlagen (zum Beispiel **stille Beteiligungen**) zu verstehen. In der Regel ist der Einsatz von Kapital durch einen Kapitalgeber auch der Schlüssel für die Beeinflussung der Unternehmenspolitik. Eine Beteiligung bezweckt zudem einen entsprechenden anteiligen Anspruch an den erwirtschafteten Erträgen, darüber hinaus aber auch das Risiko des Kapitalverlustes beziehungsweise der Kapitalminderung. Ein weiterer wichtiger Anspruch richtet sich auf die Beteiligung an einem möglichen (überschießenden) Liquidationserlös.

Siehe auch **atypische stille Beteiligung.**

Bottom-up-Ansatz

Beim Bottom-up-Ansatz selektiert der Vermögensmanager gezielt einzelne Wertpapiere, ohne eine aus der Analyse volkswirtschaftlicher Daten resultierende Länderquote zu berücksichtigen. Gegenteil: **Top-Down-Ansatz**.

Buyout

Ein Buyout stellt die Übernahme eines Unternehmens oder von Unternehmensteilen durch käuflichen Erwerb dar.

Captives

Eine Captive ist eine unternehmenseigene (Rück-)Versicherungsgesellschaft, die einem einzelnen (single parent) oder mehreren (multi parent) versicherungsfremden Unternehmen gehört und die hauptsächlich die Risiken ihrer Eigentümer versichert. „Rent-a-Captive“ sind Versicherungsgesellschaften, die den Zugang zu den Funktionen einer Captive bieten, ohne dass die Unternehmen eine eigene Captive gründen müssen. Sie zahlen für die gemeinsame Nutzung eine Gebühr und stellen eine Sicherheit. Diese Lösung ist für mittelgroße Firmen oder auch vermögende Privatpersonen am vorteilhaftesten, da sie das Kapital für eine eigene Captive sparen. Seit 1997 bieten Captive-Organisationen, die auf Inseln wie den Bahamas, den Cayman Islands oder den Bermudas niedergelassen sind, so genannte **Protected Cell Companies** (PCCs) an. Jeder Kunde erhält ein eigenes, isoliertes Konto, über das Prämien, Schäden und Anlageerträge abgewickelt werden. Allein auf den Bermudas waren im Jahr 2002 1.136 der weltweit 4.560 Captives firmenansässig. Entstanden sind Captives Ende der 60er Jahre aus Unzufriedenheit über die ineffizienten Prozesse und über die anhaltend hohen Preise bei der Finanzierung gut prognostizierbarer Grundrisiken des Versicherungsmarktes.

Contract for Difference (CFD)

Ursprünglich wurden CFDs von großen Institutionen verwendet, um ihre Aktienexponierung kostengünstig abzudecken. Heute sind CFDs geläufige Marktwerkzeuge, die von Privatanlegern in der ganzen Welt genutzt werden.

Wie der Name vermuten lässt, ist ein CFD ein Barausgleich eines Differenzgeschäftes zwischen dem Kaufpreis und Verkaufspreis eines Finanzinstrumentes.

Ein CFD spiegelt die Performance eines Instruments wider, u. a. Aktien, Rohstoffe oder Währungen, und bietet den Vorteil, diese handeln zu können, ohne das Instrument selbst effektiv besitzen zu müssen.

CFDs bieten gerade aktiven Marktteilnehmern eine Reihe von Vorteilen gegenüber anderen Handelsinstrumenten.

Corporate-Governance-Kodex

„Ehrenkodex“, der für deutsche Unternehmen eingeführt wurde. Mit diesem Regelwerk sollen geltende Regelungen für Unternehmensleitung und –überwachung für nationale wie internationale Investoren transparent gemacht werden, um so das Vertrauen in die Unternehmensführung der Gesellschaften zu stärken. Der Kodex gibt also einen Rahmen vor, speziell für große und börsennotierte Kapitalgesellschaften.

CPPI-Modelle (Constant Proportion Portfolio Insurance)

Unter CPPI-Strukturen versteht man so genannte dynamische Portfolio-Versicherungskonzepte, d. h. Partizipation an steigenden Märkten bei gleichzeitigem Schutz vor Nominalwertverlusten. Die Absicherung des Portfoliomindestwertes bei paralleler Wahrnehmung von Kursgewinnchancen wird durch Portfolioumschichtungen zwischen risikobehafteten Anlageklassen und einer risikolosen Anlage vorgenommen. Eine sogenannte „Constant Proportion Portfolio Insurance" ist eine passive und damit prognoseunabhängige Strategie. Mittels mathematischer und technischer Programme werden unterschiedliche Parameter festgelegt und es ist eine Vielzahl von CPPI-Konzepten darstellbar. In der Praxis steht hinter einer Vielzahl von Strategie- und Garantiezertifikaten ein CPPI-Modell.

Cross Border Banking

Im Gegensatz zum reinen Offshore Private Banking bedeutet der Begriff Cross Border Banking die Veranlagung von Vermögen in Jurisdiktionen und bei Vermögensverwaltern in Ländern, die nicht Steuerdomizil des Anlegers sind. Im Idealfall verfügt der betreuende Vermögensverwalter über die gleichen oder bessere Serviceleistungen und über die gleichen Kenntnisse und Fähigkeiten im Bereich des ausländischen Familien-, Erb-, Steuer- und Gesellschaftsrechts sowie über die gleich gute Vermögensverwaltungskompetenz wie eine Bank oder ein Vermögensverwalter im Heimatland des Anlegers.

Deckungsstock

Der so genannte Deckungsstock ist der Anteil an einer Lebensversicherung, der in erster Linie zur Deckung der unmittelbaren Ansprüche der Versicherten bestimmt ist. In Deutschland regeln beispielsweise strenge Versicherungsgesetze, welche Vermögenswerte in den Deckungsstock einbezogen werden können. Für seinen Aufbau gelten in

Deutschland also strenge Vorschriften, die den Grundsätzen der Streuung, Sicherheit und Rentabilität Rechnung tragen sollen. Ausländische Versicherungsgesetze (**liechtensteinische Lebensversicherung**) bieten hier interessante Alternativen um diesen Deckungsstock individuell und flexibel zu gestalten.

Demografie

Unter Demografie versteht man die Beschreibung des Zustandes und der Veränderung von Bevölkerung und Bevölkerungsteilen mit statistischen Methoden. Demografische Daten und deren zukünftige Veränderungen sollten auch Eingang finden in ein ganzheitliches Vermögensmanagement nicht nur auf der Ebene der quantitativen Streuung.

Derivate

Optionsscheine, Optionen, Futures und Zertifikate beziehungsweise **strukturierte Produkte,** die die Entwicklung von Basiswerten wie Aktien, Indizes, Zinssätze, Fonds etc. abbilden. Der Wert des Derivates leitet sich aus dem Preis des jeweiligen Basiswertes ab. Derivate können als Mittel zur Beschränkung des Risikos beim Wertpapierhandel dienen, gleichzeitig jedoch die Möglichkeit bieten, spekulativ Risiken einzugehen. Weil diese Produkte abgeleitet sind und somit „künstlich" zusammengesetzt werden, spricht man auch von synthetischen Finanzprodukten.

DINKs

Dieser Begriff, der aus der Marktforschung beziehungsweise dem Marketing kommt, beschreibt einen Trend in unserem Gesellschaftsbereich und steht für „**D**ouble **I**ncome, **n**o **K**ids". Wörtlich übersetzt heißt dies: doppeltes Einkommen und keine Kinder. Ein Trend unserer Gesellschaft geht hin zu immer mehr Lebenspartnerschaften (auch gleichgeschlechtlichen) mit zwei Beschäftigungsverhältnissen und keinen Kindern.

Direktbanking, Direktbrokerage

Direktbanking/Direktbrokerage bezeichnet die Wertpapierdienstleistung einer Direktbank oder eines Discountbrokers. Diese Dienstleistung erfolgt ohne Anlageberatung und für bereits erfahrene Anleger stellt sie eine kostengünstige und flexible Alternative zur klassischen Abwicklung über eine Allfinanzbank oder eine Spezialbank (**Private Banking**) dar. Direktbanking steht für telefonisch oder über Internet getätigte Finanztransaktionen. Dabei wird völlig auf eine Filialpräsenz verzichtet. Diese Dienstleistung wird mittlerweile von fast allen Banken angeboten.

Ein Discountbroker bietet im Vergleich zu einem herkömmlichen Broker Wertpapiergeschäfte zu sehr niedrigen Kauf- und Verkaufsgebühren an. Der Kunde kann seine Order dabei telefonisch oder per Internet abgeben. Auch hier erhält der Kunde in der Regel keine Beratungsleistungen.

Direktinvestitionen

Seit Mitte der 80er Jahre errichten Unternehmen weltweit immer häufiger Betriebsstätten oder Tochterunternehmen im Ausland oder sie beteiligen sich an ausländischen Unternehmen. Diese Arten des Kapitaltransfers werden als Direktinvestitionen bezeichnet. Sie stellen mittlerweile die dynamischste Form der internationalen Arbeitsteilung dar und wurden zum Motor der Globalisierung. Mit Direktinvestitionen können gleichzeitig Arbeitsplätze ins Ausland verlagert, dort aber auch neu geschaffen werden. Außerdem kann die kostenorientierte Streuung von Betriebsstätten die Wettbewerbsposition des heimischen Unternehmens stärken und damit Arbeitsplätze im Inland sicherer machen. Direktinvestitionen dienen zunächst einmal der Gewinnung und Sicherung ausländischer Märkte. Sie orientieren sich aber auch an den unterschiedlichen Standortqualitäten, vor allem am Gefälle der Arbeitskosten.

Siehe auch **Portfolioinvestitionen**.

Disintermediation

Unter Disintermediation versteht man das Ausschalten von Zwischenstufen oder Vermittlern, um direkter an den Kunden heranzukommen. In der Finanzbranche hat der Satz von Bill Gates „Banking is necessary, banks are not“ (Bankgeschäfte sind notwendig, Banken aber nicht) nachhaltig Einzug gehalten. Durch die digitale Wirtschaft verlieren traditionelle Intermediäre/Vermittler an Bedeutung. Mit der digitalen Wirtschaft entstehen auf der anderen Seite jedoch „neue“ Marktunvollkommenheiten, die Möglichkeiten für „neue“ Intermediäre bieten.

Diversifikation

Als Diversifikation (=Risikostreuung) bei der Geldanlage bezeichnet man ein Anlageverhalten, das eine ausgewogene Portfolio-Mischung anstrebt. Ziel von Diversifikation ist zumeist die Risikominimierung. Die klassische Diversifikation bezieht sich in der Fachliteratur meist auf die Risikostreuung in unterschiedliche Asset-Klassen wie Renten, Aktien, Immobilien, Rohstoffe oder Optionen und Futures beziehungsweise Branchen und Länder.

Anlageziel der Diversifikation kann sein, durch geeignete Mischung der Assets eine möglichst hohe Rendite bei gleichbleibendem, kalkuliertem Risiko zu erreichen. Ein anderes formuliertes Anlageziel kann sein, bei einer vorgegebenen Renditeerwartung (zum Beispiel 5 % p.a.) das Verlustrisiko auf ein Minimum zu begrenzen.

Die ideale Diversifikation ist so umfassend, dass keine **Korrelationen** zwischen den einzelnen Assets existieren. Erwirtschaften zudem die einzelnen, nicht korrelierenden Assets noch eine maximale Rendite, so ergibt sich das ideale, in der Realität aber nie existierende Portfolio.

Die mehrdimensionale Diversifikation bindet auch eine Risikostreuung in unterschiedliche Länderjurisdiktionen und Rechtsräume, Rechtsformen, Rechtsnaturen und Banksysteme beziehungsweise Vermögensverwalter ein und geht somit weit über die klassische Diversifikationsdefinition im Finanzbereich hinaus. Das Gegenteil sind **konzentrierte** Vermögensanlagen.

Domizilgesellschaft

Der Begriff der Domizilgesellschaft ist gesetzlich nicht definiert. Man versteht darunter Gesellschaften mit Sitz im Ausland (vorwiegend in Niedrigsteuerländern, sog. **Steueroasen**), die dort zwar ihren offiziellen Sitz (Domizil) haben und damit rechtlich existent sind, jedoch keine oder nur eine unbedeutende wirtschaftliche Tätigkeit entfalten. Sie werden von natürlichen oder juristischen Personen im Gebiet eines anderen Staates beherrscht und nehmen deren internationale wirtschaftliche Interessen wahr, z.B. indem sie Beteiligungen in dritten Staaten halten oder Kapitalanlagen verwalten. Diese Gesellschaften werden häufig zwischen das inländische Unternehmen und andere Gesellschaften zwischengeschaltet und dienen oftmals allein dem Zweck der Steuerreduktion.

Domizilgesellschaften unterhalten in der Regel keine eigenen Räume, beschäftigen kein eigenes Personal, unterhalten keinen eigenen Geschäftsbetrieb und sind bei einem Domizilträger (Treuhänder) untergebracht.

Doppelbesteuerungsabkommen

So genannte DBA sind bilaterale Abkommen zwischen zwei Staaten, die das Ziel haben, eine Doppelbesteuerung zu vermeiden. Die Besteuerung wird darin je nach Tatbestand nur einem der Staaten zugebilligt, der andere hat in der Regel allerdings das Recht auf Anwendung des Progressionsvorbehalts. Findet dennoch eine Doppelbesteuerung statt, so kann in der Regel die im Ausland gezahlte Steuer ganz oder teilweise auf die inländische Steuer angerechnet werden.

Downside protection

Begrenzung der möglichen Verluste eines Wertpapierinvestments auf einen maximalen Ausfall.

DUBAI Limited Liability Company (LLC)

Die Dubai LLC hat große Ähnlichkeit mit der deutschen GmbH. Unter den Gesichtspunkten der geopolitischen Diversifikation beziehungsweise des Risikomanagements gelten wiederum die Beschreibungen wie bei einer US Corporation, einer UK Limited oder einer spanischen S.L. Mit einer Dubai LLC bietet sich jedoch neben der Diversifikation in einen weiteren Rechtsraum und ein geografisch anderes Land die Möglichkeit, interessante Steuervorteile je nach Abkommen (Doppelbesteuerungsabkommen) zu nutzen. Mit Deutschland beispielsweise hat Dubai ein äußerst lukratives DBA.

Due Diligence

Der Begriff „Due Diligence" stammt aus der angloamerikanischen Rechtssprache und beschrieb ursprünglich die umfassenden Analysen von Übernahme- oder Fusionskandidaten durch spezialisierte Wirtschaftsprüfungsunternehmen vor Firmenfusionen oder -übernahmen. Die Due Diligence soll die Zukunftsentwicklung, mögliche Risiken und sich ergebende Chancen aufzeigen und bewerten.

Im Bereich des Vermögens- und Risikomanagements sollte auch bei vielen einzelnen Entscheidungsparametern (zum Beispiel Bank, Vermögensverwalter, Produkt, Jurisdiktion, Rechtsform usw.) vor Abschluss eine umfassende Prüfung erfolgen.

Durchgriffshaftung

Im Normalfall haftet ein Gesellschafter einer GmbH nur in der Höhe des eingebrachten Stammkapitals dieser GmbH. Dies gilt zum einen jedoch nicht für persönliche Sicherheiten, die ein Gesellschafter oder Geschäftsführer einer Bank für Kredite gegeben hat. Zum anderen kann es gravierende Auswirkungen haben, wenn ein Geschäftsführer während der Krise seines Unternehmens noch (fahrlässig oder grob fahrlässig) Verträge abgeschlossen und dabei die schwierige finanzielle Lage des Unternehmens verheimlicht hat. Hier haftet er unter Umständen dann auch mit seinem Privatvermögen und die so genannte Durchgriffshaftung kommt zur Geltung. Viele ausländische Gesellschaftsformen kennen diesen Haftungstatbestand nicht oder nur bei schweren kriminellen und/oder vorsätzlichen Taten (Drogen, Terrorismus, Waffenhandel).

Effizienz/Effizienzgrenze

Ein Depot wird dann als effizient bezeichnet, wenn sich das Risiko nicht weiter reduzieren lässt, ohne Einbußen hinsichtlich der Performance hinzunehmen, und wenn sich die Performanceerwartung nicht weiter steigern lässt, ohne das Risiko gleichzeitig zu erhöhen. Die Effizienzgrenze ist eine Kurve im Risiko/Performance-Diagramm, auf der alle effizienten Depots liegen. Alle möglichen Depots liegen im Risiko/Performance-Diagramm rechts unterhalb der Effizienzgrenze.

Effizienter Markt

Die entscheidende Rolle beim aktiven Management spielt die Transparenz der Märkte. Je effizienter ein Aktienmarkt ist, desto schwieriger wird es für einen Investor, den vorgegebenen Index zu schlagen. Bei einem vollkommenen effizienten Markt sollte es nahezu unmöglich sein, dauerhaft den Index zu schlagen. Ein effizienter Markt bedeutet, dass sämtliche Informationen allen Marktteilnehmern unmittelbar zur Verfügung stehen. Kein Marktteilnehmer kann bereits vorher die Informationen Gewinn bringend einsetzen. Wenn alle Experten und großen Anleger rund um die Welt einen ähnlichen Kenntnisstand haben, dann sind diese Informationen im Prinzip schon im Kurs der jeweiligen Aktie enthalten. Anders gesagt: Es ist äußerst schwierig, effizienter als der Markt zu sein, denn der Markt wird von vielen Teilnehmern bestimmt, die mehr oder weniger die gleiche Informationsbasis besitzen.

Sowohl private als auch institutionelle Investoren versuchen Jahr für Jahr mit dem Einsatz teuren Know-hows anhand der fundamentalen und technischen Analyse bessere Ergebnisse zu erzielen als der Markt. Als Benchmark dienen dabei die gängigen Aktienindizes, wie beispielsweise DAX, Dow Jones Eurostoxx 50, S&P 500 oder der MSCI World Index.

Kernaussagen:

Je effizienter ein Markt ist, desto schwieriger ist es, diesen Markt zu schlagen. Beim aktiven Portfoliomanagement basiert eine Selektion zu Über- oder Untergewichtungen ausschließlich auf Vermutungen hinsichtlich künftiger Ereignisse der Volkswirtschaft beziehungsweise unternehmensspezifischer Faktoren.

Ein systematischer und dauerhafter Erfolg von Stockpicking auf der Basis fundamentaler oder technischer Analysemethoden ist wissenschaftlich und empirisch nicht erwiesen.

Der Analyseaufwand ist äußerst aufwändig und kostenintensiv. Bewertungs- und Interpretationsfragen sowie unterschiedliche Definitionen lassen die abgeleiteten Prognosen fragwürdig erscheinen.

Einkommensteuer

Die Einkommensteuer ist die bedeutendste Einnahmequelle des Staates. Ihr unterliegen ausschließlich natürliche Personen. Demgegenüber unterliegen juristische Personen, wie zum Beispiel Kapitalgesellschaften, der Körperschaftsteuer. Die Lohnsteuer und die Kapitalertragsteuer sind keine eigenständigen Steuerarten, sondern besondere Erhebungsformen der Einkommensteuer. Sie werden durch Dritte (Arbeitgeber, Kreditinstitut) an das Finanzamt abgeführt. Erst im Zuge der jährlichen Einkommensteuerklärung kann der Steuerpflichtige je nach der Höhe seiner Einkünfte die Steuer ganz oder teilweise zurückfordern.

Bei Erhebung der Einkommensteuer wird durch zahlreiche Regelungen (zum Beispiel Freibeträge, Freigrenzen, Pauschbeträge, Sonderausgaben, außergewöhnliche Belastungen, Progressionsvorbehalt) die persönliche Leistungsfähigkeit des Steuerpflichtigen berücksichtigt. Die Einkommensteuer wird aber auch zu wirtschafts- und sozialpolitischen Zwecken eingesetzt. So wird zum Beispiel versucht, durch Sonderabschreibungen oder Förderungen (zum Beispiel Eigenheimzulage) den Steuerpflichtigen indirekt in seinem Handeln zu lenken.

In welchem Umfang eine natürliche Person der Einkommensteuer unterliegt, richtet sich nach seiner Steuerpflicht. Das heisst, es richtet sich danach, ob die Person unbeschränkt, beschränkt oder erweitert beschränkt der Einkommensteuer unterliegt. Welche Form der Steuerpflicht greift, ist vom Wohnsitz oder dem gewöhnlichen Aufenthalt des Steuerpflichtigen abhängig.

Emerging Markets

Emerging Markets, zu deutsch aufkommende oder auch entstehende Märkte, ist die Bezeichnung für Wertpapiermärkte in Schwellenländern. Als Emerging Markets gelten insbesondere die Märkte in Lateinamerika, Südostasien und Osteuropa, aber zunehmend auch Afrika.

Emittent / Emissionshaus / Emissionsbank

Emittenten sind in der Regel Banken oder Banktöchter, die neue Instrumente und Strukturen entwickeln (**Financial Engineering, Product Development**). Diese werden dann verbrieft und börsenfähig an Wertpapierbörsen als strukturierte Produkte (Zertifikate) gelistet und gehandelt. Der Emittent sorgt auch dafür, dass während der Laufzeit immer faire Kurse gestellt werden und somit ein liquider Handel gewährleistet ist. Neben der Expertise des Emittenten ist die Bonität ein ganz entscheidender Parameter für die Auswahl, da strukturierte Produkte/Zertifikate rechtlich gesehen Inhaberschuldverschreibungen sind und bei Rückzahlung grundsätzlich ein so genanntes Emittentenrisiko (Ausfallrisiko) besteht. Im Falle eines Konkurses des Anbieters wären auch dessen ausstehende Zertifikate wertlos. Aus Überlegungen des Risikomanagements sollte deswegen zum einen auf die Bonität des Emittenten geachtet werden, zum anderen auch eine Streuung der Emittenten erfolgen und nicht alle Zertifikate in einem Depot nur von einem oder wenigen Emissionshäusern sein.

Estate Planning

Estate Planning ist die fundierte Planung der Vermögensnachfolge, des Vermögenstransfers und der Vermögensgestaltung im privaten und unternehmerischen Bereich im In- und Ausland. Außerdem werden im Estate Planning die erb-, steuer- und gesellschaftsrechtlichen Implikationen zusammengefasst und dargestellt. Die Expertise in der vernetzten Betrachtung der Vermögensübergangsproblematik, die Analyse- und Problemlösungskompetenz sowie das Kommunikationsgeschick der Estate Planner befähigen diese zum Management des Vermögensübergangsprozesses im Rahmen der Beratung und Betreuung gehobener Privatkunden. Hierbei ist auch eine Verzahnung mit dem ganzheitlichen Beratungsansatz des **Financial Planning** notwendig.

EU-Zinssteuer

Schon seit einiger Zeit ist die Europäische Union bestrebt, Zinseinkünfte von Privatpersonen so umfassend wie möglich mit der Einkommensteuer zu erfassen. Deswegen wurde eine neue Richtlinie eingeführt, die eine Auskunftspflicht über ausbezahlte Zinsen vorsieht und somit eine einheitliche und lückenlose Besteuerung von Zinserträgen innerhalb des EU-Raumes garantiert. Betroffen davon sind alle natürlichen Personen (juristische Personen sind von dieser Regelung befreit), die in einem EU-Mitgliedstaat steuerpflichtig sind und Zinszahlungen aus einem anderen EU-Mitgliedstaat erhalten. Innerhalb Europas gibt es dabei ein so genanntes Koexistenzmodell, d. h. zwei unterschiedliche Systeme für die Besteuerung von Kapitalerträgen werden angewandt. Die meisten EU-Staaten melden die persönlichen Informationen über Kapitalerträge von EU-Bürgern automatisch an die Steuerbehörde des jeweiligen Heimatlandes. Drei Staaten (Österreich, Luxemburg und Belgien) führen stattdessen eine anonyme Quellensteuer ab wie beispielsweise auch die so genannten Drittstaaten Schweiz oder Liechtenstein. Die Quellensteuer und das Bankgeheimnis können somit auch innerhalb der EU gewahrt werden – durch Einsatz entsprechender Gesellschaftsformen beziehungsweise Produktstrukturen.

Europa AG

Die Europa AG (europäische Aktiengesellschaft, abgekürzt SE = societas europaea) ist eine neue Rechtsform für Unternehmen, die in verschiedenen Mitgliedstaaten der Europäischen Union tätig sind oder tätig werden wollen. Sie basiert auf zwei Rechtsakten der Europäischen Union, nämlich einer Verordnung über das Statut der Europäischen Aktiengesellschaft sowie einer sie ergänzenden Richtlinie über die Stellung der Arbeitnehmer in der Europäischen Aktiengesellschaft. Die Verordnung über das Statut regelt dabei nur Teilbereiche der Gründung und Organisation der Europa AG. Sie verweist in vielen Punkten auf das Recht des Staates, in dem die jeweilige Europa-AG ihren Sitz hat, z. B. bei der Kapitalerhöhung und Kapitalherabsetzung oder ordnet es subsidiär für in der Verordnung geregelte Fragen an (z.B. Insolvenzrecht, Konzernrecht). Es wird keine gemeinschaftsweit einheitliche Europa AG geben, sondern von Mitgliedstaat zu Mitgliedstaat verschiedene Europa AGs.

Exchange Traded Funds

Exchange Traded Funds (ETFs) bilden – wie ein Indexzertifikat – einen bestimmten Index ab, das heißt, in den ETFs sind die Aktien (Anleihen oder mittlerweile auch Gold) enthalten, die den Index repräsentieren. Damit ist gleichfalls gewährleistet, dass die Performance sich immer parallel zum Index entwickelt. ETFs stellen eine spezielle Art von Fonds dar, die einfach und effizient handelbar sind, wie börsennotierte Aktien oder Anleihen. Sie vereinen in sich die Vorteile von Anlagefonds und Aktien und verbinden die Flexibilität einer Einzelaktie mit der Risikostreuung eines Fonds. Die Produkte sind wie traditionelle Investmentfonds dem Kapitalanlagegesetz unterstellt und bieten dem Anleger daher besonderen Schutz sowie eine breite Risikodiversifikation.

Family Office

Der Begriff „Family Office“ stammt ursprünglich aus den USA. Bereits im 19. Jahrhundert gab es dort Spezialisten, die das Vermögen wohlhabender Familien betreuten. Es wurde speziell für die hohen Ansprüche dieser Familien entwickelt und stellt eine langfristige, generationenübergreifende Form der Vermögensberatung dar. Neben der Analyse, der Strukturierung und der Verwaltung von Vermögenswerten ist die Kernaufgabe eines Family Offices die Koordination eines qualitativ hochwertigen Netzwerkes an externen Dienstleistern wie Finanz-, Rechts-, Steuer-, Versicherungs- und Immobilienexperten.

Family Office light

Vermögenskonsolidierungen nur auf Portfolio-Ebene (Portfolio Performance Reporting).

Financial Engineering / Product Development

Financial Engineering ist die Kunst der zielgerichteten Konstruktion neuer Finanzprodukte aus unterschiedlichen Basisinstrumenten. Voraussetzung ist die Kenntnis der Zahlungsströme der Basisinstrumente und deren Bewertung. Gerade für innovative Produktansätze im Bereich der **strukturierten** und derivativen **Produkte** hat dieses Segment eine große Bedeutung. Mit Hilfe der **Securisation** werden neu geschaffene und innovative Produkte und Strategien in einzelnen Wertpapieren handelbar.

Financial Planning

Erfolgreiche Finanzberatung, Finanzplanung und verantwortungsvolle Vermögensgestaltung sollte vernetzt, nachhaltig, übergreifend, kompetent und interdisziplinär sein. Jede Gestaltungs-, Strukturierungs-, Anlage- und Vermögensberatung wird durch finanzielle, steuerliche und rechtliche Bestandteile determiniert oder löst solche aus. Kompetentes und modernes Financial Planning oder **Wealth Management** erkennt und analysiert Wirkungen und Wechselwirkungen und erarbeitet individuell abgestimmte Lösungskonzepte.

Fundamentalanalyse

Bestandteil der Finanz- und Wertpapieranalyse. Hierbei ermittelt man mit Hilfe von Fundamentaldaten – beispielsweise Kurs-Gewinn-Verhältnis, Cashflow, Ergebniswachstum, Börsenwert usw. – den inneren Wert eines Wertpapiers, um den sich der Kurs bewegt. Liegt nun der Kurs unter dem inneren Wert (auch bezeichnet als „fairer Wert"), ist die Aktie offensichtlich preiswert und sollte erworben werden. Bei einem

Kurs oberhalb des inneren Wertes ist die Aktie teuer und sollte nicht erworben beziehungsweise sollte verkauft werden. Es existiert keine einheitliche Konzeption zur Errechnung des inneren Wertes, jedoch ist diese Theorie, die auf der Kapitalwertmethode beruht, die momentan gängigste und wird in den unterschiedlichsten Adaptionen von Analysten angewandt. Die Fundamentalanalyse steht im Gegensatz zur rein **Technischen Analyse,** bei der Fundamentaldaten keine Rolle spielen. Eine Kombination aus beiden Analysemethoden wird in der Praxis auch angewandt.

Future

Ein Future ist ein beidseitig bindender Vertrag, bei dem bei Abschluss Vertragsgegenstand und Preis festgelegt werden. Die tatsächliche Erfüllung (Lieferung und Bezahlung) erfolgt erst zu einem späteren Zeitpunkt. Da nur ein Teil des tatsächlichen Wertes eingangs als Sicherheit zu hinterlegen ist, kann mittels Futures eine Anlage getätigt werden, deren Umfang die tatsächlich zur Verfügung stehenden finanziellen Mittel um ein Mehrfaches übersteigt.

Gebietskörperschaft

Körperschaft des öffentlichen Rechts, deren Hoheitsbereich durch einen räumlich abgegrenzten Teil des Staatsgebietes bestimmt wird. Sie wird – wie jede juristische Person des öffentlichen Rechts – durch Hoheitsakt ins Leben gerufen und ist mitgliederschaftlich organisiert. Dabei können einem Teil des Staatsgebiets gleichzeitig verschiedene Gebietskörperschaften auf unterschiedlicher Ebene zugewiesen sein (z. B. Gemeinde und Landkreis).

Geldwäscherichtlinien und Terrorismusfinanzierung

Jeder Finanzplatz birgt in sich das Risiko, für Geldwäsche missbraucht zu werden. Dies geschieht einem klassischen Modell folgend in drei Stufen:

1. Zunächst wird die durch Straftaten erlangte Bargeldmenge in den Finanz- oder Wirtschaftskreislauf eingebracht (placement).

2. In der nächsten Stufe wird das Vermögen in einer Vielzahl von Transaktionen hin und her geschoben, so dass die Herkunft nur mehr schwer nachzuvollziehen ist (layering).

3. In der dritten Phase werden die Gelder als Produkt rechtmäßiger Geschäftstätigkeit in den Wirtschaftskreislauf eingebracht (integration). Einer Schätzung des Internationalen Währungsfonds zufolge stammen zwischen zwei und fünf Prozent des Weltinlandprodukts aus illegalen Quellen.

Schwerer festzumachen ist der Umfang der Terrorismusfinanzierung. Darunter versteht man das Bereitstellen von (auch legalen) Vermögenswerten zur Ausführung eines terroristischen Aktes. Im Zuge der Ermittlungen nach den Attentaten des 11. September konnten aus den Finanzströmen vor diesen Attentaten Rückschlüsse auf internationale Verbindungen und auf die Planung gezogen werden. Seither versucht man, Kapitalströme für terroristische Zwecke zu verhindern und terroristischen Organisationen die Verfügungsgewalt über ihr Vermögen zu entziehen.

Zur Bekämpfung von Geldwäscherei und Terrorismusfinanzierung wurde 1989 die Financial Action Task Force (FATF) gegründet. Weitere wesentliche Rahmenbedingungen wurden durch die Geldwäscherichtlinien der EU geschaffen. Viele Staaten sind als Mitglied der FATF aktiv daran beteiligt, diese Standards sowohl national als auch international umzusetzen.

Genossenschaft

Juristische Person des Privatrechts mit nicht geschlossener Mitgliederzahl. Zweck einer Genossenschaft ist es, den Erwerb oder die Wirtschaft der Mitglieder zu fördern. Dazu wird ein gemeinschaftlicher

Geschäftsbetrieb eingerichtet, wie zum Beispiel die Volks- und Raiffeisenbanken.

Die Genossenschaft ist eine privatrechtliche Körperschaft und Kaufmann im Sinne des Handelsgesetzbuches, aber keine Handelsgesellschaft.

Die Gründung einer Genossenschaft erfordert – wie die eines Vereines – mindestens sieben Mitglieder. Das „Statut“ (Bezeichnung für den Gesellschaftsvertrag im Genossenschaftsgesetz) muss in schriftlicher Form abgefasst werden.

Die Mitglieder bestimmen den Vorstand und den Aufsichtsrat, die beide Mitglieder der Genossenschaft sein müssen und die Genossenschaft dann in das Genossenschaftsregister (das zuständige Gericht für Handelsregistersachen) eintragen.

Die Organe der Genossenschaft sind:

- Vorstand
- Aufsichtsrat
- Generalversammlung

Sowohl der Vorstand als auch der Aufsichtsrat werden durch die Generalversammlung gewählt.

Die Genossenschaft wird durch den Vorstand vertreten, diesem obliegt gleichzeitig die Geschäftsführung.

Die Mitglieder zahlen Einlagen an die Genossenschaft und besitzen Genossenschaftsanteile. Ihre Haftung ist grundsätzlich auf die Genossenschaftsanteile beschränkt, sie haften nicht mit ihrem Privatvermögen.

Der Tod eines Genossen beendet nicht dessen Mitgliedschaft. Der Erbe rückt bis zum Ende des Geschäftsjahres, in dem der Erbfall eingetreten ist, in die Genossenschaftsstellung des Erblassers. Danach endet seine

Genossenschaftsstellung, es sei denn das Statut sieht eine andere Regelung vor.

Geopolitik

Die Lehre von der Wechselwirkung geografischer und politischer Gegebenheiten, von R. Kjellén begründet, in Deutschland vor allem von K. Haushofer weiterentwickelt. Im Gegensatz zur politischen Geografie ging die Geopolitik von der These aus, dass alles politische Geschehen von den natürlichen geografischen Gegebenheiten abhinge. Zur Zeit des Nationalsozialismus wurde die Geopolitik zu propagandistischen Zwecken benutzt, um die deutsche Expansionspolitik zu begründen

Gesellschaft mit beschränkter Haftung (GmbH)

Die GmbH ist eine Kapitalgesellschaft. Ihre Haftung beschränkt sich auf das Gesellschaftsvermögen. In der Bundesrepublik werden etwa 600.000 meist kleinere und mittlere Firmen in dieser Rechtsform bei den Handelsregistern geführt. Um eine GmbH zu gründen, müssen die Gesellschafter (es kann auch um einen einzelnen Gesellschafter einer so genannten „Ein-Mann-GmbH“ handeln) ein bestimmtes Stammkapital aufbringen, welches in den einzelnen Ländern stark differieren kann. Der volle Betrag muss dabei meist nicht in bar eingezahlt werden. Er kann auch in Sacheinlagen, etwa Maschinen oder einem Dienstwagen bestehen.

Die GmbH als eigene Rechtspersönlichkeit kann selbstständig Vermögen erwerben, Verträge mit anderen natürlichen oder juristischen Personen abschließen, eigenständig Rechte und Pflichten übernehmen. Sie muss umgekehrt als eigenständige Rechtspersönlichkeit auch für die eigenen Schulden aufkommen und mit dem eigenen Vermögen dafür geradestehen.

Die GmbH wird erst durch die Eintragung in das Handelsregister als eigene Rechtspersönlichkeit existent. Der dazu notwendige Gesellschaftsvertrag ist notariell zu beurkunden. Die Stammeinlage ist dabei der Beitrag des Gesellschafters zum Kapital der Gesellschaft. Der Geschäftsführer, der die GmbH nach außen vertritt, wird durch die Gesellschafterversammlung bestellt. Er erhält dabei einen Tätigkeitsvertrag, der ihm ein Angestelltengehalt für die Führung der Geschäfte der GmbH zusichert. Dieses Gehalt ist bei der GmbH als Betriebsausgabe zu verbuchen. Der Gesellschafter muss auf sein Gehalt, wie jeder Arbeitnehmer, Lohnsteuer abführen lassen. Die GmbH selbst unterliegt mit ihren Gewinnen der Pflicht zur Abführung von Körperschaftsteuer. Gewinnanteile aus der GmbH, die an die Anteilseigner gezahlt werden, unterliegen als Einkünfte aus Kapitalvermögen der Einkommensteuer (Beispiel einer deutschen GmbH).

Gewöhnlicher Aufenthalt

Der gewöhnliche Aufenthalt einer Person ist dort, wo sie sich unter Umständen aufhält, die erkennen lassen, daß sie an diesem Ort oder in diesem Gebiet nicht nur vorübergehend verweilt. Als gewöhnlicher Aufenthalt gilt stets und von Beginn an ein zeitlich zusammenhängender Aufenthalt von mehr als sechs Monaten. Kurzfristige Unterbrechungen bleiben unberücksichtigt. Die Zeitgrenze von sechs Monaten gilt nicht, wenn der Aufenthalt ausschließlich zu Besuchs-, Erholungs- Kurzwecken oder ähnlichen privaten Zwecken dient und nicht länger als ein Jahr dauert.

Vom gewöhnlichen Aufenthalt ist der Wohnsitz, einer Person abzugrenzen. Einen Wohnsitz hat jemand dort, wo er eine Wohnung unter Umständen innehat, die darauf schließen lassen, daß er die Wohnung beibehalten und benutzen wird.

Hat eine Person keinen Wohnsitz, aber seinen gewöhnlichen Aufenthalt im Inland, so ist sie unbeschränkt steuerpflichtig. Dies hat zur Folge, dass sie mit ihren gesamten Einkünften der deutschen Besteuerung unterliegt.

Folgende Einkünfte werden steuerpflichtig:

- Einkünfte aus Land- und Forstwirtschaft
- Einkünfte aus Gewerbebetrieb
- Einkünfte aus selbstständiger Arbeit
- Einkünfte aus nichtselbstständiger Arbeit
- Einkünfte aus Kapitalvermögen
- Einkünfte aus Vermietung und Verpachtung
- sonstige Einkünfte

Werden erzielte Einkünfte auch von einem anderen Staat der Besteuerung unterworfen, richtet sich eine Berücksichtigung der bereits entrichtet Steuer nach dem zur Anwendung kommenden Doppelbesteuerungsabkommen.

Gibraltar-Gesellschaften

Für gewöhnlich wird in Gibraltar die Limited Company benutzt. Gibraltar war das erste europäische Land, in dem die Gesetzgebung begünstigte Unternehmen ermöglichte. Dadurch können Gesellschaften von Gibraltar aus kontrolliert und verwaltet werden und weiterhin den dortigen begünstigenden Status genießen. Gibraltar ist eine der kostengünstigsten Jurisdiktionen in Europa. Als Mitgliedsstaat der EU hat es den Vorteil, Finanzrichtlinien der EU, wie z.B. bezüglich Banking, Versicherungen und OGAW übernommen zu haben.

Aus Gesichtspunkten der geopolitischen Vermögenssteuerung ist die Gibraltar Limited Company vergleichbar mit der spanischen S.L. oder der UK Limited, nur eben in einer anderen Jurisdiktion.

GIPS

GIPS steht für „Global Investment Performance Standards“ und ist die Definition eines Standards für die Präsentation von Performance-Zahlen, entstanden aus dem Bedürfnis, die Werte verschiedener Häuser beziehungsweise Manager vergleichen zu können. Durch die Anwendung einheitlicher Berechnungsregeln und die Offenlegung gewisser Rahmenbedingungen beziehungsweise der Berechnungsgrundsätze wird verhindert, dass Manager beim „Verkaufen“ ihrer Performance „Cherry Picking“ betreiben können und nur die guten Resultate über Marketingmaßnahmen präsentieren.

Globalisierung

Starke Beschleunigung der Internationalisierung und der weltumspannenden Verflechtungen und Vernetzungen des Wirtschaftslebens.

Schlagwortartige Bezeichnung für die strategische Ausrichtung international operierender Unternehmen und Finanzmärkte. Unter Ausnutzung der in den verschiedenen Ländern jeweils möglichen Kosten- und Standortvorteile wird eine Erhöhung der Wettbewerbschancen erreicht.

Hebelwirkung (Leverage)

Unter Hebelwirkung versteht man in der Finanzwelt die überproportionale Abhängigkeit eines Anlagevermögens von Kursveränderungen. Je nach Ausmaß der Hebelwirkungen können bereits geringfügige Kursveränderungen zu einer Verdopplung oder zum Totalverlust des Anlagevermögens führen. Hebelwirkungen erzielt man durch den Einsatz von **Derivaten** oder durch die Aufnahme und Anlage von Fremdkapital.

Hedgefonds

Anlageinstrument, das auf eine marktunabhängige Renditeentwicklung abzielt. Dieses Ziel wird mit dem Einsatz verschiedenster Finanzinstrumente inklusive **Derivaten, Leerverkäufen** und Fremdfinanzierungen verfolgt. Der Manager des Fondsvermögens investiert in der Regel zu identischen Konditionen wie die restlichen Anleger und wird weitestgehend gewinnabhängig entlohnt.

Holding-Gesellschaft

Der Begriff Holding umschreibt keine eigenständige Rechtsform, sondern eine in der Praxis etablierte Organisationsform der Dachgesellschaft eines Konzerns und ist gesetzlich nicht definiert, weshalb der Begriff Holding auch in der Literatur nicht einheitlich verwendet wird.

Im Rahmen einer sich global entwickelnden Wirtschaft ist das Ziel des Organisationsmanagements international tätiger Unternehmen die langfristige Sicherung der Wettbewerbsfähigkeit. Es gilt, eine Organisationsstruktur zu schaffen, die effiziente Arbeitsabläufe im Hinblick auf Qualität, Zeit und Kosten im Unternehmen ermöglicht und zu diesem Zweck konkrete organisatorische Regelungen vorzunehmen. Holdingstrukturen stellen seit Jahren eine beliebte Form der Organisation national wie international tätiger Unternehmen dar.

Die Holding-Organisation ist ein Instrument zur Ausnutzung von Steuervorteilen, zur Umgehung von Kapitalbeteiligungsgrenzen und zur Verwirklichung von Größen- und Spezialisierungsvorteilen im Rahmen der Kapitalanlage. Des Weiteren ermöglicht diese Organisationsform die leichte Integration von akquirierten Unternehmen. Steuervorteile können genutzt werden, indem die Holding-Gesellschaft ihren Firmensitz in ein Land verlegt, in dem attraktivere steuerliche Rahmenbedingungen gegeben sind.

Die von den Tochterunternehmen an die Holding-Gesellschaft abgeführten Gewinne unterliegen dann einer günstigeren Steuergesetzgebung. Aus kartellrechtlichen Gründen ist es Unternehmen häufig untersagt, größere Kapitalbeteiligungen an anderen Unternehmen zu halten. In vielen Fällen ist die Überschreitung einer Mindestbeteiligung darüber hinaus mit gesetzlichen Pflichten verbunden. Um dies zu umgehen, werden vielfach Holding-Gesellschaften gegründet.

Holding-Gesellschaften ermöglichen es den betreffenden Unternehmen, direkte in indirekte Kapitalbeteiligungen zu verwandeln. Für den Gesetzgeber und die Aufsichtsbehörden ist es wesentlich schwieriger, indirekte Kapitalbeteiligungen zu untersagen und aufzudecken, zumal durch die Einschaltung von Zwischenholdings die tatsächliche Beteiligungsstruktur nur mit erheblichem Aufwand nachvollzogen werden kann.

Es werden verschiedene Formen der Holding-Organisation unterschieden, je nachdem, wie viele Funktionen und Entscheidungen von der Konzernzentrale wahrgenommen werden.

Operative Holding: Traditionelle Organisationsform von Großunternehmen. Hierbei entfaltet die Muttergesellschaft die wesentlichen zum Leistungserstellungsprozess notwendigen Aktivitäten, das heißt sie ist direkt am Markt tätig. Die Gründung von Tochtergesellschaften dient der Ergänzung beziehungsweise Unterstützung, z. B. Auslandsniederlassungen. Die Tochtergesellschaften sind daher i. d. R. deutlich kleiner als die Muttergesellschaft und hängen von dieser strategisch, strukturell und personell ab. Die Konzernzentrale übt sehr starken Einfluss auf die Tochterunternehmen aus. Verbreitung: Die operative Holding findet man vor allem bei Konzernen, die durch vertikale und horizontale Diversifikation aus einem dominierenden Geschäftsfeld heraus gewachsen sind. Beispiel: Aldi.

Management-Holding: Die Management-Holding hat kein eigenes operatives Geschäft. Im Gegensatz zur Finanzholding hält sie jedoch nicht nur die Beteiligungen an den Tochtergesellschaften, sondern führt diese auch. Zu diesen Führungsaufgaben gehören typischerweise die Festlegung der strategischen Geschäftsfelder, die strategische Steuerung, die Besetzung von Führungspositionen und die Steuerung des Kapitalflusses innerhalb der Gruppe. Es ist möglich, dass die Vorstandsmitglieder der Holdinggesellschaft auch die Leitungsfunktionen der Tochtergesellschaften, z. B. als Vorstandsvorsitzende, wahrnehmen. Größter Vorteil dieser Holding ist ihre Flexibilität, da jedes Tochterunternehmen Strategien für sein Geschäftsfeld entwickelt. Diese Holdingform kombiniert die Marktnähe und Flexibilität von KMUs mit der Kapitalkraft und Marktpräsenz großer Unternehmen. Beispiel: Automobil- und Elektrokonzerne.

Finanzholding (Vermögensholding): Gegenstück der operativen Holding, vorrangig vermögensverwaltende Tätigkeit. Die Finanzholding übt weder die operative noch die strategische Leitung in ihren Tochtergesellschaften aus. Durch die Besetzung der obersten Führungspositionen, die Vorgabe von finanziellen Zielgrößen und die Zuteilung finanzieller Ressourcen besteht nur mittelbarer Einfluss. Im Vordergrund steht die Ertrags- und Wertoptimierung des Konzerns.

Inflation

Sinken des Geldwertes durch Preissteigerungen, die durch staatliche Maßnahmen wie Steuererhöhungen, allgemeinen Werteverfall der Währung oder dadurch entstehen können, dass die Nachfrage nach Gütern vom Angebot nicht befriedigt werden kann.

Innengesellschaft

Eine Innengesellschaft geht keine Rechtsbeziehungen mit Dritten ein. Sie tritt sozusagen nicht nach außen auf. Die Innengesellschaft kann daher weder Leistungen von Dritten empfangen, noch kann sie Leistungen an Dritte erbringen. Nach außen tritt vielmehr der jeweilige Gesellschafter oder das jeweilige Mitglied der Innengesellschaft auf. Bei der Innengesellschaft kann es nur zum Leistungsaustausch zwischen den Mitgliedern der Innengesellschaft kommen. Eine Innengesellschaft ist zum Beispiel die atypische stille Gesellschaft.

International Business Company (IBC)

Eine „International Business Company" (IBC) ist die klassische Form einer Offshore-Gesellschaft. Wegen der im internationalen Vergleich günstigen Rahmenbedingungen für Gesellschaftsgründungen (interessante Steuergesetzgebung, Freizügigkeit bei Devisengeschäften und im Kapitalverkehr) sind IBCs auch bei Privatpersonen überaus beliebt. International Business Companies können in den unterschiedlichsten Jurisdiktionen errichtet werden. Mögliche IBCs sind beispielsweise Zypern, St. Vincent Grenadines, British Virgin Islands, Cayman Islands usw.

Internationalisierung

Internationalisierung ist der zunehmende Austausch von Rohstoffen, Produkten, Dienstleistungen, Arbeit und Kapital zwischen zwei oder mehr Staaten. Die Initiative hiezu geht von Nationalstaaten aus, die die Austauschströme politisch beeinflussen und lenken.

Jurisdiktion

Unter Jurisdiktion versteht man nicht nur den einfachen Begriff eines Landes, sondern explizit dessen Regeln der Gerichtsbarkeit, Gerichtshoheit und Rechtssprechung. Neben diesen rechtlichen Parametern sind für einen Finanzinvestor beziehungsweise die Wahl eines Vermögensverwalters oder einer Rechtsnatur in einer bestimmten Jurisdiktion folgende Punkte essentiell:

- Die politische und wirtschaftliche Stabilität
- Moderne Kommunikationswege
- Finanzexpertise vor Ort
- Durchführungsverordnungen und Steuergesetzgebung
- Der jetzige und zukünftige internationale Status
- Das Bankgeheimnis

Juristische Person

Zu den juristischen Personen gehören Unternehmen, die eine eigene Rechts- und Geschäftsfähigkeit besitzen. Dies ist insbesondere bei Kapitalgesellschaften der Fall. So ist zum Beispiel eine GmbH Träger steuerrechtlicher Rechte und Pflichten. Der Umfang der Steuerpflicht richtet sich nach den Bestimmungen in den einzelnen Steuergesetzen. Zum Teil richtet sich dabei die Steuerpflicht nach der Rechtsform der Gesellschaft (Einkommensteuer/Körperschaftsteuer), zum Teil aber auch nach der Unternehmereigenschaft (Umsatzsteuer). So unterliegen juristische Personen mit ihren Einkünften grundsätzlich der Körperschaftsteuer, natürliche Personen hingegen der Einkommensteuer.

Im Privatrecht werden drei grundlegende Arten von juristischen Personen unterschieden:

- Kapitalgesellschaften: Aktiengesellschaft, Gesellschaft mit beschränkter Haftung (GmbH, Kommanditgesellschaft auf Aktien,
- Erwerbs- und Wirtschaftsgenossenschaften
- Vereine und Stiftungen

Im öffentlichen Recht werden zwei Arten von juristischen Persinen unterschieden:

- Körperschaften
- Anstalten und Stiftungen des öffentlichen Rechts

Kapitalertragsteuer

Die Kapitalertragsteuer ist keine eigenständige Steuerart, sondern eine besondere Erhebungsform der Einkommensteuer. Liegt kein Freistellungsauftrag vor, sind die Kreditinstitute (wie zum Beispiel Banken, Sparkassen, Fondsgesellschaften) verpflichtet, die Kapitalertragsteuer direkt an das Finanzamt abzuführen. Die erzielten Kapitalerträge werden daher nicht im vollen Umfang, sondern vermindert um die Kapitalertragsteuer dem Anleger ausgezahlt. Ob es zum endgültigen Abzug kommt, richtet sich nach dem persönlichen Einkommensteuersatz des Steuerpflichtigen, da die bereits gezahlte Kapitalertragsteuer bei der Ermittlung der Einkommensteuer zur Anrechnung kommt. Entscheidend ist somit, wieviel Einkünfte insgesamt erzielt wurden, denn danach richtet sich der Steuersatz. Ist der persönliche Einkommensteuersatz niedriger als der Kapitalertragsteuersatz, muß nicht so viel Kapitalertragsteuer gezahlt werden, wie bereits vom Finanzamt vereinnahmt wurde.

Eine Alternative hierzu ist die so genannte Abgeltungssteuer.

Kapitalgesellschaft

Zu den Kapitalgesellschaften gehören beispielsweise die GmbH (Gesellschaft mit beschränkter Haftung) und die AG (Aktiengesellschaft) sowie die Kommanditgesellschaft auf Aktien. Kapitalgesellschaften gehören zu den juristischen Personen und sind damit selbstständig rechts- und geschäftsfähig. Sie können zum Beispiel selbstständig Klage einreichen und werden zur Besteuerung veranlagt. Mit ihrem Gewinn unterliegen die Kapitalgesellschaften der Körperschaftsteuer. Sie sind unbeschränkt steuerpflichtig, wenn sie ihren Sitz und ihre Geschäftsleitung im Inland haben.

Kapitalgesellschaften sind kraft Rechtsform gewerblich tätig. Greift keine Steuerbefreiung, unterliegt die Kapitalgesellschaft der Gewerbesteuer.

Know Your Customer Rules

Damit eine Bank im Zusammenhang mit Geldwäscherichtlinien und Terrorismus Auskünfte geben kann, muss sie ihre Kunden kennen. Anonyme Gelder darf sie dabei nicht entgegennehmen. Dies schlägt sich in den so genannten „Know Your Customer Rules" (KYC) nieder. Die Schweiz beispielsweise kennt hier die älteste und umfassendste Regelung. Seit 1977 bereits sind die Banken durch ihre Sorgfaltspflichtvereinbarungen bei der Entgegennahme von Kundengeldern verpflichtet, nicht nur den eigentlichen Kunden (Vertragspartner) zu identifizieren, sondern auch den wirtschaftlich Berechtigten zu den deponierten Vermögenswerten festzustellen. Der Inhalt dieser Know Your Customer Rules ist kurz zusammengefasst folgender:

- Identifikation des Vertragspartners
- Feststellung des wirtschaftlich Berechtigten
- Abklärung der wirtschaftlichen Hintergründe
- Meldepflicht bei begründetem Verdacht auf Geldwäscherei und
- Blockierung der betreffenden Vermögenswerte sowie spezielle Maßnahmen für die Kundenbeziehungen mit exponierten Personen

(Politiker, Diplomaten, Persönlichkeiten des öffentlichen Lebens)
- Buße und/oder Gefängnis für die verantwortlichen Mitarbeiter nach Strafrecht
- Reputationsschaden in der Öffentlichkeit, der stärker zu Buche schlagen kann als jede Geldbuße
- Verwaltungsrechtliche Maßnahmen der Bankenkommission, bis hin zum Entzug der Banklizenz

Kommanditgesellschaft (KG)

Eine KG, oder ausführlicher „Kommanditgesellschaft“, ist eine Personengesellschaft. Im Gegensatz zum Einzelunternehmen wirken bei ihr mehrere Beteiligte mit. Diese Gesellschafter haften für die Gesellschaftsschulden in unterschiedlichem Umfang. Während der so genannte „Komplementär“ sich verpflichtet unbeschränkt zu haften, beschränkt sich die Haftung der übrigen Gesellschafter als Kommanditisten nur auf das Gesellschaftsvermögen, welches sie der KG zur Betreibung ihrer Geschäfte überlassen haben.

Eine Sonderform der KG ist die GmbH & Co. KG. Sie stellt eine Verbindung zwischen einer Kommanditgesellschaft und einer GmbH dar. Persönlich haftende Gesellschafterin (also Komplementärin) der KG ist die GmbH. Da deren Haftung sich nur auf ihr Gesellschaftsvermögen beschränkt, wird insgesamt die Haftung aller Gesellschafter begrenzt.

Konto im Ausland

Wer Vermögensteile außerhalb der deutschen Grenzen anlegen möchte, benötigt dazu ein Konto bei einer ausländischen Bank. Ob die Entscheidung für ein bestimmtes Land dabei eher auf biografischen Überlegungen als auf renditeorientierten Abwägungen erfolgt, ist zweitrangig. Aus steuerlicher Sicht gilt (als oberstes Gebot), das alle jenseits der Grenzen bezogenen Renditen grundsätzlich der deutschen Einkommensteuer unterliegen (siehe auch Ausländische Kapitalerträge)

Entscheidungsgründe für ein Konto im Ausland sind Anlagechancen, die im Heimatland nicht in gleicher Weise erhältlich sind. Darüber hinaus lassen sich bestimmte Anlagemöglichkeiten ggf. dort preiswerter abwickeln als über heimische Kreditinstitute (Spesenaspekt).

Ein weiterer Aspekt für ein Konto im Ausland kann sein, das persönliche finanzielle Wohlergehen nicht öffentlich zur Schau stellen zu wollen. Längst schützt das deutsche Bankgeheimnis (dessen endgültige Abschaffung von Seiten der Finanzverwaltung immer dringlicher angestrebt wird), nicht mehr davor, dass im näheren Umfeld bekannt wird, wer größere Vermögenswerte sein eigen nennt.

Wer indes ein Konto in einer typischen **Steueroase**, beispielsweise in Karibikstaaten, der Schweiz, Luxemburg oder Liechtenstein hochoffiziell der Finanzverwaltung gegenüber ausweist, muss mittlerweile damit rechnen, stärker ausgeforscht zu werden. Hinzu kommt, dass in Fällen des Steuerbetrugs, sprich einer Verkürzung fiskalischer Abgaben, auch die Rechtsvorschriften der jeweiligen Länder nicht unbedingt noch den erhofften Schutz bieten.

Werden alle Geldbeträge eines ausländischen Bankkontos gegenüber dem deutschen Fiskus aufgedeckt, sollten auf der Aufwandsseite auch sämtliche Spesen im Zusammenhang mit der Geldanlage aufgedeckt und abgerechnet werden (etwa notwendige Auslandsreisekosten zur Anlage- und Kontenpflege).

Kontrollmitteilung

In der deutschen Abgabenordnung ist festgelegt, dass bei einer Außenprüfung auch Verhältnisse anderer Personen festgestellt und ausgewertet werden dürfen. Werden also bei der Prüfung eines Steuerpflichtigen Tatsachen festgestellt, die für die Besteuerung einer weiteren Person erheblich sind, darf der Prüfer so genannte Kontrollmitteilungen fertigen. Diese werden dann dem zuständigen Finanzamt mitgeteilt und von diesem überprüft.

Auch im internationalen Steuerrecht können auf der Grundlage der OECD-Musterabkommen oder dem EG-Amtshilfegesetz Kontrollmitteilungen gefertigt werden. Sie dienen zur Aufklärung internationaler Geschäftstätigkeiten.

Seit dem 01.07.2005 gibt es innerhalb der EU ein so genanntes Koexistenzmodell und eine Vielzahl von Ländern (Ausnahmen: Österreich, Luxemburg und Belgien) nimmt – im Zusammenhang mit Zinserträgen – Kontrollmitteilungen vor. Dies gilt jedoch nur für natürliche Personen, juristische Personen sind hiervon ausgenommen. Ebenso gibt es eine Vielzahl von Produkten, welche nicht unter diese Regelungen fallen.

Konzentrierte Anlage

Gegenteil von diversifizierter Anlage. In der spekulativen Hoffnung auf überdurchschnittliche Renditen wird das Kapital nur auf ein oder wenige Anlageinstrumente aufgeteilt.

Körperschaft

Mitgliedschaftlich aufgebaute Organisationsform einer juristischen Person.

Die Körperschaft ist vom Wechsel ihrer Mitglieder unabhängig. Die Mitglieder der Körperschaft treffen zumindest die Grundentscheidungen für die Körperschaft. Hierin unterscheidet sie sich von einer Stiftung, deren Zweck vom Stifter festgelegt wurde.

Sowohl das öffentliche als auch das private Recht kennt Körperschaften.

Im öffentlichen Recht sind das beispielsweise der Staat, Gemeinden und Gemeindeverbände als Gebietskörperschaften.

Im privaten Recht stellen rechtsfähige Vereine, Genossenschaften und Kapitalgesellschaften, wie die Aktiengesellschaften oder Gesellschaften mit beschränkter Haftung, Körperschaften dar.

Körperschaftsteuer

Der Körperschaftsteuer unterliegen ausschließlich juristische Personen (zum Beispiel Kapitalgesellschaften). Diese Steuer ist mit der Einkommensteuer, der ausschließlich natürliche Personen unterliegen, vergleichbar. Einnahmen, die eine juristische Person erzielt, unterliegen der Körperschaftsteuer und nicht der Einkommensteuer. Das Körperschaftsteuerrecht greift teilweise auf Bestimmungen des Einkommensteuerrechts zurück, so zum Beispiel auf Bestimmungen zur Gewinnermittlung, zur Veranlagung oder zur Entrichtung der Steuer.

Korrelation

Der Begriff der Korrelation ist eine wichtige Größe für die quantitative Diversifikation, aber auch für mögliche weitere Diversifikationsbereiche. So korrelieren beispielsweise die Rechtssysteme von europäischen Jurisdiktionen nur bedingt mit denen von asiatischen oder den Jurisdiktionen anderer Kontinente.

Die Korrelation untersucht Gemeinsamkeiten in der Entwicklung zweier Faktoren, sei es im Zeitverlauf oder aus einer statistischen Stichprobe heraus.

Die Korrelation wird in der Regel angegeben über den Korrelationskoeffizienten. Dieser misst den Grad, zu dem zwei oder mehr unabhängige Anlagen sich in die gleiche Richtung in Reaktion auf ein vorgegebenes Ereignis bewegen.

Der Korrelationskoeffizient wird gemessen auf einer Skala von minus eins bis plus eins. Wenn die Preise zweier Anlagen sich fortwährend in dieselbe Richtung mit gleichem Aufschlag bewegen, sind sie perfekt korreliert (+1). Eine Korrelation von 0 beispielsweise würde bedeuten, dass sich ein Wert völlig losgelöst von der Entwicklung eines anderen bewegt. Eine hohe negative Korrelation (gegen minus 1) besagt, dass ein Wert immer genau das Gegenteil von dem tut, was der andere Wert macht.

Liechtensteinische Lebensversicherung

Der Mantel einer liechtensteinischen Lebensversicherung ist ein optimales Instrument zur Vermögensanlage, Vermögensweitergabe und damit auch zur Altersvorsorge und Nachfolgeplanung. Diese Versicherungslösungen kombinieren sinnvoll die Vorteile von steuerbegünstigten und haftungsrechtlich interessanten Versicherungsgesetzen mit den Ertragschancen von Portfolio-Investitionen.

Leerverkäufe

Unter Leerverkäufen versteht man den Verkauf eines Wirtschaftsgutes, das man erst zu einem späteren Zeitpunkt zurückkauft. Ziel eines Leerverkaufes ist es, das (leer)verkaufte Wirtschaftsgut zu einem günstigeren Kurs wieder zu erwerben und die Position somit auszugleichen. Marktteilnehmer nehmen Leerverkäufe gerade dann vor, wenn ihnen ein Wirtschaftsgut (Aktie, Anleihe, Rohstoff) als zu teuer erscheint und sie mit einem Kursrückgang rechnen. Privatanleger können diese Strategie umsetzen mit Short-Zertifikaten.

Liquidität

Liquidität ist eine Vermögensklasse. Unter Liquidität versteht man sehr kurzfristige und risikoarme Anlagen wie Spareinlagen, Tages- oder Monatsgelder. Liquidität beschreibt auch die Art der Handelbarkeit eines Finanzinstrumentes. Unter liquiden Instrumenten versteht man solche, die kurzfristig oder in großer Menge ge- oder verkauft werden können, ohne dass die eigene Order einen wesentlichen Einfluss auf den Preis hat. Bei illiquiden Anlagen ist ein kurzfristiger und/oder großvolumiger Auftrag oftmals durch deutliche Preisabschläge gekennzeichnet. In Krisensituationen kann es sein, dass ein Verkauf auch unter großen Preiszugeständnissen unmöglich ist, weil sich kein Käufer findet.

Long Position

Unter Long Position wird die aus einem Kauf resultierende Position verstanden, die von Kursanstiegen profitiert. Gegenteil von **Short Position**.

Madeira-Gesellschaften

Das portugiesische Madeira liegt in einer strategisch idealen Position. Die Insel von Madeira hat sich zu einer für Geldanleger extrem attraktiven Jurisdiktion in Europa entwickelt. Madeira-Gesellschaften unterliegen portugiesischem Handelsrecht. Die Hauptarten von Gesellschaften, die für Offshore-Tätigkeiten benutzt werden, sind die Sociedade por Quotas – Limitada (Lda) und die Sociedade Anónima (SA), vergleichbar mit GmbH und AG. Im Jahre 1993 führte die portugiesische Gesetzgebung die Möglichkeit ein, dass eine Lda oder eine SA von einer einzelnen natürlichen Person besessen werden kann, somit wurden die so genannten „Sociedade Unipessoal" gegründet. Diese Art von Gesellschaften sieht auch eine SGPS (Sociedade Gestora de Participacoes Sociais) vorher, das sind Holdings, die im Eigentum von nur einer Person sind, mit einer bestimmten rechtlichen Übereinstimmung.

Das Gesetz sieht das Bestehen von Gesellschaften mit völlig unbeschränkter Haftung, von Gesellschaften mit teilweise unbeschränkter Haftung und von Gesellschaften mit begrenzter Haftung vor. Die Gesellschaften mit begrenzter Haftung sind die meist verwendeten.

Managed Accounts

Managed accounts sind die Nachbildung von bestehenden Portfolios innerhalb eines kontrollierbaren Rahmens. Dabei handelt es sich um ein Bankkonto oder Wertpapierdepot, das im Namen eines Investors oder eines Plattformanbieters eröffnet wird und in welchem die Anlagestrategie eines Indexes oder eines Basis-**Underlyings** repliziert wird. Durch die Trennung von Depot und Management des Underlyings wird das Betrugsrisiko ausgeschlossen. Der Manager erhält lediglich eine Vollmacht für Käufe und Verkäufe, nicht jedoch für den Abzug der Gelder. Ein weiterer großer Vorteil von managed accounts liegt in der Transparenz. Diese bietet steuerliche Vorteile und unterstützt den Investor beim Rendite-, Risiko- und Strukturmanagement.

Market Timing

Wahl des optimalen Zeitpunkts beim aktiven Management, um eine Transaktion vorzunehmen, das heißt eine Kauf- oder Verkaufsentscheidung zu treffen. Durch optimale Wahl dieser Kauf- und Verkaufsentscheidungen kann aktives Management deutliche Überschussrenditen erzielen. Jedoch schaffen nur die wenigsten Manager, diese Überschussrenditen auch nachhaltig zu erzielen.

Migration

Siehe **Ausflaggen**.

Mitunternehmer

Mitunternehmer sind natürliche oder juristische Personen, die unternehmerische Initiative entfalten und unternehmerisches Risiko tragen. Sie sind in der Regel Gesellschafter einer OHG, KG, GbR oder einer atypischen stillen Gesellschaft. Die Einkünfte von Mitunternehmern unterliegen der Gewerbesteuer.

Auch Rechtsanwälte, Steuerberater, Ärzte und andere Angehörige freier Berufe können sich zu Mitunternehmerschaften (sprich den so genannten „Gemeinschaftspraxen") zusammenschließen.

Moderne Portfoliotheorie

Siehe **Portfolio Selection**.

Multichannel Banking

Kunden wollen zunehmend ihre Bankgeschäfte überall und zu jeder Zeit erledigen. Dazu nutzen sie die Services der Banken über Telefon, Internet, persönlich in der Filiale, im Selbstbedienungsbereich oder auch über mobile Vertriebseinheiten der Banken, die Kunden persönlich besuchen (dies hauptsächlich im gehobenen Vermögensverwaltungssegment). Moderne Kommunikationsmittel fördern diese Trends zunehmend. Die nahtlose Integration und Harmonisierung der Vertriebskanäle ist dabei eine entscheidende Voraussetzung für Banken, um die

Potenziale auszuschöpfen und Marktanteile zu gewinnen. Diese Koordination und Steuerung der großen Zahl unterschiedlicher Zugangskanäle wird als Multichannel (Mehrkanal) bezeichnet.

Multi-Depot-Controlling (Finanz-Aggregation)

Dies ist ein integrierter, ganzheitlicher und umfassender Ansatz des Reporting und Controlling von Vermögenswerten, die bei unterschiedlichen Lagerstellen, bei verschiedenen Banken, Vermögensverwaltern und Finanzdienstleistern verwaltet werden beziehungsweise veranlagt sind. Ziel ist die qualifizierte Aggregation (Zusammenführung und Steuerung) der unterschiedlichen Anlageformen und ein ganzheitliches Asset- und Risikomanagement.

Multinationalisierung oder Migration

Multinationalisierung ist der Transfer von Kapital und Arbeit von einer Volkswirtschaft in eine andere. Die Initiative geht hierbei von Unternehmen oder Privatpersonen aus, die Produktions- und Vertriebsstandorte ins Ausland verlagern oder aber ihren Wohnsitz verlegen. Das Motiv der Wirtschaft beziehungsweise von Privatpersonen für eine Migration/Verlagerung von Kapital, Arbeit oder dem Wohnsitz ist zum einen die Erschließung neuer Marktanteile und die Wahrnehmung von Standortvorteilen, zum anderen die Gewinnmaximierung durch Kosten- oder Steuervorteile.

Bei Wohnsitzverlagerungen von Privatpersonen können die Standortvorteile neben den oben genannten auch Faktoren wie Wetter, Mentalität der Bevölkerung, geografische Lage, Verkehrsanbindungen, Einkaufsmöglichkeiten o.ä. sein. Multinational tätig ist, wer in mindestens drei verschiedenen Ländern produziert, kooperiert, einkauft, verkauft, handelt oder investiert.

Siehe auch **Ausflaggen**.

Nearshore

Nearshore bezeichnet die Veranlagung beziehungsweise die Auslagerung, Vergabe und Streuung von Vermögenswerten in Länder, die geografisch dem Steuerdomizil nahe sind, aber andere Rahmenbedingungen haben (Steuerdomizil Deutschland → Anlage in Österreich oder Steuerdomizil Panama → Anlage auf den Bahamas).

Offene Handelsgesellschaft (OHG)

Personengesellschaft, deren Zweck in dem Betrieb eines Handelsgewerbes besteht, die eine Firma als Gesellschaftsnamen führt und bei der die Gesellschafter persönlich und ohne Beschränkung mit ihrem eigenen Vermögen haften.

Die OHG besitzt Rechtsfähigkeit, ist aber keine juristische Person. Die Gesellschafter können natürliche Personen, eine andere offene Handelsgesellschaft oder eine Kommanditgesellschaft (KG) sein.

Die Gründung der OHG kann formlos erfolgen, auch der Gesellschaftsvertrag braucht nicht schriftlich abgeschlossen zu werden. Die Gesellschaft muss beim zuständigen Handelsregister angemeldet werden.

Die Geschäftsführungsbefugnis und die Vertretungsbefugnis können unterschiedlich geregelt sein.

Aus der Geschäftsführungsbefugnis folgt nicht automatisch die Vertretungsbefugnis. Die Gesellschafter haften unbeschränkt auch mit ihrem Privatvermögen für Verbindlichkeiten der Gesellschaft.

Scheidet ein Gesellschafter aus, haftet er bis zum Ablauf von fünf Jahren nach seinem Ausscheiden für bis zu seinem Ausscheiden entstandene und innerhalb der Fünf-Jahres-Frist fällig gewordene Verbindlichkeiten der Gesellschaft.

Bei Auflösung der Gesellschaft endet die Haftung der Gesellschafter für Gesellschaftsschulden spätestens fünf Jahre nach der Auflösung (Beispiele deutsches Recht.)

Offshore

Offshore bezeichnet die Veranlagung beziehungsweise die Auslagerung, Vergabe und Streuung von Vermögenswerten in entfernte Länder, die geografisch vom Steuerdomizil weit entfernt sind (zum Beispiel anderer Kontinent) und andere Rahmenbedingungen aufweisen (Steuerdomizil Deutschland → Anlage Cayman Islands oder Steuerdomizil Bahamas → Anlage in der Schweiz).

Onshore

Onshore bezeichnet die Veranlagung beziehungsweise die Auslagerung, Vergabe und Streuung von Vermögenswerten im eigenen Land. Dieses definiert sich durch das Steuerdomizil (Steuerdomizil Deutschland → Anlage in Deutschland oder Steuerdomizil Bahamas → Anlage auf den Bahamas).

Open Architecture (Offene Produktarchitektur)

In den vergangenen Jahren sind immer mehr Banken dazu übergegangen, ihren Kunden Produkte (Fonds, Zertifikate) konzernfremder Anbieter anzubieten. In der Finanzbranche nehmen derartige Entwicklungen erfreulicherweise immer mehr zu, da die unterschiedlichen Anbieter auch differierende Kernkompetenzen haben in der Produktentwicklung (Product Development). Es werden dabei nicht nur bereits bestehende Produkte von Drittanbietern bezogen, sondern immer mehr Banken und Vermögensverwalter denken mittlerweile über so genannte „White-Label"- oder „Private-Label"-Produkte nach. Dies sind ebenfalls Drittbankprodukte, sie werden aber individuell nach den Vorstellungen der Bank gestaltet und können auch mit deren Namen (Marketing) versehen werden – zusätzlich zum Namen der Emissionsbank.

Private-Label-Produkte zeichnen sich dabei durch einen hohen Grad an Arbeitsteilung aus, bei der die Partner (Emissionsbank, Vermögensmanager, Depotbank beziehungsweise Vertriebsbank) sich auf ihre jeweilige Kernaufgabe fokussieren. Die Emissionsbank kümmert sich beispielsweise um das Management des Produktes, Administration und Buchhaltung. Ein spezialisierter Vermögensmanager (zum Beispiel die Vermögensverwaltungseinheit einer Bank oder ein unabhängiger Experte) übernimmt die Anlagepolitik und die Asset Allocation und die Depotbank beziehungsweise Vertriebsbank bietet das Produkt seinen Kunden an und verwahrt es für die Anleger.

Anleger sollten bei der Auswahl von Vermögensmanagern jene mit einer offenen Produktarchitektur unter sonst gleichen Umständen präferieren. Diese Anbieter verwenden oftmals die Begriffe Best Buy, Best of Breed, Best Select oder Best of Case in ihren Vermögensverwaltungsprozessen, um ihre Produktunabhängigkeit und Neutralität zu dokumentieren und darzustellen. Die Empfehlungslisten dieser Anbieter sollten somit auch weitestgehend frei von hauseigenen Produkten sein und Hausprodukte nur für spezielle Bedürfnisse anwenden.

Option

Optionen garantieren das Recht – nicht aber die Pflicht –, innerhalb eines definierten Zeitraumes einen bestimmten Basiswert (zum Beispiel Aktie, Rohstoff, Währung usw.) zu einem vorgegebenen Preis (Ausübungspreis) zu kaufen (call) oder zu verkaufen (put).

Optionsschein (Warrant)

Wie Optionen verbriefen Optionsscheine das Recht, innerhalb oder am Ende eines bestimmten Zeitraumes einen bestimmten Basiswert (zum Beispiel Aktie, Rohstoff, Währung usw.) zu kaufen oder zu verkaufen. Der Kurs des Optionsscheines richtet sich dabei nach dem Kurs des zugrunde liegenden Wertpapiers. Während jedoch Optionen streng standardisiert sind und nicht direkt über Wertpapierbörsen handelbar, weisen Optionsscheine der einzelnen Emittenten unterschiedliche

Merkmale und Spezifikationen auf. Ebenso sind Warrants verbrieft (**Securisation**) und an Wertpapierbörsen handelbar.

Panama-Gesellschaften

Panama bietet zwei interessante Gesellschaftsformen – zum einen die Panama AG und zum anderen die Panama Stiftung. Die privaten Stiftungen („Private Interest Foundation") gewährleisten eine treuhänderische Struktur für die ordnungsgemäße Übertragung und Verfügung von Vermögenswerten zu Gunsten des Begünstigten. Dies gilt auch über den Tod des Stifters hinaus, während dieser zu Lebzeiten die Kontrolle über das Vermögen hält.

Das panamesische Stiftungsrecht lehnt sich fast unverändert an das liechtensteinische Stiftungsrecht an. Die Panama AG wiederum hat einen vergleichbaren Rechtsstatus wie andere Aktiengesellschaften oder die US Corporation.

Performance

Die Performance misst die Wertentwicklung eines Investments oder eines Portfolios. Meist wird zum Vergleich eine so genannte ‡Benchmark als Referenz genommen, um die Performance im Vergleich zum Gesamtmarkt oder zu den Branchen darzustellen. Die Performance wird in Prozent ermittelt.

Personengesellschaft

Eine Personengesellschaft ist ein gesellschaftsrechtlicher Personenverband zur gemeinsamen Zweckverfolgung.

Im Vordergrund stehen die Mitglieder (Gesellschafter).

Im Gegensatz dazu steht die Kapitalgesellschaft, bei der die kapitalmäßige Beteiligung im Vordergrund steht.

Die Personengesellschaft ist auf eine kleine Mitgliederzahl hin angelegt und beruht auf dem persönlichen Vertrauen der Beteiligten.

Diese personenrechtliche Struktur drückt sich auch in der persönlichen Haftung der Gesellschafter, in der persönlichen Mitarbeit und Selbstorganschaft und darin aus, dass zur Übertragung der Gesellschaftsanteile grundsätzlich die Zustimmung aller anderen Gesellschafter erforderlich ist.

Personengesellschaften sind:

- die Gesellschaft des bürgerlichen Rechts
- die Offene Handelsgesellschaft
- die Kommanditgesellschaft
- die Partnerschaftsgesellschaft
- die GmbH & Co. KG
- die Stille Gesellschaft

Pfandbriefe

Besonders sichere Anleihen von Hypotheken- und Landesbanken, deren Zins- und Tilgungszahlungen beispielsweise durch Hypotheken oder Staatskredite gedeckt sind.

Politische Geografie

Ein Zweig der Geografie, der sich besonders mit den Wechselwirkungen von Politik und Staat einerseits und den einzelnen Erdräumen und Landschaften andererseits befasst; zu unterscheiden von der Geopolitik.

Portfolioinvestitionen

Unter Portfolioinvestitionen werden grenzüberschreitende finanzielle Anlagen von Inländern in Anleihen, Aktien, Geldmarktanlagen sowie Fonds und Zertifikate, die wiederum ausländische Wertpapiere beinhalten, verstanden. Damit unterscheiden sie sich von anderen grenzüberschreitenden Investitionen wie den Direktinvestitionen (Investitionen in Unternehmen im Ausland mit Beteiligungscharakter) und internationalen Krediten. Bei Portfolioinvestitionen steht nicht die Kontrolle über ein im Ausland befindliches Investitionsobjekt im Vordergrund, sondern Rendite- und Diversifikationsüberlegungen. In der Regel gelten Kapitalbeteiligungen von unter fünf Prozent als Portfolioinvestitionen.

Siehe auch **Direktinvestitionen**.

Portfolio Insurance

Die Grundgedanken von Portfolio-Insurance-Konzepten kann man im Groben auf zwei Hauptkriterien reduzieren. Zum einen sollten mögliche Verluste auf eine zuvor definierte Maximalverlustgröße (Risikokapital-Tragfähigkeit) begrenzt werden (downside protection), zum anderen sollte eine angemessene Partizipation an Kursanstiegen erfolgen (upside participation). Es gibt unterschiedliche Strategien der Umsetzung von Portfolio-Insurance-Konzepten. Vereinfacht kann man diese Strategien unterscheiden in optionsbasierte Strategien, wie beispielsweise den Kauf von Puts zur Absicherung von Depots, und alternativen Strategien wie beispielsweise CPPI-Modellen. Klassifiziert wird auch nach statischen und dynamischen Konzepten.

Portfolio Selection

Bezeichnung für eine Anlagestrategie, die zur optimalen Zusammenstellung eines Portfolios herangezogen wird. Sie entstammt einer Theorie über die optimale Mischung von Wertpapieren und wurde 1952 von Harry M. Markowitz erstmalig quantifiziert. Ausgangspunkt der Überlegung ist ein bestimmter zu Investitionszwecken zur Verfügung stehender Betrag. Im Vergleich zu einer Investition des gesamten Betrages in ein einziges Risikopapier, lässt sich durch breite Streuung des Anlagebetrages auf mehrere verschiedene Titel (Diversifikation) das Risiko der Anlage vermindern. Voraussetzung hierfür ist, dass die Renditen der Wertpapiere nicht perfekt positiv miteinander korreliert sind.

Private Banking

Anlageberatung und Vermögensverwaltung für internationale private und institutionelle Kunden. Weiterführende Dienstleistungen sind beispielsweise Estate Planning, Financial Planning, Wealth Management und Family-Office-Dienstleistungen

Private Equity

Private Equity wird als (Eigen-) Kapital definiert, welches nicht über formell organisierte und öffentlich zugängliche Märkte wie Aktienmärkte bereitgestellt wird. Neben Kapital stellt der Investor auch Managementwissen zur Verfügung. Er kann sogar ins operative Tagesgeschäft eingebunden werden. Nach gängiger Definition umfasst Private Equity sowohl **Venture Capital,** bei dem es sich um Investments in junge Unternehmen handelt, als auch Buyouts.

Private Insuring

Private Insuring bedeutet die Weiterführung und Integration von innovativen Lebensversicherungslösungen in Private-Banking- und Wealth-Management-Konzepte. Bei einer klassischen Lebensversicherung beispielsweise zahlt der Versicherungsnehmer Geldbeträge an den von ihm gewählten Versicherer. Dort fließen die Beiträge in einen weitestgehend anonymen Deckungsstock, der von der Versicherungsgesellschaft verwaltet wird. Individuelle Anlageziele sind bei dieser Vorgehensweise kaum zu realisieren, da die Transparenz nicht vorhanden und die Entwicklung des Vermögens für den Investor meist nicht nachvollziehbar ist.

Private-Insuring-Konzepte bieten hingegen umfassende Gestaltungsmöglichkeiten und der Vermögensanleger entscheidet, nach welchen Kriterien sein Kapital angelegt wird. Er profitiert somit unmittelbar von der Wertentwicklung – transparent und individuell auf seine Bedürfnisse abgestimmt. Gerade ausländische Lebensversicherungsgesellschaften bieten hierbei interessante Lösungen.

Product Development

Siehe Financial Engineering.

Progressionsvorbehalt

Progressionsvorbehalt bedeutet, dass an sich steuerfreie ausländische Einkünfte im Inland dennoch indirekt „besteuert“ werden, indem sie zur Ermittlung des Steuersatzes wie inländische Einkünfte behandelt werden. Für die Errechnung der Steuer wird dieser Prozentsatz dann aber nur auf die inländischen Einkünfte allein angewandt.

Siehe auch **Doppelbesteuerungsabkommen**.

Protected Cell Company

Bei sogenannten „Protected Cell Companies“ (PCCs) handelt es sich um eine neuartige Gesellschaftsform, die aus einem „Kern“ und einer beliebigen Anzahl von eigenständigen „Zellen“ besteht. Die den einzelnen Zellen zugeordneten Vermögenswerte sind gesetzlich voneinander isoliert und damit geschützt. In keinem Fall haftet eine Zelle für Ansprüche Dritter gegenüber einer anderen Zelle.

Qualified Intermediary (QI)

Am 1. Januar 2001 sind in den USA Vorschriften in Kraft getreten, die Investitionen in US-Wertschriften nachhaltig beeinflussen. Dabei geht es grundsätzlich um:

- die Sicherstellung der korrekten Besteuerung von amerikanischen Steuerpflichtigen sowie

- die Entlastung von US-Quellensteuern auf Erträgen von US-Wertpapieren für aus einem. Doppelbesteuerungsabkommen berechtigte nicht amerikanische Steuerpflichtige.

Im Zusammenhang mit diesen Vorschriften hat es sich für zahlreiche, nicht in den USA domizilierte Banken als notwendig erwiesen, mit der amerikanischen Steuerbehörde IRS einen Vertrag (Qualified Intermediary Agreement) abzuschließen, um so den Status eines Qualified Intermediary (QI) zu erhalten. Als QI ist es diesen Zahlstellen insbesondere erlaubt, ihren Kunden die Erträge (Dividenden, Zinsen) zu dem – gemäß dem jeweiligen Steuerstatus – anwendbaren Quellensteuersatz zu vergüten.

Quellensteuer

Die Quellensteuer ist eine allgemeine Bezeichnung für eine Steuer, die direkt an der „Quelle“ erhoben wird. Im Allgemeinen wird die Quellensteuer auf Wertpapier- und Zinserträge erhoben und direkt von der Bank abgeführt.

In den deutschsprachigen Ländern gibt es für diese Steuerart verschiedene Bezeichnungen. In Deutschland wird sie als Kapitalertragsteuer beziehungsweise für Zinserträge als Zinsabschlagsteuer bezeichnet. In der Schweiz heißt diese Art der Ertragsbesteuerung Verrechnungssteuer.

Rechtsnatur

Die Frage der Rechtsnatur bezieht sich immer auf die einzelnen Teilkomponenten und deren weiterführende Strukturen, beispielsweise von Unternehmen (Banken oder Vermögensverwaltern), Produkten (Zertifikate, Aktien, Fonds), Jurisdiktionen (Ländergerichtsbarkeiten) oder auch Rechtsformen wie juristische Personen (Stiftungen, Trusts, Vermögensverwaltungs-GmbHs), sprich rechtliche Grundlagen und Rechtsinhalte. Die Quantifizierung und Verifizierung der Rechtsnaturen der einzelnen Teilkomponenten ist ein essentieller Baustein der mehrdimensionalen Vermögenssteuerung.

Rendite

Absolut:

Unter absoluter Renditeentwicklung versteht man die Wertveränderung einer einzelnen Finanzanlage oder eines Portfolios. Die erzielte Wertentwicklung wird nicht mit einem Vergleichsmaßstab (Benchmark) verglichen.

Relativ:

Unter relativer Renditeentwicklung versteht man die Wertveränderung einer einzelnen Finanzanlage oder eines Portfolios im Vergleich zur Wertentwicklung einer Benchmark. So kann eine positive absolute Rendite im Vergleich zu einer stärker gestiegenen Benchmark eine negative relative Rendite darstellen. Umgekehrt kann eine negative absolute Rendite im Vergleich zu einer stärker gesunkenen Benchmark eine positive relative Rendite sein.

Research

Research bezeichnet die von Banken, Vermögensverwaltern, Volkswirten oder von Rating-Agenturen verfassten Analysen von Märkten, Marktaussichten, Konjunkturszenarien und möglichen Strategien, kombiniert mit darauf abgestimmten Produkten zum Zweck der Optimierung von Anlagemöglichkeiten.

Rolling-Discount-Zertifikate

Hinter Rolling-Discount-Zertifikaten steht die Idee, die Vorteile, die klassische Discount-Zertifikate in moderat steigenden, stagnierenden und moderat fallenden Märkten bieten, auch langfristig zu nutzen. Entsprechend haben die Emittenten Anlegern eine einfache Möglichkeit geschaffen, fortlaufend und der aktuellen Marktlage regelmäßig angepasst in einem Discount-Zertifikate-Konzept investiert zu sein. Rolling-Discount-Zertifikate werden in unterschiedlichen Ausstattungen angeboten, anhand derer an vorher festgelegten und stetig wiederkehrenden Terminen in ein neues Discount-Zertifikat „rolliert" wird. Mit Rolling-Discount-Zertifikaten können regelmäßig und in kurzen Abständen Optionsprämien vereinnahmt werden, die als Discount Anlegern zugute kommen.

Schwarzgeld

Schwarzgeld wird begrifflich per Gesetz stets nur indirekt definiert. Nach dem Strafgesetzbuch handelt es sich um einen Vermögensvorteil, der aus einer rechtswidrigen Tat erzielt wurde. Nach dem Gesetz zur Bekämpfung des illegalen Rauschgifthandels und anderer Erscheinungsformen der organisierten Kriminalität (OrgKG) leitet sich der Begriff Schwarzgeld als Gegenstand ab, der aus einem Verbrechen eines anderen, einem Vergehen nach dem Betäubungsmittelgesetz oder aus einem Verbrechen stammt, das ein Mitglied einer kriminellen Vereinigung begangen hat.

Rein steuerlich ist Schwarzgeld das Geld, das einer ordnungsgemäßen Besteuerung vorenthalten wurde. Das Ziel dabei ist die Steuerersparnis beziehungsweise, wie es die Abgabenordnung definiert, die Verkürzung der Steuern (**Steuerhinterziehung**). Im Steuerrecht kommt es für die Besteuerung grundsätzlich nicht darauf an, ob ein Einkommen aus einer unmoralischen oder gar ungesetzlichen Quelle stammt.

Schweizer Gesellschaften

Die Schweizer Aktiengesellschaft (AG) ist die wichtigste und häufigste Unternehmensform in der Schweiz. Sie wird als Rechtsform auch von Ausländern oft für eine Tochtergesellschaft gewählt. Die AG ist eine Gesellschaft mit eigener Rechtspersönlichkeit, für deren Verbindlichkeiten nur das Gesellschaftsvermögen haftet. Das Grundkapital ist in Aktien eingeteilt. Die AG ist nicht nur Gesellschaftsform für große, sondern auch für mittlere und kleine Unternehmen. Sie ist die übliche Rechtsform für Holding- und Finanzgesellschaften.

- Alleinhaftung des Gesellschaftsvermögens
- Anonymität der Kapitalgeber
- Beschränkung der Beitragspflicht der Gesellschafter
- Einfache erbrechtliche Nachfolgeregelung
- Keine Veröffentlichung von Bilanzen, wenn nicht börsennotiert

Schweizer GmbH: Die Gesellschaft mit beschränkter Haftung (GmbH) ist ebenfalls eine Gesellschaft mit eigener Rechtspersönlichkeit, in der sich zwei oder mehrere Personen oder Handelsgesellschaften in einer eigenen Firma und mit einem im Voraus bestimmten Kapital (Stammkapital) zusammenschließen. Jeder Gesellschafter ist mit einer Einlage am Stammkapital beteiligt und haftet höchstens bis zum Betrag des eingetragenen Stammkapitals. Auch die GmbH erfreut sich in der Schweiz immer größerer Beliebtheit und ist eine attraktive Gesellschaftsform, die sich gegenüber der AG für kleine und mittlere Unternehmen immer mehr durchsetzt, da das Mindestkapital und die Strukturkosten weitaus geringer sind.

Securisation

Als Securisation wird die Umwandlung von Vermögenswerten in handelbare Wertschriften beziehungsweise Wertpapiere bezeichnet. Genau genommen werden hierbei die unterschiedlichsten Vermögenswerte von Emittenten verbrieft und somit am Kapitalmarkt handelbar gemacht. Vor allem über das Segment der **strukturierten Produkte** beziehungsweise der Zertifikate hat die Securisation von Assets in Werpapiere einen enormen Zulauf gefunden. Mittlerweile werden die unterschiedlichsten Asset-Klassen (Rohstoffzertifikate – Gold, Öl, Zukker, Kaffee, Rinder – oder auch Immobilienzertifikate oder Kredite) verbrieft und somit börsenfähig handelbar gemacht.

Sharpe Ratio

Die Sharpe Ratio ist eine mathematische Kennzahl (benannt nach W. Sharpe) und misst die Überschussrendite eines Fonds pro Risikoeinheit. Wenn also beispielsweise ein Anleger die Wahl zwischen zwei Fonds hat, die beide in den vergangenen drei Jahren eine jährliche Rendite von 10 Prozent erzielt haben, so sollte er den Fonds bevorzugen, der diese Rendite mit der geringeren Schwankungsbreite (**Volatilität**) erreicht. Je größer also die Sharpe Ratio war, desto besser war/ist der Fonds.

Short Position

Unter Short Position wird hier die aus einem Verkauf resultierende Position verstanden, die von Kursrückgängen profitiert. Gegenteil von Long Position.

Siehe auch **Leerverkäufe**.

Singapur-Gesellschaften

Wer in Singapur eine Gesellschaft eintragen möchte, sollte diese in der Form einer Company Limited by Shares (mit der GmbH vergleichbar), einer Company Limited by Guarantee (keine deutsche Entsprechung) oder einer Unlimited Company (keine deutsche Entsprechung) machen. Alle Gesellschaften können entweder öffentlich oder privat sein und haften beschränkt oder unbeschränkt. Die Gründung einer Gesellschaft wird durch Eintragung unter den Vorschriften des Singapore Companies Act durchgeführt. Auch Offshore-Investoren werden von Geschäftsbanken, anderen Finanzinstitutionen und Investment-Management-Firmen, die eine große Spannbreite an sehr gut entwickelten Finanzservicen anbieten, bestens versorgt. Alle großen internationalen Buchführungs- und Prüfungsunternehmen führen Zweigstellen in Singapur und Rechtsdienste werden sowohl von lokalen als auch von ausländischen internationalen Anwaltsfirmen oder Treuhändern angeboten.

Slowakei GmbH

Seit dem EU-Beitritt und dem Inkrafttreten der Steuerreform ist die Slowakei zu einem interessanten Wirtschaftsstandort in Mitteleuropa geworden. Das Grundprinzip der Steuerreform ist die Vereinfachung und Übersichtlichkeit. Dies ist vor allem eine sehr unternehmerfreundliche Regelung, besonders für Unternehmer, die mit Kapitalgesellschaften operieren wollen. Nach diesem Prinzip werden zum Beispiel die Ausschüttungen nicht mehr versteuert. Das Ziel der Steuerreform in der Slowakei ist die Beschleunigung des Wirtschaftswachstums und die Beschäftigungssteigerung. Die ersten Reaktionen auf die Steuerreform sind in den Wirtschaftskreisen im In- und Ausland durchaus positiv. Für ein geopolitisch diversifiziertes Standbein im Osten Europas bietet sich also die Slowakei durchaus an.

Spanische S.L. (Sociedad Limitada)

Die spanische S.L. ist ebenfalls eine beliebte und sinnvolle Gesellschaftsstruktur, um Risiken zu minimieren, Steuern zu optimieren und Vermögenswerte zu verwalten. In den letzten Jahren erfreut sich die spanische S.L. einer immer größeren Beliebtheit. Aufgrund der europäischen Gesetzgebung und Niederlassungsfreiheit kann jeder EU-Bürger frei wählen, in welchem Land er seine Firma gründen möchte. Immer mehr EU-Bürger gründeten in den letzten Jahren auf Grund der liberaleren Wirtschaftsordnung und des weit geringeren Mindeststammkapitals eine GmbH oder AG in Spanien. Ähnlich wie die englische Limited ist die Spanische S.L. vergleichbar mit einer deutschen GmbH. Das Stammkapital der spanischen GmbH beträgt jedoch nur einen Bruchteil der deutschen GmbH.

Gerade zur Verwaltung von Immobilienvermögen in Spanien bietet eine vermögensverwaltende S.L. eine ideale Struktur und große Vorteile.

Im Rahmen der Reform des spanischen Einkommen- und Körperschaftsteuergesetzes wurde neben der Senkung der Spitzensteuersätze auch die sogenannte Sociedad Patrimonial eingeführt. Diese Vermögensgesellschaft ist eine herkömmliche spanische GmbH (S.L.), die sich dadurch auszeichnet, dass sie kein aktives Gewerbe betreibt, sondern lediglich der Verwaltung des eigenen Vermögens dient.

Ähnlich wie bei der UK Limited oder der US Corporation liegen aus Risikomanagement-Gesichtspunkten die Hauptvorteile auch bei der spanischen S.L. im Haftungsbereich, d. h. persönliches Eigentum und Vermögen bleiben unangetastet und es gibt in Spanien keine Durchgriffshaftung auf den Geschäftsführer.

Spread

Differenz zwischen Kauf- und Verkaufskurs bei Finanzprodukten.

Standardabweichung

Dies ist eine mathematische Kennzahl, die benutzt wird, um das Risiko einer Anlage zu messen. Die Standardabweichung erklärt zwei Drittel aller Abweichungen vom durchschnittlichen Wert. Eine niedrige Standardabweichung lässt auf eine hohe Wahrscheinlichkeit schließen, dass auch zukünftige Ergebnisse nahe dem Durchschnitt liegen.

Steuerhinterziehung

Steuerbürger, die ihren gesetzlichen Pflichten zur Mitwirkungspflicht, sprich der Abgabe von Steuererklärungen, nicht nachkommen und dadurch die Steuern verkürzen oder einen Steuervorteil erlangen, machen sich der Steuerstraftat der Steuerhinterziehung schuldig. Eine Steuerhinterziehung wird mit mehrjährigen Haftstrafen oder mit Geldstrafe bestraft.

Der Steuerhinterziehung macht sich schuldig, wer den Finanzbehörden oder anderen Behörden vorsätzlich über steuerlich erhebliche Tatsachen unrichtige oder unvollständige Angaben macht. Ebenso, wer die Finanzbehörde pflichtwidrig über steuerlich erhebliche Tatsachen in Unkenntnis lässt oder pflichtwidrig die Verwendung von Steuerzeichen oder Steuerstempeln unterlässt.

Steueroase

Als Steueroasen werden solche Länder bezeichnet, die ein deutlich niedrigeres Steuerniveau haben als die Heimatländer von Gebietsfremden. Die Gesetzgebung der Oasenstaaten erlaubt es dabei, diese Einkünfte durch geschickte Gestaltung (gesellschaftsrechtliche Konstruktionen) teilweise dem Zugriff des Fiskus im Heimatland des Steuerpflichtigen zu entziehen oder sie ganz zu verbergen. Oft geben die Behörden dieser Länder keine Auskünfte über die Vermögensverhältnisse der in ihrem

Bereich tätigen Firmen oder Einzelpersonen (Gesetzgebung und Bankgeheimnis).

Stiftung

Allgemein versteht man unter einer Stiftung eine wohltätige oder gemeinnützige Einrichtung. Gängige Varianten zur Vermögensdisposition sind Privat- beziehungsweise Familienstiftungen.

Als juristische Person unterhält sie ein Vermögen, das nach dem Willen des Stifters für einen bestimmten Zweck vorgesehen ist. Das Stiftungsvermögen scheidet damit aus dem Privatvermögen des Stifters aus und geht vollständig in das Eigentum der Stiftung über.

Im Gegensatz zu anderen juristischen Personen hat die Stiftung keine Mitglieder, Teilhaber oder Anteilsinhaber. Im Rahmen des Stiftungsrechts gibt es jedoch so genannte Begünstigte: Personen, zu deren Gunsten die Verwirklichung des Stiftungszwecks erfolgt und zu denen unter bestimmten Voraussetzungen auch der Stifter selbst zu Lebzeiten zählt.

Stille Gesellschaft

Ein stiller Gesellschafter tritt nicht nach außen in Erscheinung. Ihn trifft auch keine Haftung für Verbindlichkeiten des tätigen Teilhabers der Gesellschaft. In der Regel ist er der Geldgeber.

Wer sich durch eine Einlage an einem Handelsgewerbe eines Kaufmanns beteiligt, ohne im Unternehmen selbst tätig zu werden, gilt nach dem Handelsgesetzbuch als so genannter „stiller Gesellschafter“.

Betätigt sich der Gesellschafter, abweichend von der vereinbarten Rechtsstellung als Gesellschafter auch leitend im Unternehmen, so entspricht seine Position der eines Mitunternehmers. In diesem Falle besteht de facto eine atypisch stille Beteiligung. Das bedeutet, dass der stille Gesellschafter auch an den stillen Reserven des Unternehmens zu beteiligen ist. Aus steuerlicher Sicht (deutsches Steuerrecht) erzielt er nicht mehr Einkünfte aus Kapitalvermögen sondern solche aus Gewerbebetrieb.

Stock Picking / Security Selection

Aktienanlagestrategie, die darauf basiert, spezielle Werte zu erwerben, die sich besser entwickeln als der Gesamtmarkt. Nach detaillierter Analyse der Unternehmen und ihrer Gewinnentwicklung erfolgt die Auswahl. Damit steht Stock Picking im Gegensatz zu einer länder-/ branchenorientierten Strategie.

Strategische Asset Allocation

Strategische Asset Allocation wird als Vorgang einer grundsätzlichen und langfristigen Aufteilung des Anlagekapitals auf verschiedene Anlageklassen verstanden, die den finanziellen Zielen und der Risikobereitschaft des Anlegers entsprechen. In einem zweiten Schritt werden die Anlageklassen strategisch ausgerichtet und gewichtet.

Beispielsweise wird die Anlageklasse „Aktien" in Länder wie zum Beispiel Europa, Japan, USA und Großbritannien gegliedert. Den dann ermittelten Land-/Branchen-Kombinationen wird ein Prozentsatz zugeordnet, der den entsprechenden Investitionsumsatz ausdrückt. Beispiel: 60 Prozent Aktienquote und danach Festlegung innerhalb der Aktienquote, wie viel Länder- oder Branchenquoten gewählt werden.

Das Ergebnis der strategischen Asset Allocation ist somit ein Anlagedepot, das nicht zufallsbedingt aus einzelnen Wertpapieren besteht sondern die unterschiedlichen Anlageklassen strukturiert zusammensetzt.

Strukturierte Produkte

Ein strukturiertes Produkt ist eine flexible Anlageform, bei der verschiedene Finanzinstrumente kombiniert und zu einer neuen Einheit verknüpft werden. Neben Basisanlagen wie Aktien oder Obligationen bilden Derivate einen Bestandteil von strukturierten Produkten. Durch die Kombination können die Risiken der einzelnen Teilkomponenten verstärkt, vermindert oder eliminiert werden. Diese Flexibilität der Risiko- und Renditestruktur kann somit für maßgeschneiderte Lösungen genutzt werden.

Swap (Finanzmarkt-Tauschgeschäft)

Als Alternativen zu direkten Finanzierungen (Anleihen, Festzinssatzkredite) an den internationalen Finanzierungsmärkten haben sich Zins- und Währungsswaps als Quelle für kostengünstiges festverzinsliches Fremdkapital erwiesen. Bei dem reinen Zinsswap geht es um den Austausch von Zinszahlungsverpflichtungen in einer Währung für eine bestimmte Laufzeit. Wesentlich ist, dass die auf den gleichen Ausgangsbetrag zu leistenden Zinsen unterschiedlichen Zinsberechnungen unterliegen und durch den Swap keine gegenseitigen Kapitalforderungen entstehen. Sinn eines solchen Tausches ist es, den relativen Vorteil, den jeweils eine Partei gegenüber der anderen aufgrund ihrer Stellung an einem bestimmten Finanzmarkt hat, mit der anderen zu tauschen.

Das gleiche gilt sinngemäß auch für Währungsswaps. Hauptmerkmal eines Währungsswaps ist, dass die zu tauschenden Verbindlichkeiten in verschiedenen Währungen begründet sind.

Man kann somit variable Zinszahlungen tauschen in fixe, USD-Zahlungen in EUR-Zahlungen oder auch Aktienmarktrenditen in Rentenmarktrenditen.

Synthetische Finanzprodukte

Siehe **Derivate**.

Systematisches Risiko

Bezeichnet das Risiko des Gesamtmarktes der jeweiligen Anlagekategorie. Systematische Risiken können im Gegensatz zu den **unsystematischen Risiken** nicht durch Diversifikation innerhalb der gleichen Anlageklasse weggesteuert werden.

Zinsänderungsrisiken, volkswirtschaftliche Risiken oder Aktienmarktschwankungen (Gesamtmarkt) sind beispielsweise systematische Risiken.

Taktische Asset Allocation

Die taktische Asset Allokation wird angewandt, um kurzfristige Chancen innerhalb einer Anlageklasse wahrzunehmen. Mit der taktischen Asset Allocation wird eine aktive Anlagepolitik betrieben, die versucht, im Vergleich zu einer rein passiven strategischen Asset Allocation eine bessere Performance zu erzielen als die zugrunde gelegte Benchmark. Bei der Anlageklasse Aktien dienen beispielsweise Indizes wie der Dax, Euro-Stoxx oder Nikkei als Benchmark, die es zu schlagen gilt. Die taktische Asset Allocation wird genutzt, um mittels kurzfristiger Abweichungen von der strategischen Asset Allocation in Form einer Über- beziehungsweise Untergewichtung von Einzeltiteln, Märkten oder Branchen Überschussrenditen zu erwirtschaften.

Technische Analyse

Vielfach auch als Chartanalyse bezeichnet. Hier versucht ein so genannter technischer Analyst, aus dem vergangenen Kursverlauf – und sich daraus ergebenden Chartformationen oder technischen Indikatoren – eines Wertpapiers auf dessen zukünftige Entwicklung zu schließen. Es wird dabei versucht, Kauf- und Verkaufssignale frühzeitig zu erkennen. Da sehr viele Anleger und Investoren nach diesen technischen Indikatoren Kauf- und Verkaufsentscheidungen fällen, bewegen wir uns in diesem Bereich auch wieder im Segment von Anomalien beziehungsweise Behavioral Finance.

Die Technische Analyse umfasst dabei eine Reihe von Analysesätzen, die sich hauptsächlich mit den Daten der Börse – Kursen und Umsätzen – beschäftigen. Die Untersuchungen der Technischen Analyse beinhalten im Wesentlichen:

- die Kursveränderung, deren Ausmaß und Dynamik
- den Umsatz als Auslöser der Kursbewegung und als Motor der im-

weiteren Kursverlauf auftretenden Schwankungen
- den Kontraktbestand und dessen Variationen
- die Bewegung von Spread-Differenzen
- die Bewertung der Stimmungslage, ausgedrückt beispielsweise durch Relationen zwischen dem Umsatz von Puts und Calls
- die Dynamik der Marktbewegung

Durch die strikte Nichtbeachtung von Fundamentaldaten wollen sich Charttechniker vor der Gefahr der Überinformation schützen. Sie vertreten die Ansicht, dass sämtliche Informationen im Kurs reflektiert sind, folglich der Kurs der beste Indikator sein müsse. Dies führt zu drei Prämissen, auf denen jeder technische Ansatz basiert:

- alle wichtigen Informationen sind in den Kursen und somit in der Marktbewegung enthalten
- Kurse bewegen sich in Trends
- die Geschichte wiederholt sich

Eine weitere Analysemöglichkeit ist der so genannte Fundamental Research (Fundamentalanalyse).

Terrorismusfinanzierung

Siehe **Geldwäscherichtlinien**.

Top-Down-Ansatz

Beim Top-Down-Ansatz wählt der Portfoliomanager Titel auf Grund volkswirtschaftlicher Analysen aus, nach denen anschließend Länderquoten festgelegt werden. Gegenteil: Bottom-up-Ansatz.

Total Return

Unter Total Return versteht man in der Finanzbranche einen Investment-Ansatz, bei dem man ein absolutes Ertragsziel verfolgt und sich im Gegensatz zu herkömmlichen, so genannten Benchmark-Produkten, bei der Portfolio-Zusammenstellung an keinem Vergleichsindex orientiert. Es können dabei sämtliche Ertragsquellen wie Zinsen, Kurs- und Währungsgewinne eingesetzt werden. Das bedeutet, dass unabhängig von einem Marktindex in diejenigen Asset-Klassen investiert wird, die die höchsten Ertragschancen erwarten lassen. Im Gegensatz zu Absolute Return steht hier das Maximum nach oben im Vordergrund.

Trust

Ähnlich wie die Stiftung funktioniert ein Trust: Wird er beispielsweise auf den Kanalinseln Guernsey oder Jersey installiert, gilt angelsächsisches Recht. Verwaltet wird der Trust in der Regel über eine Bank.

Ein Trust ist vergleichbar einer Verpflichtung, die eine Person (Trustee/Treuhänder) übernimmt, das ihm anvertraute Vermögen (Trust property/Treuhandvermögen) zu Gunsten der Beneficiaries/Begünstigten und all jener, die mit der Durchsetzung der Verpflichtung betraut sind, zu verwalten.

Begünstigte sind meist Verwandte oder der Gründer selbst. Dieser legt fest, was mit dem Trustvermögen geschieht. Faktisch ist der Trust somit eine Vermögensverwaltung unter fremdem Namen. Steuern fallen vor Ort nur an, wenn der Begünstigte auch auf den Inseln wohnt. Das ist aber die Ausnahme. Man führt die Entstehung der Trusts auf die Zeit der Kreuzzüge oder des Heiligen Krieges zurück, als englische Edelmänner ihre Güter der Sorge derer überließen, denen sie vertrauten. Sie konnten so im Falle, dass sie nicht zurückkehren würden, sicher sein, dass ihr Vermögen und ihre Familien gut versorgt waren. Trusts dienten somit schon als Bestandteil des Risikomanagements im Mittelalter.

Auch heute haben diese uralten Gesetze des Trusts ihre Gültigkeit, wenn auch verbunden mit vielen anderen Zielen und allem, was im internationalen Sinne damit zusammenhängt.

Obwohl es verschiedene Arten von Trusts gibt, unterteilen sich die meisten in zwei Hauptkategorien, abhängig davon, wie flexibel oder strikt die Treuhänder das Treuhandvermögen gemäß der Treuhandbestimmungen verwalten dürfen.

a) Discretionary Trust

Das Hauptmerkmal dieser Trustform ist es, dass die Verteilung auf die Begünstigten im Ermessen des Treuhänders liegt, wobei dies jedoch üblicherweise im Sinne des Treuhandgründers durch testamentarische Verfügungen erfolgt.

b) Interest in Position Trust

Auch bekannt als Fixed Interest oder Life Interest Trust. Bei diesem Trust kommen die Erträge einem oder mehreren bestimmten Begünstigten zu, da das Treuhandvermögen ihnen gehört.

Wie bei der Stiftung gilt auch beim Trust: Eine umfassende Beratung ist unabdingbar und ein Mindestanlagevermögen von circa 500.000 EUR sollte aus Kostengründen zur Verfügung stehen. Abgespeckte Trustlösungen (Gemeinschaftstrusts) sind allerdings bereits ab circa 150.000 EUR Anlagevermögen umsetzbar.

Unbeschränkte Steuerpflicht

Unbeschränkt steuerpflichtig sind Personen, die im Inland ihren Wohnsitz oder ihren gewöhnlichen Aufenthalt haben. Die Steuerpflicht beginnt mit der Geburt und endet mit dem Tod. Der Besteuerung im Inland unterliegen alle inländischen und ausländischen Einkünfte des Steuerpflichtigen. Zur Vermeidung einer Doppelbesteuerung ausländischer Einkünfte können Doppelbesteuerungsabkommen zur Anwendung kommen.

Der unbeschränkten Steuerpflicht unterliegen auch deutsche Staatsangehörige, die im Inland weder ihren Wohnsitz noch ihren gewöhnlichen Aufenthalt haben, wenn sie in einem Dienstverhältnis zu einer inländischen juristischen Personen des öffentlichen Rechts stehen und hierfür

Arbeitslohn aus inländischen öffentlichen Kassen beziehen. Hierzu gehören zum Beispiel deutsche Staatsangehörige, die bei deutschen Vertretungen (Botschaft, Konsulat) im Ausland tätig sind.

Von der unbeschränkten Steuerpflicht ist die beschränkte Steuerpflicht abzugrenzen. Diese kommt zur Anwendung, wenn der gewöhnliche Aufenthalt und der Wohnsitz des Steuerpflichtigen nicht im Inland liegen.

UK Limited Company (englische GmbH)

Eine UK Limited Company ist eine juristische Person und vergleichbar mit einer deutschen GmbH, jedoch von den Gründungs- und Unterhaltskosten sowie der Stammkapitalsumme weitaus günstiger. Die englische GmbH stellt neben der US Corporation eine interessante Rechtsnatur für die Verwaltung von Vermögenswerten und ein mehrdimensionales Risikomanagement dar. Aus geopolitischen Gesichtspunkten ist der größte Vorteil einer privaten englischen Limited Company der Umfang des Haftungsausschlusses. Deutsche Personengesellschaften (Einzelunternehmer, GbR, OHG, KG) haften persönlich mit dem Privatvermögen für alle ruinösen Folgen. Dies kann für viele Unternehmer das Ende eines Lebenswerkes sein, beziehungsweise auch gravierende Auswirkungen auf Lebenspartner und Kinder haben.

Eine Fehlentscheidung oder einfach nur Pech können somit ausreichen, eine Existenz zu zerstören, mit u. U. nachhaltigen Folgen. Eine englische Limited oder eine US Corporation schützt nicht vor Fehlern, aber vor deren Folgen. Die Gründung einer Limited bietet sich somit auch zur Auslagerung von Risiken an. Ergeben sich Probleme in einem bestimmten Risikobereich, tangiert dies nur bedingt andere Bereiche. Zusammenfassend die Hauptvorteile einer UK Limited Company:

- beschränkte Haftung
- skalierbares Stammkapital
- Vorteile des englischen Gesellschaftsrechtes
- Neustarts, zum Beispiel Ausgliederung von Risikobereichen

Umsatzsteuer

Die Umsatzsteuer gehört zu den Verkehrssteuerarten. Private sowie öffentliche Verbraucher werden beim Erwerb von Gütern und Leistungen mit der Umsatzsteuer belastet. Unternehmer können die Umsatzsteuer als Vorsteuer beim Finanzamt geltend machen, wenn sie die mit Umsatzsteuer belasteten Güter und Leistungen für unternehmerische Zwecke einsetzen. Mit dem Vorsteuerabzug wird ihnen die Umsatzsteuer zurückbezahlt. Der Unternehmensgewinn wird daher nicht mit der Umsatzsteuer belastet. Im Gegenzug sind Unternehmer jedoch verpflichtet, auf ihre Lieferungen und Leistungen Umsatzsteuer zu erheben und die vereinnahmte Umsatzsteuer an das Finanzamt abzuführen. Hierfür und für den Vorsteuerabzug müssen Unternehmer monatlich, quartalsweise oder jährlich eine Umsatzsteuervoranmeldung beim Finanzamt einreichen und die Umsatzsteuer abzüglich der vereinnahmten Vorsteuer an das Finanzamt zahlen.

Die Umsatzsteuer wird auf Lieferungen (zum Beispiel Waren) und sonstige Leistungen (zum Beispiel Dienstleistungen) erhoben. Bemessungsgrundlage für die Umsatzsteuer ist das für die Lieferung oder Leistung vereinnahmte Entgelt. Von der Umsatzsteuer können Kleinunternehmer befreit werden. Zudem sind bestimmte Berufsgruppen (zum Beispiel Ärzte) von der Erhebung der Umsatzsteuer ausgeschlossen.

Underlying

Das so genannte Underlying ist das Bezugsobjekt oder der Basiswert eines Derivates. Prinzipiell kann jedes Asset als Underlying verwendet werden. Üblicherweise werden Derivate auf Aktien, Anleihen, Währungen, Rohstoffe, Indizes, Immobilien oder Futures emittiert. Das Underlying ist also ein Referenzwert wie der DAX beispielsweise für DAX-Indexzertifikate.

Unsystematisches Risiko

In der Kapitalmarkttheorie wird das Gesamtrisiko einer Anlage in unsystematisches und systematisches Risiko aufgeteilt. Das unsystematische Risiko beschreibt hierbei das unternehmensspezifische Risiko, das sich durch Diversifikation vollkommen eliminieren lässt.

Upside Participation

Partizipation an Kursanstiegen.

US Corporation

Die US Corporation ist eine juristische Person und vergleichbar mit einer Aktiengesellschaft. Als solche kann sich die Corporation an Firmen beteiligen, Darlehen aufnehmen, sich durch Verkauf von Anteilen (Aktien) kapitalisieren, Eigentum an Immobilien erwerben, Investitionsgüter kaufen und diese natürlich auch wieder veräußern. Die Corporation kann als Mutter- Schwester- oder Tochtergesellschaft, als Holding-, Consulting- oder Auffanggesellschaft auftreten, sie kann sogar als eingetragener Verein dienen. Kurz: Sie kann weltweit die unterschiedlichsten Unternehmungen ausüben. Und das ohne die üblichen Risiken, die normalerweise jedem Geschäftsmann, der selbstständig tätig wird, tagtäglich drohen.

Haftungs- und Vermögensschutz sind aus den Gesichtspunkten geopolitischer Vermögenssteuerung die Hauptvorteile von US Corporations. Corporationsgründungen sind in den unterschiedlichen US-Bundesstaaten möglich, beispielsweise in Delaware, Montana, Oregon, Nevada, Kalifornien, Florida, Texas oder Utah. Die Gründung erfolgt in der Regel über einen Treuhänder.

Value at Gain (VaG)

Der Value at Gain funktioniert wie der **Value at Risk** (VaR), jedoch für Gewinne und zeigt dem Investor das mögliche Gewinnpotenzial eines Wertpapierportfolios auf.

Value at Risk (VaR)

Der VaR stellt ein so genanntes downside risk (Abwärts-Ausfall-Risiko) dar, d. h. er ist ein Schwellenwert für eine negative Wertänderung einer Vermögensposition, wobei diese Vermögensänderung betraglich beziffert wird.

Das grundlegende Anliegen hierbei ist es, den maximal zu erwartenden Barwertverlust mit einer bestimmten Eintrittswahrscheinlichkeit (Sicherheit der Schätzung) innerhalb eines bestimmten Betrachtungshorizonts zu ermitteln.

Die mathematische Kennzahl (VaR) macht Risiken vergleichbar und aggregierbar. Ebenso legt die statistische Kennzahl einen Wert für das notwendige Kapital zur Abdeckung unerwarteter Verluste fest. Ein weiterer Vorteil der VaR-Messung ist eine risikoadjustierte Ergebnismessung.

Siehe auch **Ausfallrisiko**

Volatilität (Schwankungsbreite)

Bezeichnet den Schwankungsbereich während eines bestimmten Zeitraums von Wertpapierkursen, den Rohstoffpreisen, den Zinssätzen oder auch den Investmentfonds-Anteilen. Sie ist eine mathematische Größe (Standardabweichung) für das Maß des Risikos einer Kapitalanlage. z.B. wird hier ein Durchschnittswert für die Entwicklung des Wertpapiers in einem Monat gebildet. Als Standard werden die Schwankungen dieses Wertes genommen und es wird gemessen, wie weit sich das Wertpapier in einem Monat von diesem Durchschnittswert entfernt hat. Also errechnet man die Schwankungsbreite um den Mittelwert herum. Je größer diese Schwankungsbreite ist, desto volatiler und damit risikoreicher ist ein Wertpapier. Für das Risiko ist z. B. eine weitere Messgröße der maximale Verlust, den man über die Kennzahl VaR (Value at Risk) quantifizieren kann.

Warrant

Siehe **Optionsschein**.

Wealth Management

Wealth Management steht für einen ganzheitlichen und umfassenden Beratungsansatz und befasst sich mit der Unterstützung der Finanzplanung von Privatpersonen in allen Lebensabschnitten durch die Integration von Finanzprodukten und Beratungsdienstleistungen. Dies beinhaltet die Aggregation (Konsolidierung), die Erhaltung und Übertragung von Vermögen in allen Formen und Bereichen. In der Definition beziehungsweise der Praxis sind die Übergänge von Financial Planning und Wealth Management oftmals identisch und unterscheiden sich gravierend in der Kompetenz des jeweiligen Anbieters.

Wohnsitz

Seinen Wohnsitz hat jemand dort, wo er eine Wohnung unter Umständen inne hat, die darauf schließen lassen, dass er die Wohnung beibehalten und benutzen wird. Nur ein gelegentliches kurzes Verweilen in unregelmäßigen Zeitabständen reicht nicht aus, um einen Wohnsitz anzunehmen.

Der Wohnsitzbegriff ist für die Erhebung der Erbschaftsteuer und der Einkommensteuer sowie für familienbezogene Entlastungen (zum Beispiel Kindergeld) von Bedeutung (siehe auch Gewöhnlicher Aufenthalt).

Wohnsitzverlagerung

Siehe **Ausflaggen**.

Nachwort

Die Erstellung der Publikation über Geopolitische Vermögenssteuerung war für mich eine außerordentlich interessante und lehrreiche Erfahrung und die Recherche zur Konzeption dieses Buches hat mir großen Spaß und auch manch schlaflose Nacht bereitet.

Bedanken möchte ich mich auf diesem Wege vor allem bei meinem ehemaligen Arbeitskollegen Anton Vetter. Gemeinsam mit Toni habe ich die letzten Jahre im europäischen Ausland (insbesondere auf Mallorca) viele neue Erfahrungen und Erkenntnisse erlangt, die erheblichen Einfluss auf dieses Buch hatten. Darüber hinaus hat die Zusammenarbeit mit Toni meinen Horizont fachlich wie menschlich erheblich erweitert. Durch ihn habe ich gelernt, nicht nur mehrdimensionales Vermögensmanagement zu betreiben, sondern wirklich die unterschiedlichen Lebensbereiche auch mehrdimensional zu strukturieren und zu steuern.

Des Weiteren bedanke ich mich für die Hilfe und Unterstützung auf dem langen Weg zur Realisierung dieses Buches ganz besonders bei Marion Lummer, Dr. Frank Werner, Christian Jund, Dr. Thomas Gehrig, Dr. Jan Hendrik Taubert, Walter Gunkel, Adolf Ropeter, Daniel Steinegger, Dr. Andrea Picenoni, Ralph Vielhaber, Heinz Brestel, Lothar Lichtner, Werner Deubel, Bernd Moser, Thomas Guggenmos, Ludwig Wacker, Wolfgang Schweissgut, Johannes Gomig, Margit Rottach, Gunter Köck, Christoph Buchgraber, Klaus Bermann, Roland Jauch, Tanja Hausfelder, Ludwig Rehm und Dr. Günther Dapunt.

…und bei allen, die mich auf irgendeine Art und Weise die letzten Jahre unterstützt haben.

Markus Miller

Markus Miller (geb. 1973) war für verschiedene renommierte Privatbanken tätig, u. a. in den Bereichen Private Banking, internationales Vermögensmanagement, Treasury sowie Forschung und Entwicklung von innovativen Produkt-, Anlage- und Dienstleistungskonzepten.

Der diplomierte Vermögensmanager hat nicht nur Erfahrungen am Bankplatz Deutschland, sondern auch bei international tätigen Banken in Österreich, Liechtenstein sowie der Schweiz gesammelt.

Weitere Betätigungsfelder des Autors sind die Bereiche Produktentwicklung, Marketing sowie Marktforschung und -entwicklung.

MINDTRAPS
Praxisratgeber Trading
Come Into My TRADING ROOM
Modern investieren mit Derivaten
Die besten Anlagestrategien der Welt
Erfolgreich handeln in einem Bärenmarkt
AKTIEN STRATEGIEN
PORTFOLIO SELECTION
Harry M. Markowitz
DEPOT-OPTIMIERUNG mit ZERTIFIKATEN
Erfolgreich investieren in Nebenwerte
KOLLAPS DES DOLLARS
mit Rohstoffen
ENZYKLOPÄDIE DER CHART MUSTER
MONEY MANAGEMENT
LARRY WILLIAMS
ENZYKLOPÄDIE DER TECHNISCHEN INDIKATOREN

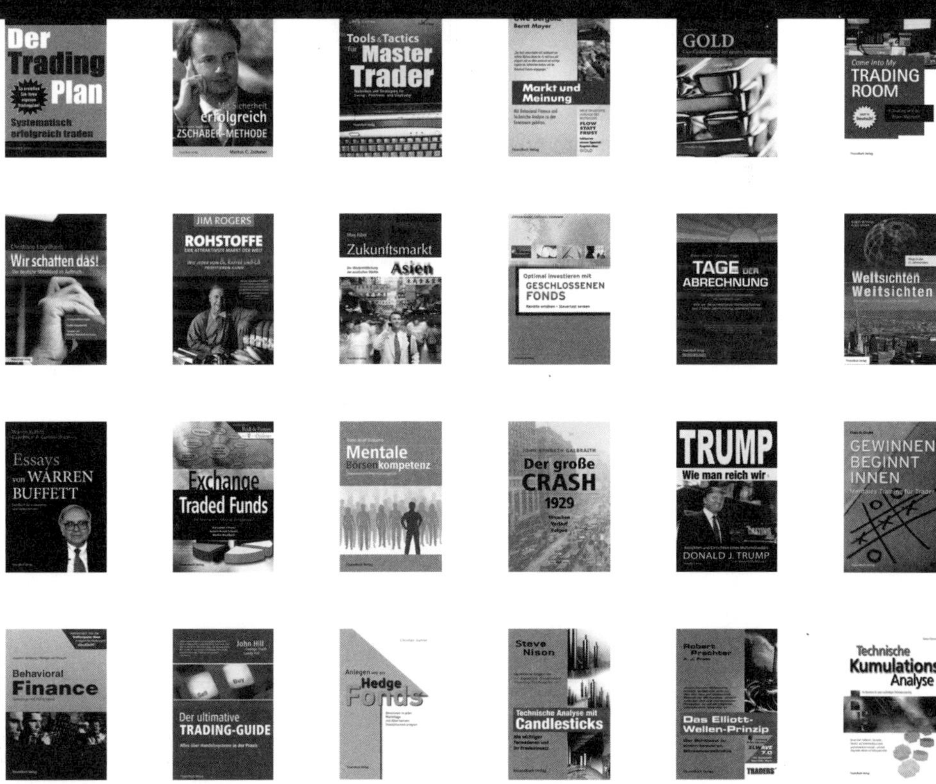
Der Trading Plan
Systematisch erfolgreich traden
Tools & Tactics für Master Trader
Markt und Meinung
GOLD
Come Into My TRADING ROOM
Wir schaffen das!
JIM ROGERS
ROHSTOFFE
Zukunftsmarkt Asien
GESCHLOSSENEN FONDS
TAGE DER ABRECHNUNG
Weltsichten
Essays von WARREN BUFFETT
Exchange Traded Funds
Mentale Börsenkompetenz
Der große CRASH 1929
TRUMP
Wie man reich wird
DONALD J. TRUMP
GEWINNEN BEGINNT INNEN
Behavioral Finance
Der ultimative TRADING-GUIDE
Hedge Fonds
Steve Nison
Technische Analyse mit Candlesticks
Robert Prechter
Das Elliott-Wellen-Prinzip
Technische Kumulations Analyse

Volker Gelfarth

Die besten Anlagestrategien der Welt

180 Seiten, Hardcover

Preis € 19,90 (D); € 20,50 (A); SFr 34,90

ISBN 3-89879-123-9

Viele Strategien wurden erdacht, um an der Börse Geld zu verdienen. Doch nur einige wenige konnten sich auf Dauer durchsetzen. Die fünf besten sind in diesem Buch versammelt. Die Wertzuwachs-Strategie setzt auf Investments in Topwerte zu einem günstigen Preis. Die Small-Cap-Strategie beschränkt sich auf Nebenwerte, die den meisten Anlegern nicht bekannt sind. Die empirischen Kennzahlen von James O'Shaughnessy liegen der Cornerstone-Groth-Strategie zu Grunde, die neben zahlreichen Dividenden-Strategien einen besonderen Platz einnimmt. Das Buch zeigt auch, wie sich diese Strategien für den privaten Investor kombinieren lassen.

Uwe Lang

Die besten Aktienstrategien

194 Seiten, Hardcover
Preis € 24,90 (D); € 25,60 (A); SFr 43,70
ISBN 3-89879112-2

Ein Aktienanleger steht vor 2 Hauptproblemen: Zum einen, wann er ein- und aussteigen soll, zum zweiten, welche Aktien er zum Kauf auswählen soll. In der Börsenliteratur gibt es zu beiden Problemen viele Ratschläge, aber kaum in der Praxis durchgetestete Methoden. Diese Lücke wird hiermit geschlossen. Seit Jahrzehnten errechnet Uwe Lang die optimalen Kauf- und Verkaufszeitpunkte für Aktien. Dazu hat er bereits in der Vergangenheit verschiedene erfolgreiche Systeme ausgetüftelt und weiterentwickelt.